盛世逆旅

盛唐文化宇宙中的杜甫

韩潇 —— 著

陕西新华出版

陕西人民出版社

图书在版编目（CIP）数据

盛世逆旅：盛唐文化宇宙中的杜甫／韩潇著. —
西安：陕西人民出版社，2023.7
ISBN 978-7-224-14741-4

Ⅰ．①盛… Ⅱ．①韩… Ⅲ．①杜甫（712-770）—评
传 Ⅳ．①K825.6

中国版本图书馆 CIP 数据核字（2022）第 212854 号

出 品 人：赵小峰
总 策 划：关　宁
出版统筹：韩　琳　王　倩
策划编辑：王　凌　张启阳
责任编辑：武晓雨　凌伊君
封面设计：佀哲峰

盛世逆旅：盛唐文化宇宙中的杜甫
SHENGSHI NILÜ：SHENGTANG WENHUA YUZHOUZHONG DE DUFU

作　　者　韩　潇
出版发行　陕西人民出版社
　　　　　（西安市北大街 147 号　邮编：710003）
印　　刷　陕西隆昌印刷有限公司
开　　本　787mm×1092mm　16 开
印　　张　22.75
字　　数　272 千字
版　　次　2023 年 7 月第 1 版
印　　次　2023 年 7 月第 1 次印刷
书　　号　ISBN 978-7-224-14741-4
定　　价　69.80 元

如有印装质量问题，请与本社联系调换。电话：029—87205094

盛唐文化宇宙中的李白杜甫

我们青年群体中近年来流行一个"宇宙"的概念，大概是指一个与现实世界相映射、交互，同时又自成体系的时空范畴，比如历史悠久的"古希腊神话宇宙""《西游》《封神》宇宙"，时下风靡的"漫威英雄宇宙""金庸武侠宇宙"，以及走在科技最前沿的"元宇宙"，等等。这么说来，盛唐诗坛乃至盛唐这样一个文化时代其实也足以构成一个"宇宙"，因为它群星璀璨、成就斐然、包容开放、交互多元，我姑且称之为"盛唐文化宇宙"吧。

从"宇"的空间视野来讲，盛唐文化的沃土连缀着宫苑台阁、都邑市井、田园江湖、关山塞漠；从"宙"的时间维度来看，盛唐文化的朝暮伴随着千载难逢的盛世与百年一遇的灾变。这些于浩荡江天与盛衰骤变中孕育和成长的盛唐文化群星，更是在漫漫中华文明史上散发着独一无二的耀眼光芒。而这其中，李白和杜甫无疑是最光彩夺目的两颗巨星，"居其所而众星拱之"，只有走进李白、杜甫的世界，才能真正走近"盛唐文化宇宙"的中心。

盛唐始于公元712年，玄宗从睿宗手中接过皇权，盛唐的青春脉搏开始跃动，这一年杜甫在河南巩县（今巩义市）笔架山下降临人间；公元762年，李白在安徽当涂高唱《临终歌》羽化飞仙，同年玄宗与肃宗也双双晏驾，苟延残喘的黄金时代终于耗尽了最后一丝气力。也就是说，盛唐的五十年，恰好是李白与杜甫共处于人世间的五十年，这多少有些历史的偶然，但我们依然可以说，盛唐就是李白和杜甫的时代：他们的"运动足迹"拼合起来，正好构成一幅幅员辽阔的大唐版图；他们的"朋友圈"联动起来，正好拉出一个风云际会的明星群组；他们的"相册"编辑起来，正是半个世纪家国天下的阴晴云雨；他们的"心情"连缀起来，又正是一代芸芸生命的离合悲欢。凡此种种，无一不浓缩着"盛唐文化宇宙"的辉煌绚烂。

而细说起来，李白和杜甫的生命重心和人生轨迹也有着各自鲜明的特点，前者走的是一条"天阶歧途"，后者则经历了一场"盛世逆旅"。

李白的"天阶"有两个含义或者说两个归宿——一个通向真的天上，是得道成仙、大化自然；一个则通向人间的"天上"，是做帝王师、清一四海。而在李白心目中，这却是"殊途同归"，他既舍不得天上，也放不下人间，以至于忽视了这本就是一条"歧途"。故而，纵然有着极高的理想、极佳的才华、极好的机遇，李白也终因错过了太多路口，而没能真正登上"天阶"。

杜甫与"盛世"则有着解不开的缘分——他的出生伴随着盛世的开启，他的成长沐浴着盛世的春风，他的"中年危机"恰逢盛世的崩坏，他的"青春回忆"满是对盛世的怀恋。然而，正如短暂盛世之于漫长历史的稍纵即逝，杜甫的人生也终究不过是一场"逆旅"，纠结在天命、人事、治乱、盛衰之间，被时光洪流裹挟着匆匆前行，且行且自珍惜。

　　无论"天阶歧途"还是"盛世逆旅"，对于当事人而言，都不是完美的、如愿的人生，但所幸这一切都发生在"盛唐文化宇宙"当中，天地时空中洋溢着的文化的尤其是诗的力量，弥补了一切现实的缺憾，并化两段"失意"的人生为"诗意"的传奇。

韩 潇

2023 年 7 月

目录

第一讲

诗国诗圣

——我们为什么要读杜诗？

一、"千秋万岁名，寂寞身后事"

提起杜甫和杜诗，相信每一个热爱和了解中国诗歌的人都不会陌生，我们都知道，那是诗圣，是诗史，是"每饭不忘君"的忠臣，是"平淡而山高水深"的文字；我们从儿时开始，就不停地背诵杜甫的诗歌，从"两个黄鹂鸣翠柳""黄四娘家花满蹊"这类童子解吟的清丽辞句，到"卧龙跃马终黄土""无边落木萧萧下"这般蕴含着宇宙思考和人生智慧的千古绝唱，都深深地印刻在我们的脑海。

然而，我们真的了解杜甫吗？在大多数人的脑海中，杜甫的形象除了语文课本上那幅正襟危坐、瘦骨嶙峋、眼含无限憧憬与落寞的画像，还剩下什么？若没有曾经风靡一时的"杜甫很忙"，又会不会有人真正地去思考，杜甫悲剧性的人生中是否也有他的快乐呢？

说到"杜甫很忙"，其实在我们的世界中，他的好朋友，并置在中国诗歌史上的另一座巅峰——李白，显然更加忙碌。他频频在各种题材的电影、电视剧中以不同的形象客串，时而飘逸，时而癫狂，时而无所不能，给我们留下了风格各异的"诗仙"的演绎；他的诗作被一代又一代的歌者谱曲演唱，无论清新婉丽的"云想衣裳花想容"，还是洒脱雄豪的"天生我材必有用"，都被后世演绎为盛世大唐的时代之音；他甚至以最青春化的形象出现在了最火热的网络游戏中，一次次地以"神来之笔""青莲剑歌"赢得阵阵惊叹与掌声。

没有对比就没有伤害，回头看看杜甫，诗歌以外的场合，出镜率本就少得可怜，即便露面，形象也总是千篇一律，无论在戏曲《子美游春》、电视剧《大唐诗圣》还是话剧《杜甫》中，都是一副苦大仇深、衰朽无助的模样，实在很难讨人喜欢。于是，更多的人因为这样的认知而疏远了杜甫，乃至将杜诗这样一座宝藏弃如敝屣。

倘若真实的杜甫只是这样，倒也罢了，然而事实是，这位鲜活的诗圣绝非这般脸谱化的简单。在苦大仇深之外，他也有"健如黄犊走复来"的童真童趣，有"孔丘盗跖俱尘埃"的放旷不羁，有"少年别有赠，含笑看吴钩"的快意恩仇，也有"白鸥没浩荡，万里谁能驯"的云淡风轻；面对苦难与挫折，除了衰朽无助，他更多的是奋起抗争，他不畏惧皇帝、上司、猛兽、叛贼，乃至直面历史的洪流与苍茫的宇宙，他既是一位柔肠百结的文人，也是一位铁骨铮铮的斗士；他不但是一个"每饭不忘君"的忠臣，更是一个食遍人间烟火的孝子、义友、好丈夫、好爸爸、好邻居、好东家。这才是一个有血有肉的杜甫，才是一段完整的可爱、可叹、可敬、可感的诗意人生。

二、从"彩笔"到"白头"

如果说李白的诗是勾勒盛世大唐恢宏气度的全景舆图，那么不妨将杜甫的诗比作是描摹伟大时代下平凡生活的风情长卷。

这幅长卷上有壮丽的河山和华美的池苑，如东岳"阴阳割昏晓"的神秀，西岳"通天有一门"的险绝，浣花溪畔"春色来天地"的清丽，洞庭湖上"乾坤日夜浮"的壮美，曲江头"宾从杂遝实要津"的人潮攒动，大明宫"九重春色醉仙桃"的万国来朝。从洛阳、长安，到秦陇、巴蜀，再到三峡、洞庭，杜甫一路行迹，一路诗歌。余光中说李白"绣口一吐就是半个盛唐"，那么剩下半个，在杜甫的诗中便也都能看到。

这幅长卷上，有群星璀璨的盛唐文明：李白携着"饮中八仙"，举着酒杯，提着毛笔，邀杜甫"醉舞梁园夜，行歌泗水春"；大画家郑虔轻捻着如丝的鬓发，在丹青泼墨之余，与杜甫"得钱即相觅，沽酒不复疑"；他可以将草圣张旭"锵锵鸣玉动，落落群松直"的书法捧在手上欣赏，因睹物思人而落泪；他也会在脑海中不断泛起公孙大娘"一舞剑器动四方"在他童年记忆里留下的回响。一时英杰，在杜诗中风云际会，杜甫崇拜他们，也成就了他们，更加入了他们。

这幅长卷上更为可贵的是，还有大时代、大动荡中一个个渺小个休的人伦悲欢：帝都中"残杯与冷炙，到处潜悲辛"的艰辛隐忍；田园里"隔篱呼取尽余杯"的淳朴率真；"结发为妻子，席不暖君床"的生死诀别；"老妻画纸为棋局，稚子敲针作钓钩"的岁月静好；盛世之下"朱门酒肉臭，路有冻死骨"的人间惨剧；丧乱之中"只缘恐惧转须亲"的脉脉温情。一幅幅画面连缀，将这个伟大时代的细节完整地呈现在我们眼前，使我们看见了李白式的全景舆图中所画不出的平凡的世界。

《说文》解释："圣，通也。"所谓"通"，即通达事理。这种通达源自于生命体验的积累，反之，也昭示着生命的规程。身为诗圣的杜甫，用他的"彩笔"见证、记录着这个兴衰巨变的时代；而作为一个凡人的杜甫，更亲历着这个时代，一次次的抗争，一次次的失败，试图逆转历史洪流，却只换得苍髯"白头"。杜甫正是将自己平凡人生中的心路历程，加以提炼、整理成超越个体、超越时空的生命体验形之于诗，才成就了诗圣之名。正因如此，这些通达之诗中，也处处昭示着平凡生活中你我的影子。

杜甫和我们一样，都是追梦的人，屡战屡败，又屡败屡战。带着"奉儒守官"的家庭期许，怀着"盛世同龄人"的心理认同，为了"致君尧舜上，再使风俗淳"的人生理想，年轻的杜甫踏上了追梦的旅程：本想科举入仕，不料"高考落榜"，"忤下考功第，独辞京兆堂"；一番游历之后欲以干谒求进，又落得孤单"北漂""骑驴十三载，旅食京华春"；他寄望于贤臣，却接连遇到了"阴谋独秉钧""炙手可热势绝伦"的奸邪宰相；他执着于明主，却先后遭逢了只顾"中堂舞神仙"的暮年天子和自以为"经纬固密务"的中兴帝王；十年求索，谋得小官，本以为"率府且逍遥"，却被一场变故夺去了优裕生活；三载沉浮，出生入死，原想着"又下圣明朝"，终因站错队伍而葬送了政治前景；他在中年放手一搏，辞职离开中原，到新的环境去开辟新的事业；他到了暮年却一无所有，又想要回到故地，见一见老的朋友。终其一生，他的理想都没有能够真正实现。如此看来，杜甫的一生，本就是无数个平凡的追梦人蹉跎人生的合集。

杜甫的生活同样有一地鸡毛，也有退一寸的欢喜。他喝醉酒时的疯言疯语，像极了夜市上抱着玻璃瓶侃侃而谈的大叔；他投刺权门时，又仿佛穿上一身衬衫西裤，踏着磨掉鞋跟的皮鞋，奔波于寻找业务的路途；他有几个"好基友"，整天手拉着手到处游玩，直到夜里也不肯分开；他看到街上的美人，也会惊叹一声"女神"，并沉浸于她们的容颜绝代；他偶尔也会打着赤膊出现在赌场，时而佯装镇定，时而又输得大喊大叫；他有时也受不了工作的重压，面对着堆积如山的公文，一边奋笔疾书，一边捶胸顿足；他爱他的妻子，每次从京城回家都会给她买流行的衣服和化妆品；他也是一位"虎爸"，教他的儿子们从小读经、写诗，还时常检查功课。这哪一个画面不像是我们身边生龙活虎的人和事，乃至我们的亲身经历，所以在杜甫的诗中，我们往往能读到生活，读出自己。

而杜甫又教会我们如何在平凡中做到伟大。为了实现理想，他忍辱负重，上下求索，甘守清贫，多次以身犯险，是一个执着的人；在百姓逃亡时，他坚定地奔向肃宗，在中兴的喜悦中，他又保持着难得的清醒，是一个通透的人；他既能为玄宗、贵妃的死别而伤怀，为失落的王孙伫立斯须，又肯替无数的"失业徒""远戍卒"们悲叹，在饥寒中仍思虑着天下寒士，是一个善良的人；他在苍茫的天地间，发现了手中的小小诗笔所蕴含的无穷力量，"凌云健笔""转益多师""终古立忠义"，是一个智慧的人。执着、通透、善良、智慧的杜甫，虽然没有实现他的理想，使他不再是盛唐那个平凡的文人，却让他成了千秋伟大的诗圣。

在《秋兴八首》的篇终，杜甫用"彩笔昔曾干气象，白头今望苦低垂"来总结自己的一生，而无论"彩笔"还是"白头"，都是杜诗这幅风情长卷上入木三分的笔墨，也是我们这些品读杜诗的平凡人，自己生命中俯仰可见的色彩，同时在天地宇宙间散发着别样的光芒。

三、中国古典诗歌的"标尺"

有人认为，初学者不可读杜诗，因为非要很深厚的学识积累和人生经验，方可理解杜诗的深刻内涵。然而这个说法在我看来并不成立。

正如前文所说，杜甫的人生一如平凡的你我所经历过的和正在经历的生活，他的诗歌记录的是超越个体、超越时空的生命体验，对于任何一个人来说，阅读杜甫就是在品味生活，尽管可能生活环境各异、人生阅历不同，所产生的感受会呈现出个体的独特性，但这种独特本就是其价值所在,是任何人乃至不同时空的自己都难以替代的。杜诗应该是常读常新的，倘若到了只能读出"感时、伤乱、老病、思归"的年纪再读杜诗，恐怕就同时辜负了自己和诗圣这两段精彩的人生。

而从文学鉴赏和研究的角度来说，读诗先读杜则更是明智的选择。我的导师、北京大学中文系教授杜晓勤先生在提点读书门径的时候告诉我们："读诗一定要先读最好的，读公认的典范，读杜甫、李白，这样你才能建立起一个标准，才知道好诗应该是什么样。有了这个标准再去读其他诗人、诗作，把他们和标准来进行比较，好在哪里，不好在哪里，就一目了然。"杜甫自己诗中所说："会当凌绝顶，一览众山小"，正是这样一种感觉。

杜甫和李白是中国诗歌史上无可争议的两座高峰，而他们之间谁高谁下，在千百年来却众说纷纭，对于这一问题，任何扬此抑彼的观点都会失之偏颇，正如韩愈所说："李杜文章在，光焰万丈长；不知群儿愚，那用故谤伤。"不过换个角度讨论，如果仅从对中国诗歌发展的影响来看，杜甫的地位也是无可取代的，就连李白也不能与之相提并论，可以毫不夸张地说，杜诗是中国古诗的标尺。

那么应该如何来解读杜诗在诗歌史上的标尺地位呢？首先，杜甫是前代诗歌发展成就的集大成者。中唐大诗人元稹在给杜甫写的墓志中作了这样的评价：

上薄《风》《骚》，下该沈、宋，言夺苏、李，气吞曹、刘，掩颜、谢之孤高，杂徐、庾之流丽，尽得古今之体势，而兼文人之所独专。

这段话里提到了前代的很多文学概念：《风》《骚》是以《诗经》《楚辞》为代表的经典的诗歌源头；沈、宋——初唐诗人沈佺期、宋之问，则代表着发展至唐代而定型的近体律诗的最新成就。而在这一"上"一"下"之间的两千多年里，杜甫宗经而通变，守正而创新，吸取了每一段文学的成就与精华：苏武、李陵诗相传是最早的文人五言诗，以言语朴素、情思悠远见称；曹植、刘桢是"建安风骨"的典范，气格高远、风骨凛然；而后的谢灵运、颜延之体现了晋宋诗歌的成就，"兴多才高"、尚巧尚奇；以徐陵、庾信为代表的"齐梁体"诗歌则是声韵流转、文辞绮丽。如此种种，一代诗人之所专，在杜甫一人的诗中兼而有之；而历代诗人之所失，诸如汉魏之单调、晋宋之拗涩、齐梁之绮靡，又纷纷为杜甫所革除，使得诗歌艺术臻于完备。在此基础上，他又注入了自身独特的生命体验和盛唐高扬的时代精神，一发而成为"文质相炳焕"的诗歌最强音。

同时，杜甫也是后世众多诗歌风格的开创者和先行者，正如北宋诗人王禹偁所说："子美集开诗世界。"明人胡应麟也在《诗薮》中评价杜甫：

精粗、巨细、巧拙、新陈、险易、浅深、浓淡、肥瘦，靡不毕具，参其格调，实与盛唐大别，其能会革前人在此，滥觞后世亦在此。且言理近经，叙事兼史，尤诗家绝睹。

指明了杜甫在诗歌史上承上启下的作用。的确，杜甫诗中任何一种鲜明的风格都足以在后世形成一个流派，就拿距离杜甫不远的中唐三大诗人群体来说：韩愈、孟郊吸收了杜诗求新出奇、重学力的特点，白居易、元稹选择了杜诗平易、浅俗的一路，而刘禹锡、柳宗元则继承了杜诗关注现实、崇尚气骨的精神，都立足于学杜，而走出了自己的道路。清人施补华在《岘佣说诗》中也说：

> 少陵七律，无才不有，无法不备。义山学之，得其浓厚；东坡学之，得其流转；山谷学之，得其奥峭；遗山学之，得其苍郁；明七子学之，佳者得其高亮雄奇，劣者得其空廓。

七律之体成熟于杜甫之手，也因杜甫之力而成为此后中国诗坛的第一体裁，而后世堪称七律大家的李商隐、苏轼、黄庭坚、元好问和明代"前后七子"，无一不标举杜诗，学习杜诗。可以说，杜甫以后的诗歌史，约等于一部杜诗的学习与接受史。

正是因为杜甫在诗歌史上这种承上启下的独特地位，使得他在成就与李白相比肩的情况下，更有资格成为中国诗歌的一把标尺，任何一个诗人、诗作，以杜甫、杜诗为参照，都可以清晰地找到其在诗歌史中的准确定位。

四、阅读杜诗的"两把钥匙"

那么，杜诗到底应该怎么读呢？我认为，要读好杜诗，首先要掌握好"两把钥匙"，那就是："知人论世"与"辨体"。

"知人论世"语出《孟子》：

> 颂其诗，读其书，不知其人，可乎？是以论其世也。

就是要求我们在阅读作品时，要了解作者所处的时代背景和创作环境，了解作者的生平经历和创作动机，这样才能更深刻地理解作品的思想内涵与艺术成就。这里举一个简单的例子来说明"知人论世"的重要。杜甫有一首诗叫《赠花卿》，诗歌写道：

> 锦城丝管日纷纷，半入江风半入云。
> 此曲只应天上有，人间能得几回闻。

如果不知道历史背景，自然会望文生义，认为这首诗是在夸赞乐曲的美妙，尤其后两句，仿佛是将其比作天籁加以称赞。然而事实却并非如此，题目中的花卿，名叫花惊定，是上元二年时成都尹崔光远的部将。这一年他先是平定了段子璋在西蜀的叛乱，立下战功，而后却又恃功而骄，纵兵劫掠东川，并且僭用天子礼乐，实属大逆不道。杜甫此时正在川中流寓，听闻此事便以此诗讽刺，"此曲只应天上有"，其实是说，这样的礼乐只有天子可以欣赏。倘若不了解这一背景，恐怕是无论如何也读不出其真正含义的。

而更多的时候，我们对于杜诗中情感、思想要有更加真切而深刻的体悟，就必须跟随杜甫回到那个特殊的创作环境中去，才能进而激发起我们自身的共情与思考，否则就失之于浅陋了。为了更好地走进诗圣的多彩人生，更多地还原诗歌创作的真实背景，从而获得与杜甫精神的契合，本书将以杜甫的生平经历和诗歌创作为线索加以展开。

而说到"辨体",则是古代诗人十分重要的一种创作意识，杜甫对此更是尤为重视。众所周知，古典诗歌有五七言、古近体之分，也就是所谓的体裁。而体裁的不同，不仅仅是字数、句式、音韵、对仗等形式上的差异，其背后还承载着不同的诗学传统和表现原理，比如，五言长于叙事，而七言长于议论、抒情，古体长于形象的刻画，而近体长于意境的渲染，等等。

杜甫对于体裁的认知和把握是超越常人的，他深谙各种体式的表现原理，并且能够加以灵活的运用，最大限度地使诗歌的形式与内容相统一，这也是他能够推动诗歌艺术发展到巅峰水平的重要原因。只有认识到各种体裁的差异，才能理解杜甫很多时候在遣词命意、谋篇布局中的别出心裁，也才能理解为什么杜甫能够成为诗歌史上承前启后的唯一。而杜甫到底对各种诗歌体裁有着怎样的推动和发展？ 我也将在后文结合具体诗作分享给大家。

其实，这"两把钥匙"不仅是阅读杜诗的法门，也是研究其他诗人、诗作的奥义，我们带着"知人论世"和"辨体"的意识，去精读诗作，探析义理、考据辞章和时代、作家、作品之间的关系，一定能够打开常人所难以企及的智慧之门。

好了，关于为什么读杜甫，以及怎样读杜甫，我们就先说到这里，相信在后文我会带大家认识一位更加鲜活的诗圣，读出更为深刻的宇宙思考，领略一个风云变幻的伟大时代，走进一个色彩斑斓的诗歌王国。当然，这一切都要从公元 712 年，这个伟大盛唐和诗圣杜甫诞生的那年讲起。

第二讲

奉儒守官

——如何把孩子培养成"诗圣"？

一、"盛世同龄人"

杜甫出生于公元 712 年，历史上也叫先天元年。

这一年的八月，前半生被母亲武则天压抑、后半生又受制于妹妹太平公主的唐睿宗李旦，终于离开了他始终坐得不太舒服的皇位，下诏传位于太子，自己当起了太上皇。于是李唐王朝产生了第七位最高统治者，也就是被后世称为唐玄宗、唐明皇的，流传着无数风流故事的李隆基。"先天"正是他的第一个年号，而仅仅过了一年，在平定了太平公主的势力，进而巩固皇权之后，他又更换了一个后世更为熟识的年号——开元，从此励精图治，开启了中国古代封建王朝的巅峰盛世。从这个角度来说，杜甫是与大唐盛世同时降临人间的，称得上是一位不折不扣的"盛世同龄人"。

和我们如今经常标榜的"建国一代""改革开放一代""新世纪新一

代"一样，杜甫作为"盛世同龄人"，他的人格精神深深熔铸着时代精神的烙印，其生命的血液更是伴随着国家命运的脉搏而一同跳动。

童年沐浴在时代春风里，尽情吮吸着盛世文化的养分，盛唐开放包容、昂扬进取的社会风尚，塑造了杜甫崇高的理想和开阔的胸怀，在他心中种下了一粒"太平盛世，治世贤臣"的种子，并不断地滋养和浇灌着它；然而，随着时间的推移和年龄的增长，大唐盛世与杜甫同时遭遇了"青春期的迷思"，在杜甫满怀豪情踏上理想的征途时，他渐渐意识到了时代风气的变化，政治环境的日趋昏暗，使得太平盛世的表象之下暗潮涌动，社会矛盾日益尖锐中，原本高唱的"盛世之音"也转为了深切而激烈的"盛世悲鸣"；安史之乱的爆发则将盛唐与杜甫共同带入了"中年危机"，大唐的盛世在顷刻间戛然而止，盛极而衰，这意味着杜甫人生理想的基石崩塌了，而他用来承受这重压的，恰恰是一副日渐衰朽的身躯。这一年杜甫四十四岁，走完了他人生历程的四分之三，想要以行将就木的一己之身遏制住摧枯拉朽的时代洪流，这种绝望感可想而知。杜甫晚年诗歌中不断营造出宏大宇宙与渺小个体间的矛盾碰撞，其思想根源也正在于此。

中国诗歌史上恐怕再没有第二位诗人像杜甫这样，一生的浮沉与国家兴衰、时代命运如此紧密地纠缠在一起。与杜甫接踵的两批诗人中：身前的盛唐文人们随着盛世的余波，在政坛、诗坛中相继"全身而退"；后来的"大历十才子"则没能赶上全盛的潮头，只在低谷中摸索；前后各不过十年的"代沟"，如同命运之神的精确筛检，将时代的极盛极衰、人生的大悲大喜，浓缩、交织在了杜甫一人身上，通过赋予他"盛世同龄人"身份，塑造了他独特的人生轨迹和生命体验，这不知道是杜甫的幸运还是不幸。不过，一定能称得上幸运的是，上天没有忘记将灵心妙手和如椽巨笔通过独特的家世传递给了这位"天选之子"。

二、"官 n 代"

杜甫的家世虽不能说特别显赫，但也确实不是寻常人家，他至少是一个"官 n 代"。其中这个 n，从现有的材料来看，最大可以数到二十一，杜甫可追溯到的始祖是汉武帝时期的酷吏杜周，官至御史中丞，在《史记》中有传；杜周的儿子杜延年则被列为"麒麟阁功臣"之一，并将家门从南阳杜衍迁至京兆杜陵，开启了京兆杜氏一支。后世称杜甫祖籍京兆杜陵，杜甫自称"少陵野老"，都是从这里算起来的。

不过在杜甫心目中，最值得骄傲的要数他的十三世祖，这是西晋一位鼎鼎大名的英雄人物，名叫杜预。杜预一生中最值得称道的有两大功绩，简单地说——打了一场仗、注了一部书。然而细说起来，这两件事，哪一件都是惊天动地、彪炳史册。这一场仗发生在公元 280 年，杜预五十九岁，晋武帝六路大军伐吴，一举平定江东，统一天下，杜预在其中厥功至伟。一是他经营荆州前线军务，打好了统一的基础；二是他力排众议，向晋武帝陈说利害，坚定了其伐吴的信心；三是他亲率两路大军，一战而功成。这一场胜利也成就了魏晋南北朝四百余年间唯一的全国范围的统一，其历史意义不言而喻。至于他所注的那本书，相信大家更不会陌生，叫作《春秋左氏传》，也就是我们常说的《左传》，他所作的《春秋左氏经传集解》在唐代就被收入了"五经正义"，成为其后历代官方认可的最权威的注解和科举考试的标准教材，也是如今我们所能见到的最早的《左传》注解。这一文一武的两大不世之功，让杜预成为中国历史上第一位同时在文庙和武庙中受到供奉的先贤，真正做到了出将入相、文治武功。杜甫对他的这位远祖十分推崇，唐玄宗开元二十九年（741）的寒食，杜甫亲自来到杜预的墓前，撰文祭拜，称赞其"勇功是立，智名克彰"，并表示自己"不敢忘本，不敢违仁"，显然是将这位远祖当成了自己一生所要追求和学习的典范。

当然，十三世祖对于"官 n 代"这个名头来说还是过于遥远了，杜预对杜甫的影响，更多的还是体现在精神寄托上。而真正对杜甫的诗歌创作产生直接影响的，还是杜甫的祖父——"文章四友"之一的杜审言。杜审言曾于唐高宗咸亨元年（670）进士及第，累官修文馆直学士，是高宗、武后、中宗朝鼎鼎大名的宫廷诗人，其诗歌、文章都颇得武后的欣赏。杜甫这个祖父有个鲜明的性格特点，就是爱吹牛：他曾看到了同为"文章四友"的苏味道所写的文案，之后逢人就说："苏味道快要死了。"人们都觉得莫名其妙，杜审言才得意地说："就他这个文笔，要是见了我的文案，肯定要羞死。"顺道说一句，苏味道也不是等闲之辈，他有个十一世孙，在宋朝也达到了能和杜甫相提并论的高度，想必大家也都猜到了，他叫苏轼。还有一个故事，说杜审言快去世的时候，他的好朋友宋之问、武平一这些当时有名的诗人都来看望他，可是他临死也不忘吹嘘自己，对这些人说："我活着一直压制着你们，如今我死了，你们也就能出头啦。"他是这么一个自大的人，这一点一定程度上也遗传给了杜甫，比如杜甫也在诗中说："吾祖诗冠古"，说我祖父的诗是有史以来最好的；还给自己的儿子说："诗是吾家事"，写诗就是我们家祖传的本事。都很像他祖父杜审言的口气，也可以看出杜甫对祖父的文学成就颇为认可。

杜审言的诗歌现存四十多首，以五、七言律诗居多，其佳作有《和晋陵陆丞早春游望》《登襄阳城》《春日京中有怀》等多篇，更是留下了"云霞出海曙，梅柳渡江春""江声连骤雨，日气抱残虹"这样"气象冠裳，句格鸿丽"的名句。他与沈佺期、宋之问一并成为近体律诗的重要奠基者，更是唐代写作五言排律的第一人。杜甫的创作以律诗为主，并且对排律情有独钟，显然是继承了祖父的遗志。不过可惜的是，杜审言并没有机会向孙儿面授诗歌机宜，公元708年他去世的时候，杜甫还没有出生，因而杜审言临终才会发出"但恨不见替人也"的感叹。四年之后，杜甫终于出生在祖居地——河南巩县，谁也想不到，这个与大唐盛世一同降生的孩子，不但成了祖父口中的"替人"，更成了中国诗歌史上最灿烂的明星。

杜甫的父亲，名叫杜闲，是杜审言的长子，曾做过县尉、县令，后来官至兖州司马，级别相当于现在的副市长；杜甫的母亲姓崔，在他幼年就不幸去世了；之后，杜闲又迎娶了继室夫人卢氏。崔、卢两家皆是唐代中原的名门望族，杜闲可以与她们联姻，显然也有着相当的社会地位。杜甫出生在这样的家庭中，其童年的生活条件自然十分优越，至少是"生常免租税，名不隶征伐"，既没有税收负担，也不用服兵役、徭役，优裕而且自由，加之常年寄养在东都洛阳的姑姑家里，身处重要的文化中心，足以让他接受良好的教育，能够读书习字、开阔眼界，为他日后成长为伟大的诗人奠定了深厚的基础。

从杜甫的曾祖杜依艺算起，到他的父亲杜闲，连续三代至少都做过县令以上的官职，这多少给了杜甫一定的压力，使得他从小就承担起接续家族传统的使命，对远祖的功业、祖父的文学的了解，自然也是杜甫从小就在父亲和姑姑身边耳熟能详的，好在这份"奉儒守官"的压力在杜甫身上转换成了奋发自强的动力，他打小就开始为这一追求做着充分的准备，首要的事当然是认真读书学习。

三、"读书破万卷"

读书是中国古代士子们童年最主要的活动，出身于传统士人家庭的杜甫自然也不例外。三十岁时杜甫就自称"读书破万卷"，这个数据难免夸张，因为根据《旧唐书·经籍志》的著录，当时存世的书籍一共也就两万卷左右，杜甫自称读过全国书籍的一半，牛皮吹得实在有点大，但也足以看出其童年学习的刻苦。此外，这个"卷"要解释一下，唐代通行的书籍装帧形制是卷轴装，因为纸张大小和长度的限制，一卷有着相对固定的内容含量，一本书也往往分为多卷，比如《论语》，在唐代通行的就是十卷；而郑玄注的《毛诗》，则是二十卷。如果杜甫的"破万卷"是真的，那么他读过的书至少也有千种左右。

且不论数据是否可信，杜甫从小读过大量书籍是不争的事实，这在他诗歌中丰富的辞藻、用典和深刻的思想中都得到了体现，所谓"腹有诗书气自华"，正是这个道理。我们不妨看看杜甫都读了些什么书。

首先一部很重要的书叫作《文选》，因为是梁代昭明太子萧统主持编纂，所以也叫《昭明文选》。这是中国现存最早的一部诗文总集，按照"事出于沉思，义归乎翰藻"的标准，分类选录了先秦至六朝130多位作者的作品，共计700多篇。可以说是自《诗经》《楚辞》以后不同流派、不同风格名家名作的大荟萃，其重要目的之一就是为后世的文学创作提供可资借鉴的经典参考。而到了唐代，大学者李善又为《文选》作了注，旁征博引，极大地丰富了其词汇和典故的来源，成为后世研读《文选》的门径。如此说来，《文选》的地位其实相当于中国古代的语文教科书，是唐代以后读书人学习写诗作文无论如何都绕不开的经典，就连自视极高的李白都曾三拟《文选》，还认为自己的创作不如意，足见其对《文选》的膜拜。杜甫和李白学习《文选》的思路略有不同，他同样注重吸取前代的文学精华，写诗以学力见长，以至于后世称他"无一字无来历"，这些来历其实大多都在《文选》；而更重要的是，他自称"熟精《文选》理"，可见其在学习和模仿之外，更是格外注重其中所反映出的"理"，即文学发展演变的规律，这也是他能够成为"上薄风、骚，下该沈、宋"的集大成者的重要学术基础。

另一部对杜甫产生特别重大影响的经典要数《左传》。首先这是他最崇拜的十三世祖杜预所注，属于家学，要是学得不好，便愧对列祖列宗。另外，《左传》确实也是一部充实浩瀚的巨著。孔子编《春秋》，左丘明为之作传加以解释、补充，便成为《春秋左氏传》，内容是编年讲述春秋年间各国的史事。但这绝不是一本简单的史书，而是借助历史的叙述和评论，以传达儒家正统的王道思想和史学观念，以史传道、明志。说到这里，大家也许恍然大悟，这不正是杜甫在诗歌中所做的事吗？杜甫的诗被称为"诗史"，他以诗存史，进而申明儒家之道的做法，直接灵感就来源于《左传》。而在创作方面，杜诗中直接引用《左传》的词汇、典故就有337例之多，而更多作品背后所反映的鲜明的历史意识、强烈的正统观念、微言大义的写作手法，无一不与《左传》有着密切的关系。从对家学的继承和发扬来说，杜甫的确做到了"不忘本，不违仁"。

除了《文选》和《左传》之外，杜甫读过的书还有很多，可以确证的至少有《周易》《尚书》《毛诗》《礼记》《论语》《史记》《汉书》等百余种，这里就不一一列举。当然，要特别说明的是，杜甫读这些书，本不是为了成为大诗人而做的准备，就拿《左传》和《文选》来说。《左传》是五经之一，是科举考试的科目，精通其义，是可以做官的；而

《文选》则是应对科举中的诗赋策论所必须参考的教材——"奉儒守官"的杜甫学习它们不可能不带有更为功利的目的。然而不可否认的是，杜甫童年读的这些书籍，对其仕途实在没能产生太大的帮助，倒是潜移默化中转化为他的文学成就，也算是"失之东隅，收之桑榆"了。所以说，多读书总还是有用的。

四、"李邕求识面，王翰愿卜邻"

除了读书之外，杜甫的童年当然也有一些其他有趣的活动，比如欣赏丰富多彩的文化艺术，以及结交当时的时代名流。

杜甫五岁这年，父亲杜闲做了郾城（今郾城区）县尉，于是他跟着父亲来到河南郾城，在这里，他有幸见到了堪称"盛唐一绝"的著名舞蹈家公孙大娘的剑器浑脱舞。剑器与浑脱是从西域流传而来的两种胡舞，其旋律和节奏都铿锵有力，风格相对活泼粗犷，带有很强的娱乐性，在当时十分流行。这次观舞是杜甫在历史记录中留下的最早的足迹，他晚年曾追忆这一场面，在诗中写道："昔有佳人公孙氏，一舞剑器动四方；观者如山色沮丧，天地为之久低昂。耀如羿射九日落，矫如群帝骖龙翔。来如雷霆收震怒，罢如江海凝清光。"可见这壮美奇绝的舞蹈和它所代表的昂扬奔放的盛唐气象，在幼小的杜甫心中形成了多么奇幻的盛世想象。

后来，杜甫来到姑姑家，住在洛阳城东的仁风里。相距不远的尚善坊中，住着唐玄宗的弟弟——岐王李范；更近的遵化里中住着深得玄宗宠信的大臣崔涤，他还有个更为人熟知的名号——崔九。因为杜家有一定的地位，加之杜甫的生母崔氏，多少与崔九沾些姻亲，使得杜甫小小年纪就在这些豪门中出入，结交名士，还听到了冠绝一时的著名歌唱家李龟年的歌声。他晚年再次遇到李龟年时，追忆"岐王宅里寻常见，崔九堂前几度闻"的岁月，正是这个时候。

而不出门的时候，似乎也有一些名流亲自上门拜访，比如杜甫颇为得意的"李邕求识面，王翰愿卜邻"。李邕比杜甫大三十四岁，也是名门之后，他的爸爸就是前面讲到的注《文选》的李善，所以他的文学水平自然差不了，年纪轻轻就得到了唐玄宗的赏识，后来接替张说、张九龄，成了一代文人尊奉的文坛领袖；而王翰，是盛唐有名的边塞诗人，我们都熟悉他的《凉州词》："葡萄美酒夜光杯，欲饮琵琶马上催。醉卧沙场君莫笑，古来征战几人回。"堪称千古名篇。就是这样两个当时已经名满天下的前辈，竟会登门求见年少的杜甫，甚至还想要和他比邻而居，考虑到杜甫继承了祖父杜审言爱说大话这个习惯，这个"李邕求识面，王翰愿卜邻"恐怕是不可信的。不过，两位文坛的前辈，听说当年杜审言学士家有个小孙子，从小勤奋好学，尤其熟读《文选》，还学着写了几首诗，对这位聪明的小朋友有些兴趣，想去见识见识，找人打听打听，倒也不是没有可能。也许，这样的解释也更符合历史真相吧。

五、人生的图腾

杜甫的文学创作实践始于他七岁那年，杜甫在《壮游》诗中说自己：

> 七龄思即壮，开口咏凤凰。
>
> 九龄书大字，有作成一囊。

这首"咏凤凰"就成为诗圣留在人间的第一首作品，不过可惜的是，它并没有流传下来。可以想象，即便"诗是吾家事"，即便"读书破万卷"，即便日后终将成为诗圣，一个七岁孩子的诗作，其成就总归高不到哪里去，也没有人会想到把它收录、保存下来。不过虽然不知道杜甫具体写了什么，关于这首"凤凰诗"倒也有的可说。

不妨先看看唐代的大诗人们小时候都喜欢写些什么：最有名的儿童诗人当数骆宾王，同样是七岁，他写了著名的《咏鹅》，脍炙人口，充满童真；而李白就不一样了，他少年时代最有名的一句诗是"大鹏一日同风起"，那种背负晴天、翱翔万里的凌云之志洋溢在字里行间。

而杜甫，则在人生的第一首诗中歌咏凤凰——凤凰是百鸟之王，是祥瑞，是太平盛世的象征，是儒家最高的文化符号。杜甫在人生第一首诗中就歌颂凤凰，可见他幼小心灵中对于所处的盛世的认同，也可以看出他此时就树立了崇高的理想信仰，将凤凰作为自己人生的图腾，渴望在太平盛世中大有作为。后来的人生中，杜甫也写过多首歌咏凤凰的诗作，诗中的神鸟时飞时落、时去时留，正是人生浮沉和时代盛衰的真实写照。

就这样，杜甫带着凤凰的一声高唱，步入了诗坛，开启了他追逐人生理想的征程，首先迎接他的，将是一场旷日持久的浪漫旅行。

第三讲

少壮漫游

——在盛唐来一场"说走就走"的旅行

一、"往昔十四五，出游翰墨场"

杜甫七岁就开启了他的文学创作之路，带着一声凤凰的高唱，在盛唐诗歌的天空振翅翱翔。不过七岁的孩子毕竟还是太年轻了，写出的作品想必也免不了有些稚嫩，需要进一步的沉淀、钻研，等到他真正能够在诗坛崭露头角，已经是十四五岁的年纪了。

杜甫在《壮游》诗中说：

> 往昔十四五，出游翰墨场。
>
> 斯文崔魏徒，以我似班扬。

十四五岁的杜甫，刚刚步入盛唐诗歌的竞技场，就得到了两位前辈的褒奖，将他比作汉代的大辞赋家班固、扬雄，这是很高的评价了。诗中所谓的"崔魏徒",一个叫崔尚,一个叫魏启心,分别是武后、中宗朝的进士,至少要比杜甫年长二三十岁,都曾官至州刺史,相当于今天的市长。试想,一个怀有崇高政治理想,一心想通过科举入仕,从而匡君辅国的青年学子,初出茅庐就得到了两位成功前辈的极大赞誉,该是多么心潮澎湃,充满了奋进的力量。

这里还想提醒大家关注一下这个神奇的年份:杜甫先天元年(712)出生,其十四五岁"出游翰墨场"的时候,正是开元十五年(727)前后。开元十五年对于盛唐诗歌来说,是标志性的一年,太多在诗歌史上具有重大意义的事件都在这一年集中发生:盛唐诗坛的"第一任领袖"张说罢相,意味着老一辈宫廷诗人逐步退场;有"诗家天子"之称的王昌龄和他的好朋友常建同年中举,新的诗歌血液涌入京城;诗仙李白这一年离开蜀地,进入中原,"欲将书剑许明时",追逐他的鹏程万里;而李白一生所爱的孟浩然,却在科场失意落榜,从此寄情山水,归隐田园;加之杜甫步入诗坛……短短一年间,盛唐诗坛完成了一次伟大的新老更替,群星璀璨的盛世已经谱就了美妙的交响乐序章。而蕴含在这些标志性事件之后的,国家的太平安定,政治的通达清明,社会经济的繁荣富足,文化艺术的光辉灿烂,士人予取予求的进退自如,都为盛唐诗国的到来做好了最充足的准备。所以,盛唐著名的诗选家殷璠说:"开元十五年后,声律、风骨始备矣。"后世也就循着他的说法,将开元十五年定为盛唐诗歌高潮到来的标志。

杜甫的人生轨迹又一次和时代前进的步伐踏在了同一个节奏上:在养成诗性人格的年纪,他迎来了最属于诗歌的时代;在最需要吸取艺术养分的年纪,他遇到了最适宜诗歌的土壤;在最需要开阔眼界的年纪,他遇到了最开放进取的时代风气。刚刚步入诗坛,就遇上了诗国高潮的来临，不可不说是天赐之喜，带着这份欣喜，杜甫开启了他的少壮漫游。

二、漫游之风与身边的名胜

说起杜甫的少壮漫游，其实也是迎合了当时的社会风气。盛唐社会经济繁荣富足，物产十分丰盈，自然地，物价也就不高，尤其对于杜甫这样的"官 n 代"来说，丝毫没有经济上的顾虑。加之社会秩序安定、水陆交通十分发达，也为广大士子的出游提供了极大的便利。杜甫在《忆昔》诗中追述道："九州道路无豺虎，远行不劳吉日出"，完全不需要挑选什么黄道吉日，随时都可以来上一场"说走就走"的旅行。

而除了客观条件的便利之外，盛唐士子们选择漫游，更有自己的主观考量：有的是为了陶冶情操，在山水之间获得人生的乐趣，比如孟浩然，在科举落第后的第二年就去了吴越，也就是江浙一带，借那里的青山秀水，扫除仕途失意的阴霾；也有的士子是为了找寻工作机遇，比如高适，三度出塞，到幕府之中寻求职位，最终也成功以此为跳板，得以飞黄腾达；而更多的士子们，则是想通过游览名山大川、前贤胜迹，求仙访道、结交豪杰，以增长阅历，扩展人脉，或是提高声誉，从而为日后科举应考、做官求仕奠定更好的基础。"奉儒守官"的杜甫自然也属于这一类。

不论出于何种目的，盛唐诗人在漫游途中都会写出大量的诗作。这些作品或书写壮丽河山，或歌颂历代风流，或表达真挚情感，或抒发豪情壮志，无不洋溢着青春的气息，又承载着昂扬奋进的时代精神，境界开阔高远，语言洒脱自然，有时还蕴含着对人与宇宙关系的深入思考，这便是我们后世所称道的"盛唐气象"。显然，"盛唐气象"的形成与漫游之风有着不可分割的联系。

说回杜甫，出生于河南巩县，成长于东都洛阳，身处中原文化的核心地带，看着公孙大娘的舞、听着李龟年的歌、学着祖父杜审言的诗长大的杜甫，堪称那个时代走在流行前线的文艺青年。对于身边的美景，他当然不会放过，杜甫漫游之路上的诗作，也是从题写身边的名胜开始的。

龙门石窟位于洛阳城南，伊水两侧，开凿于北魏，经过历代增修，至唐时已经蔚为大观，堪称佛教艺术的宝库；而武后时期，为了迎合"则天大圣""天授武氏"的宣传，从而为女皇登基大造舆论，更是对龙门石窟进行了最大规模的营建，著名的奉先寺便是这个时候修造的。如今我们看到的各种龙门石窟宣传材料中，最具代表性的那座卢舍那大佛，就是奉先寺的主佛。

杜甫闲暇时，因地之便，慕名来到奉先寺游览，并留宿于此，写下了我们至今所能看见的他最早的一篇诗作——《游龙门奉先寺》：

> 已从招提游，更宿招提境。
> 阴壑生虚籁，月林散清影。
> 天阙象纬逼，云卧衣裳冷。
> 欲觉闻晨钟，令人发深省。

这首诗总体来说写得一般，无论是在盛唐诗歌还是在杜诗中，都算不上特别好，但毕竟是诗圣完整留给我们的第一首作品，而且记录了杜甫少壮时期的心境和思考，所以还是有必要讲讲。前两句交代诗歌写作的背景，诗人来到佛寺游玩，并在这里留宿，"招提"是僧人的代称，源自梵语音译。中间四句写景显示了一定的功力：奉先寺及其所在的龙门石窟，位于伊水河谷之中，两岸高山对峙，故而夜间常有大风，杜甫将风声比作是天地吹响的乐器，流露出沉醉于自然夜色的亲近感，而月光伴随着河谷中蒸腾的水汽，洒落在树梢，营造出一片朦胧的意境；意境朦胧，诗人的睡眠也逐渐蒙眬。抬头仰望，天上的繁星随着日夜更替，从山峦的遮挡中逐渐显现，仿佛在向人间逼近，与之相伴，云朵也低垂下来，凝结的水汽使人越发感觉寒气逼人。这种朦胧的意境，这种天地自然与人亲近到浑然一体的感觉，使得杜甫深深陶醉，然而随着清澈、悠长的钟声，杜甫从梦境中醒来，开始深深地思考。他在思考什么呢？或许是在憧憬自己以后凭借伟大的功名像星斗一样在天地间闪耀；抑或是在感慨这样的令人沉醉的夜晚过于短暂，还要面对更现实的人生……我们都不得而知。但杜甫将自己夜宿奉先寺的真实所见所感用文字传达了出来，使得千载之后的我们也得以身临其境，与他同样沉思、深省。

读破万卷书的杜甫，终于迈出了行万里路的第一步，同时打开了用"彩笔"描绘盛唐气象的伟大诗卷，让我们跟随杜甫去往他漫游的下一个目的地，在盛唐旅游热门榜上高居榜首的——吴越。

三、"扁舟意不忘"

吴越之所以成为盛唐的头号热门旅游目的地，主要有以下三个原因：一是山清水秀，风景秀丽，这自然不用多解释。二是经济发达，文化繁荣，在唐代有"扬一益二"的说法，扬是扬州，就是吴越；益是益州，指的是四川，它们是当时南方的两大经济文化中心。第三个原因，则是因为吴越有着六朝文化的深厚积淀。六朝指的是建都在江南的吴、东晋和南朝的宋、齐、梁、陈，虽然都是偏安的王朝，但在文人们心中有特殊的意义，因为这正是中国文学走向自觉的一段时期，换句话说，中国文学的正统脉络是从这里传下来的。因而吴越的山水，在其本身的清丽之外，更因为六朝文人的吟咏，而在唐人的心目中增添了历史的厚重感和神圣的气息。

杜甫二十岁这年，离开了家园，动身前往吴越，按照当时的交通状况，他的路线大概是从洛阳出发，乘船经过广济渠、淮水、邗沟，最后经长江而到达江宁，也就是今天的南京。熟悉历史地理的朋友可能对这个路线比较敏感，这正是隋唐大运河的线路，江淮对关中的粮食供应，全赖这条水上生命线。

杜甫在吴越游览时的诗作而今都已不传，但可以确定的是，他一定是写过的，因为有资料记载，在杜甫晚年，江东地区已经有人将他早年的作品编辑起来流传了，不过可惜的是，大概因为青年杜甫的大部分作品确实水平有限、接受度不高，这些作品终究没能流传到今天，我们无缘得见。于是只能通过杜甫后来的一些回忆文字，来简单勾勒出他漫游吴越的行迹了。

杜甫晚年的《壮游》诗中用较多的笔墨追忆了这次吴越之游：

东下姑苏台，已具浮海航。

到今有遗恨，不得穷扶桑。

王谢风流远，阖庐丘墓荒。

剑池石壁仄，长洲荷芰香。

嵯峨阊门北，清庙映回塘。

每趋吴太伯，抚事泪浪浪。

枕戈忆勾践，渡浙想秦皇。

蒸鱼闻匕首，除道哂要章。

越女天下白，鉴湖五月凉。

剡溪蕴秀异，欲罢不能忘。

归帆拂天姥，中岁贡旧乡。

从诗中所写的情况来看，杜甫先去了苏州，一度来到海边，还有过出海远游的打算，当然没能成行；之后又凭吊了乌衣巷中的王谢故居和虎丘上的吴王墓，以及春秋时期吴国的宫殿，有过几番抚今追昔的感慨；然后便转入浙江，游览了越国的古迹，怀念了几位义士贤人；夏日泛舟经过了秀美的鉴湖、剡溪，还见识到了越地美女的国色天香；最终游完了天姥山，才不舍地踏上了归程。这实在是一场丰富奇妙而引人入胜的旅行，怪不得到了晚年，一切还历历在目，令杜甫念念不忘。

在这场旅行中，还有一件事值得一提，那就是在江宁的瓦官寺，杜甫近距离欣赏到了东晋画圣顾恺之所画的壁画，并深深地陶醉其中，这是诗圣与画圣跨越时空的一次伟大对话。这件事见于杜甫在朝廷做官时所作的一首送别诗中，诗的最后四句写道：

看画曾饥渴，追踪恨森茫。

虎头金粟影，神妙独难忘。

"虎头"就是顾恺之的小名，"金粟"则是指所画的佛像。文艺青年杜甫欣赏过当代各种各样优秀的艺术，对于历史上最优秀的艺术之一——顾恺之的画作，自然也是心驰神往，甚至十分"饥渴"，不断追求却苦于没有机缘，而在江宁这座寺庙的墙壁上，赫然有他的真迹，这是多么令杜甫惊喜和满足的一种体验，那出神入化的丹青妙笔，使这位文艺青年过了近三十年还久久不忘。

三年的吴越之游，是杜甫的青春生命与蓬勃向上的盛唐进行的一次热烈拥抱，充满了甜蜜与美好，给杜甫留下了珍贵的青春记忆。然而杜甫并没有忘记自己漫游的"初心"，开元二十三年（735），他告别吴越的青山秀水，回到东都，向着理想发起了第一次冲击，参加了这一年的东都贡举，这次登第的有盛唐大诗人李颀，还有杜甫的好朋友贾至，然而杜甫却"忤下考功第"，一无所获。不过好在他还年轻，没有受到太大的打击，简单收拾心情后，很快又踏上了新的旅程。

四、"齐鲁青未了"

杜甫《壮游》诗中说：

> 忤下考功第，独辞京尹堂。
>
> 放荡齐赵间，裘马颇清狂。

可见杜甫确实没有太把第一次的科举失利放在心上，在"扁舟难忘"的吴越之游后，杜甫又开始了一段"裘马清狂"的齐鲁之旅。选择齐鲁作为下一个漫游的目的地，主要是出于两点考虑：第一，齐鲁是孔孟之乡，圣人故里，对于"奉儒守官"的杜甫来说，此行多少有着朝圣的意味；第二，杜甫的父亲杜闲此时正好调任兖州司马，杜甫此去主要是为了探望父亲。

我们先来看看《壮游》诗中是怎么回忆这段生活的：

春歌丛台上，冬猎青丘旁。

呼鹰皂枥林，逐兽云雪冈。

射飞曾纵鞚，引臂落鹙鸧。

苏侯据鞍喜，忽如携葛强。

诗中提到的活动总体上分为两大部分：一是"春歌"；二是"冬猎"。所谓"春歌"出自《论语》的"侍坐篇"，描绘了儒家"浴乎沂，风乎舞雩，咏而归"的大同境界、最高理想，这里指的是自由自在地登览赋诗。"冬猎"则是古代盛世中常用来彰显武威的活动——这"文武之道"两者的结合，就是杜甫对于士子所向往生活的总结。然而诗的后六句都是写狩猎的内容，也足以看出杜甫文士的身份之下，潜藏着一个勇武奔放的灵魂。而关于"春歌丛台上"的生活，我们终于可以通过杜甫当时当地的诗作来一探究竟了。

比如这首《登兖州城楼》：

东郡趋庭日，南楼纵目初。

浮云连海岱，平野入青徐。

孤嶂秦碑在，荒城鲁殿余。

从来多古意，临眺独踟躇。

这是杜甫刚到兖州写的一首五律。首联交代了诗歌的写作背景与环境，兖州在山东，故称之为"东郡"。"趋庭"则用了孔鲤受孔子教诲的典故，写自己此行本是来探望父亲，借此机会登上兖州城南楼，纵目眺望。中间两联都是随着目光所见而展开的景象，远远望去，浮云连通着巍峨的泰山和广阔的大海，无边无际的平原在青州、徐州的大地上铺展开来，人的心胸也随着视野而变得开阔；突然视角一转，由纵情远眺转而凝视眼前，孤零零的小山丘上，竖立着一座秦朝的碑刻，而荒芜的古城里，还留有昔日鲁国宫殿的遗迹，然而它们所代表的昔日的一切繁华，都随着时光淹没在历史的尘埃里。想到这里，杜甫不禁感慨、踌躇，为天地的广大和个人的渺小，为兴亡的无穷和人生的短促，陷入了深深的思考。这首诗从格律的工稳、布局的严谨、境界的辽阔、情景的交融各方面来看，都算是一首相当优秀的诗作了，对于一个二十四岁的年轻人来说，能发出如此深刻的关于宇宙、人生的思考，是十分难得的。

还有一首《夜宴左氏庄》：

林风纤月落，衣露净琴张。

暗水流花径，春星带草堂。

检书烧烛短，看剑引杯长。

诗罢闻吴咏，扁舟意不忘。

左氏是何人？左氏庄在何处？今已不得而知，我们只知道杜甫在这里度过了一个美妙的夜晚：幽深的密林中，微风吹拂，风吹云动之下，一轮纤细的弯月时隐时现，诗人行走在沾湿的小路上，耳边响起了清澈的琴音；在如此静谧幽微的环境里，难免会让人陶醉到迷失了方向；然而花草繁密的小路旁静静流淌着的泉水和天空中曲折的星斗，还是将诗人带到了左氏庄的草堂；在这里，诗人与朋友时而对着烛光，批阅经籍，讲论文义，时而拔剑起舞，对酒当歌；突然间，一声吴地民歌，又勾起了扁舟游江南的美好回忆，而那时的快乐，不正在眼前重现了吗？ 这首五言律诗，清新活泼，恬淡自然，随着诗人的主观视角，从静谧的夜色到热闹的宴会，为我们展开了一幅动静相生、跌宕开阖的画面；而"检书""看剑"的宴会情状，正是一个青年士子允文允武两方面的突出象征，杜甫以此为乐，更体现了青春年华中昂扬奋进的激情，这同样是"盛唐气象"的核心内涵。

最后我们来说说杜甫的泰山之游，这是此次齐鲁之行中最具象征意义的一站。泰山是五岳之首，自古以来有着特殊的文化含义，是有德帝王行封禅之礼、祭祀天地的地方，这是中华文明史上最崇高、最盛大的礼仪。而距离杜甫登泰山最近的一次封禅就发生在十年之前，在那场全国瞩目的大典中，"圣明天子"唐玄宗和"太平宰相"张说出尽了风头，而立志要"致君尧舜上，再使风俗淳"的杜甫不可能不对此心驰神往。终于，他来到了泰山，并在登山途中写下了那首著名的《望岳》：

岱宗夫如何？齐鲁青未了。

造化钟神秀，阴阳割昏晓。

荡胸生层云，决眦入归鸟。

会当凌绝顶，一览众山小。

这首诗大家一定都很熟悉，对于诗意，我们就不细讲了。但首先要提醒的是，这不是一首五言律诗，而是五言古诗。 并不是所有的五言八句都可以叫作五言律诗，这首诗的平仄显然并不满足近体规范，押韵也不是平声，是很典型的五言古诗。诗歌开篇先歌咏造化的伟大和泰山的高峻，继而写登上泰山后感受到的心胸宽广和眼界开阔，最后表达

"会当凌绝顶，一览众山小"的期待。这里化用了《孟子》中写孔子的语句，"登泰山而小天下"，既是向两位圣人的致敬，更是展现了自己蓬勃进取的人格精神——在这一点上，杜甫与孔、孟是契合的。一位二十四岁的年轻人，背靠伟大的五岳之尊，面对着苍茫天地，满怀豪情，由衷地高喊出孔孟先哲曾经的话语，是何等进步的时代和多么劲健的人格相碰撞，才能产生这样振聋发聩的高唱！

杜甫的漫游生活，是一场引人入胜的浪漫旅行，让我们能够跟着他，在如梦如幻中，感受大唐盛世的魅力，而这场梦幻之旅的最后，是以两个伟大诗歌灵魂的相遇、相交作为终结的，这不能不说是历史最完美的安排。

第四讲

仙圣之交

——杜甫与李白的"一眼万年"

一、"劈面走来"的"凤凰"与"大鹏"

开元二十九年（741），杜甫结束了在齐鲁大地上"裘马清狂"的快意生活，回到了洛阳家中，完成了一件人生大事——他迎娶了司农少卿杨怡的掌上明珠，实现了"小登科"。杜甫与这位杨氏夫人从此相濡以沫，一生恩爱有加，有着令人羡慕的爱情，当然这都是后话了。短暂的蜜月之后，寒食前夕，杜甫又去祭拜了位于巩县的祖茔，在先祖杜预的墓前立下了"不敢忘本，不敢违仁"的誓言，这意味着他已经准备好再次踏上追梦的征程。

就在杜甫将憧憬的目光对准了都城长安时，一个翩翩身影自西而来，掩盖了其他一切光芒。此人自幼在家乡匡山读书、习剑，"五岁诵六甲，十岁观百家""十五观奇书，作赋凌相如"，练就一身文武技艺；他曾"东游维扬，不足一年，散金三十万"，以一腔侠骨意气，平交天下英豪；他在几年前受到天子征召入朝，赐食七宝床，御手调羹，一时荣宠无限；他写下了"蜀道之难，难于上青天""君不见黄河之水天上来"等千古佳句，诗名已冠绝天下；他身上充满了令每一个盛唐士子都心驰神往的传奇故事。是的，他就是诗仙李白。 杜甫在洛阳等来了梦寐以求的他，也因此暂缓了西入长安的步伐。这一年是天宝三载（744），要提醒大家注意，从这一年起，至唐肃宗至德二载（757），因为玄宗的诏令，唐人纪年一律称"载"不称"年"，所以历史上不存在"天宝八年""至德元年"的说法，只有"天宝八载""至德元载"，这是一个小知识。

说回李白、杜甫的这次洛阳相会，同为诗人的闻一多先生曾为此激动地写下这样一段文字：

> 我们该当品三通画角，发三通擂鼓，然后饱蘸了金墨大书而特书。因为我们四千年的历史里，除了孔子见老子（假如他们是见过面的），没有比这两个人的会面更重大、更神圣、更可纪念的。我们再逼紧我们的想象，譬如说，青天里太阳和月亮走碰了头，那么，尘世里不知要焚起多少香案，不知有多少人要望天遥拜，说是皇天的祥瑞。如今，李白和杜甫，诗中的两曜，劈面走来了。我们看去，不比那天空的异瑞一样的神奇，一样的重大意义吗？

对于这一诗坛盛事而言，恐怕没有比这段话更精彩的描述了。

还是让我们回到历史场景本身：此时的李白，其实正处于人生的低谷，他刚刚经历了一段不成功的仕宦之旅。李白一生以大鹏自喻，既追求扶摇直上、鹏程万里，又不愿有所依凭、有所羁绊，希望能像当年的谢安一样，在功成名就之后高卧东山，能同时拥有伟大的理想与自在的人格。三年前，当身处草泽的李白收到玄宗亲笔签发的邀请函，原以为就此平步青云，一跃而为帝王师，无比憧憬着他即将实现的梦想，却没想到得来的只是一个"流行音乐创作协会执行理事"的差事，既无助于功成名就，又损失了人格自由，时常要强颜欢笑去迎合官僚，写些言不由衷的文字。终于，经过内心的煎熬，李白递交了"辞职报告"，好在玄宗也算仗义，给了他一笔丰厚的"解约金"，让李白得以体面地离开长安，也就是所谓的"赐金放还"。

经历了人生的大起大落，李白当然想找人倾诉。然而，昔日的知己——张旭、贺知章已先他一步离开；岑夫子、丹丘生也只能陪着他借酒浇愁；想要西归蜀地故里，更是道阻且长、寸步难行。就在这时，杜甫出现在他身前，满怀真诚地向他打听长安风物、朝廷逸事，与他谈论盛唐气象、诗酒风流，对他陈述孔孟之道、尧舜苍生，向他展望人生理想、太平愿景。这一切对于李白来说，陌生而又熟悉，它们根植于李白的灵魂和血液，却又长久地为现实所压抑。四十四岁的李白惊叹了眼前这个年轻人，他深情的目光望去，三十三岁的杜甫身上，依稀可见自己当年的影子；年轻的杜甫更是崇拜地仰望着这位盛世的代言人，青春的眼眸中满是激动与欣喜。

这是簸却沧溟的"大鹏"与振翅欲飞的"凤凰"间的深情对视，浓缩着相同的理想信念、契合的人格精神和各自缤纷的心路历程，正是这一眼偶然的相遇，展现了一段永载中国文明史册的浪漫奇迹。

二、"亦有梁宋游"

杜甫与李白在洛阳一见倾心、情投意合，很快便一起商定了同游的计划，首站是距离洛阳不远的梁宋，也就是如今的开封、商丘一带。而此行，杜甫还叫上了自己的另一个好朋友，伟大的边塞诗人——高适。高适此时待业旅居，几年前，他与杜甫相识于山东汶水之滨，此后也成了一生的朋友。杜甫与李白同游时，高适恰巧寓居宋中，便也正好相约一道。

梁宋地处中原，紧临运河，城市繁荣，人口密集，交通发达，用杜甫的话说，是"邑中九万家，高栋照通衢。舟车半天下，主客多欢愉"。这一带又是春秋时期魏国、宋国的都城所在，也是汉代梁孝王的封国，遗留着很多名胜古迹，其中最令人向往的，当数梁园与单父台。

梁园是西汉梁孝王刘武所建，他是汉文帝的幼子、汉景帝的胞弟，颇得荣宠，甚至一度可能成为大汉天子，故而修建起园林来，也是极尽奢华，相传这座皇家园林方圆三百余里，依山傍水，楼台林立，复道行空，里面更是布满了奇花异草、珍禽异兽。而梁孝王又是一位雅好文学的君王，常招揽文士来梁园饮酒作乐、切磋文笔，当时有名的辞赋家枚乘、司马相如都曾在这里受到过梁孝王的礼遇，还有人说枚乘的《七发》、司马相如的《子虚赋》皆在这里作成，如果这是真的，那么梁园毫无疑问就是汉大赋的滥觞之地。如此华美壮丽的园林景致，加之文人与君王对坐论道、把酒言欢的风流往事，对胸怀壮志的李白、杜甫、高适来说，自然有着无与伦比的吸引力。虽然此时的梁园早已不复汉代的繁华，但他们在这里纵情山水，追慕前贤，诗酒年华，同样不亦快哉，正如杜甫所回忆的："醉舞梁园夜，行歌泗水春"，短短十字之间，将盛世的浪漫情怀表现得淋漓尽致。

在梁园的诗歌巅峰会中，更胜一筹的当数李白，他的《梁园吟》成了此行中最值得称道的千古名篇，其中的名句比如："荒城虚照碧山月，古木尽入苍梧云""舞影歌声散绿池，空余汴水东流海""东山高卧时起来，欲济苍生未应晚"，等等，都十分脍炙人口。诗歌借梁园的昔盛今衰，感慨了历史的沧桑和浮名的虚妄，表达了达观知命的人生态度，是这一时期他矛盾心境的真实写照。

再来说说单父台，它的历史比梁园更为久远。春秋时期，孔子的弟子宓子贱任单父宰，他勤政爱民，将单父治理得太平安乐，闲暇时便喜欢来到城外的高台上抚琴抒怀。宓子贱离任后，继任者巫马施同样勤勉善政，颇得民心。百姓为了纪念二位贤宰，便在宓子贱抚琴处建起了这座高台。所以，这座单父台是一座贤臣的丰碑，是太平善政的象征，这不正是杜甫、李白、高适这些常怀进取之心的盛唐士子们毕生的追求吗？因而，他们登高骋望，纵论国政，致敬先哲，荡涤心灵，同样留下了动人的诗篇。这次脱颖而出的则是高适，他的《甲申岁登子贱台》古朴苍凉，在"临眺忽凄怆,人琴安在哉。悠悠此天壤，空有颂声来"的长叹中，充满了对前代良吏贤臣的渴慕和思念，同时表达了历尽沧桑的他对现实处境的无奈。

与两位挚友、同时也是诗坛的前辈相比，杜甫此时还太年轻，多的是青春的灵动和锐气，少的是人生感悟的沉淀和对社会现实的深刻感知，故而没能写出同样载入史册的名篇，或者说没能流传下来，我们也只能通过他晚年的回忆来对他当时的心境稍加探析。比如他的《昔游》诗的开头：

昔者与高李，晚登单父台。

寒芜际碣石，万里风云来。

桑柘叶如雨，飞藿共徘徊。

清霜大泽冻，禽兽有余哀。

描绘了深秋之中，天地苍茫、风云激荡的景象，年轻志壮的杜甫，听李白、高适慷慨激昂地讲论时政得失、畅想文章经国，该是何等的意气风发、心潮澎湃，这大概也是他梁宋之游的主导情绪。

三、"醉眠秋共被，携手日同行"

结束了快意的梁宋之游，杜甫、李白和高适便各自回家了。杜甫回到洛阳待了一段时间，又去弟弟杜颖家住了些日子，第二年也就是天宝四载（745）秋天，他再次去往兖州探望父亲，并在这里与李白重逢。李白在西入长安之前就一直寓居于东鲁，在这里娶妻生子，安有家门。所以不知这次重逢是他们提前约定，还是命运的巧合，总之两人都非常开心。

刚一见面，杜甫就先赠了李白一首诗，当作重逢的礼物：

秋来相顾尚飘蓬，未就丹砂愧葛洪。

痛饮狂歌空度日，飞扬跋扈为谁雄。

这首诗是现存杜诗中最早的一首绝句，也被认为是一幅绝佳的李白小像。诗歌前两句写分别重逢，彼此都是漂泊不定的状态，曾一起立下求仙访道的诺言，如今却都失言，实在有些对不起道教的前辈祖师。这不正是两个好友间用调侃、奚落的方式随意地打着招呼吗？ 是多么的可爱，又充满了生活气息。而下两句则又充满了只有至交之间才会有的恳切规劝：不要整天喝得烂醉如泥、唱着狂妄的歌曲虚度时光了，你的放荡不羁，又有谁真正能够包容和欣赏呢？还是要脚踏实地，去努力追寻自己的理想啊！杜甫看出了李白逍遥洒脱的外表下，内心的空虚与落寞；理解他看似遗世独立，实际却渴望着他人的赏识，故而发出如此诚恳的劝诫。可是尚未步入仕途的他，恐怕还无法深切体会到李白内心痛苦和矛盾的根源正在于他始终引以为傲的太平盛世。然而这都不重要，对于重逢的李白、杜甫来说，接续去岁的梁宋之游，去齐鲁大地上探寻新的快乐，才是当务之急。

他们在齐鲁的主要活动，是一起去拜访一些共同的朋友，其中比较出名的是李邕。李邕与杜甫的关系我们在第二讲中提到过，杜甫自称小的时候"李邕求识面"，虽有夸张的成分，但二人至少是有过交集的；至于李白，早年在蜀中也曾与李邕相识，还写过一首著名的《上李邕》，豪言："大鹏一日同风起，扶摇直上九万里"，并告诉他"丈夫未可轻年少"，着实前面讲过，令李邕眼前一亮。李邕是"《文选》学"大家李善之子，更是著名的文学家和书法家，其文章得到过唐玄宗的亲自称赏，是张说、张九龄之后当之无愧的盛唐文坛领袖，此时任北海太守。面对两位到访的青年才俊，又是故交，李邕当然热情招待，在济南大明湖畔的历下亭为他们设宴。杜甫也用诗歌记录下了宴会的盛况：

> 东藩驻皂盖，北渚凌清河。
>
> 海右此亭古，济南名士多。
>
> 云山已发兴，玉佩仍当歌。
>
> 修竹不受暑，交流空涌波。
>
> 蕴真惬所欲，落日将如何？
>
> 贵贱俱物役，从公难重过。

这首《陪李北海宴历下亭》首四句交代设宴的背景，"东藩"是对李邕的尊称，"皂盖"是形容车驾的威仪，济南的名士们因为李邕的号召力而齐聚于清河之滨、大明湖畔的济南第一古亭之中，高朋满座，这样的礼遇，令来访的李白、杜甫欣喜不已；中间四句则具体描绘宴会的场面，因古亭四周修竹掩映，丝毫没有初秋未尽的暑热，竹子的空隙中露出远处的云山，勾起了诗人的雅兴，而伴随着玉佩声的交错，歌舞表演进入高潮，仿佛河流也激动地泛起了滚滚波涛；末四句转入所思所感：这样惬意的时光实在令人留恋，然而眼看着红日西下，宴会也要结束了。想到今后无论身份地位高低，都要被身外事物拘役，不知道何时才能和李邕大人重温这样忘情的欢乐了。果然一语成谶，李白、杜甫离开短短两年后，李邕惨死在奸臣李林甫的迫害之下，这次欢乐忘情的宴会，竟也成了三人的永诀。

除了李邕这样的大人物外，李白、杜甫还探访了一些不出名的隐士朋友，其中有个叫范十的，因为李、杜的到访，而幸运地青史留名。杜甫的《与李十二白同寻范十隐居》记录了这次有趣的寻访。题目中的"李十二白"需简单地做个解释，这是唐人习惯性的一种称呼方式，姓名中穿插的数字，称之为"行第"，也就是其在家族同辈人，即所有叔伯兄弟当中的排行，这是唐人注重门第观念的一种反映，前面提到过的"崔九""范十"以及后面会涉及的"杜二甫""岑二十七参""高三十五适"都是此类：

李侯有佳句，往往似阴铿。

余亦东蒙客，怜君如弟兄。

醉眠秋共被，携手日同行。

更想幽期处，还寻北郭生。

入门高兴发，侍立小童清。

落景闻寒杵，屯云对古城。

向来吟橘颂，谁与讨莼羹？

不愿论簪笏，悠悠沧海情。

诗歌开头提到的阴铿是南朝著名诗人，写诗以用心雕琢、追求新奇而著称，用他来比喻李白，是夸赞李白不落俗套的诗风。杜甫喜欢李白的诗歌，二人理想一致、三观吻合，如今又同在东鲁做客，感情简直比兄弟还亲。亲到什么程度呢？晚上在家饮酒作诗，喝醉了就扯过一床被子睡在一起，醒来之后还要手拉着手继续四处游玩。这一次，他们就来到了城北，来找寻这个范十的隐居之所。下面四句是对居所环境的描写，勾勒了一幅清幽雅致的山林小景。末四句是人生志趣的表露：《橘颂》是楚辞的名篇，寓意着高洁的人格，"莼羹"则用了西晋张翰见秋风起而弃官归乡的典故，表达了对率性自由的向往。如果能够与最好的朋友李白在这山林之中长久地隐居下去，什么"簪笏"之思、贤臣之梦，也都不必放在心头了。恐怕也只有李白的人格魅力，能让杜甫将他心心念念的太平理想暂时搁在一旁。

李白也留下了记录这次同游的诗篇，诗中讲述了他在荒野里骑马迷路，跌落在苍耳丛中的故事，十分生动可乐，篇末的一句"风流自簸荡，谑浪偏相宜"，表明自己此时遭遇了人生的挫折，内心虽然痛苦，却仍能笑着面对，这是最合适的心境了，似乎也是对杜甫所谓"痛饮狂歌空度日，飞扬跋扈为谁雄"的最好回答。

四、一片相思两处同

人生难得是欢聚，唯有别离多。结束了短暂却终生难忘的重逢之游，杜甫和李白又一次分开了：杜甫奋起"凤凰"的双翼，踏上了追梦的旅程，踌躇满志地西入长安；李白则抱定了南下漫游吴越的打算，想借江南的清丽山水，找寻属于"大鹏"的沧溟之水——这一次，他们永远地分开了，向着不同的天空飞去。

人们常常调侃，杜甫一生思念李白，而李白却始终对杜甫不太上心。这恐怕是不对的，因为面对分别，最先按捺不住内心孤独的，恰恰是李白，临别之际，他写了一首《鲁郡东石门送杜二甫》表达不舍之意，篇末写道："飞蓬各自远，且尽手中杯"，既深沉地表达了惜别之情，又回扣了二人重逢之时杜甫所作的诗句"秋来相顾尚飘蓬"——你我皆在尘世中漂泊，饮完这杯离别酒，前路多多珍重。

不久，李白来到沙丘暂住，寂寞之情更加难耐，写下了另一首怀念杜甫的诗作《沙丘城下寄杜甫》，诗中写道："鲁酒不可醉，齐歌空复情。思君若汶水，浩荡寄南征"，在没有杜甫的日子里，酒也不好喝，歌也不好听，一切都是那样乏味，思念之情却像眼前的汶水一样，长流不息。

当然，更有名的一首相思之作还是来自杜甫。天宝五载（746）春，他来到长安，在这座李白曾留下无数佳话的城市，杜甫写下了这首著名的《春日忆李白》：

白也诗无敌，飘然思不群。

清新庾开府，俊逸鲍参军。

渭北春天树，江东日暮云。

何时一尊酒，重与细论文。

前四句无须多言，用大诗人庾信、鲍照来夸赞李白诗歌清新俊逸的风格，非同凡响；后四句则饱含深情：杜甫身处渭北的长安，在追梦路上蓬勃奋进，正是所谓的"春天树"，李白则远在江东，优游自在，堪比"日暮云"，不知二者何时才能再度相会，举起忘情的酒杯，细细地探讨诗文了。

从这里也可以看出，李白、杜甫在交游的过程中，共同探讨诗文创作，是生活的常态，这也让他们的交游为诗歌史增添了特别的意义。我们惯常的认识中，李白是浪漫主义的代表，杜甫是现实主义的宗师，仿佛他们各自举着一杆大旗，带着一队人马，非要在文学史上拼个你高我低。然而，伟大的灵魂总是相通的，伟大的诗歌亦是如此。 李白与杜甫若没有虚怀若谷地去包容和接纳对方，没有慧眼独具地去欣赏和成就对方，而只是故步自封、画地为牢，便不会出现诗歌史上这一双峰并置的伟大奇观了。还是应了韩愈那句精当的评价："李杜文章在，光焰万丈长。"

第五讲

青云难涉

——想当盛唐的"公务员"有多难？

一、"破胆遭前政"

天宝五载（746）的春天，杜甫终于来到了梦寐以求的都城长安，从少壮漫游进入了漫长的求仕生活。然而年轻的杜甫无论如何都没有想到，在他"裘马清狂"的十年里，政治环境和社会风气都发生了巨大的变化，开元二十三年（735）那次他并不介意的科举落第，竟使得他错过了盛唐的最后一波时代红利。

开元二十五年（737），玄宗朝的最后一位贤良宰相、盛唐诗坛的第二任领袖——张九龄罢相，贬官荆州。取而代之的则是有名的奸相、有"口蜜腹剑"之称的李林甫，盛唐的清平政治，就此渐渐转入黑暗时代。李林甫媚上取荣、把持朝政、嫉恨文士、构陷贤臣，在他的影响下，大批文人被排挤出朝廷，离开长安，甚至性命不保。比如前文提到的北海太守李邕，就因李林甫的构陷，于天宝六载（747）被杖毙于北海的居所；再如"饮中八仙"之一的左相李适之，因恐惧李林甫的陷害，而在贬官后仰药自尽；更多的青年才俊，更是因为不愿依附于奸相，而被长期阻碍在朝廷之外，沉沦下僚。一度高唱的"盛唐之音"，逐渐转化为深沉的"盛世悲鸣"。

天宝六载，也就是杜甫来到长安的第二年，一场大规模、高规格的制科考试，在唐玄宗的亲自主持、宰相李林甫的具体负责下开始了。所谓"制科"，是唐代选官考试中特殊的一种，不同于定期举行的"常选"，差别主要体现在以下三点：一是天子亲自主持，规格极高，且不常设，考中之后，无论荣耀还是前途都明显优于常科进士及第；二是不分"明经""进士"等具体的科目，主要考策论，也就是治国理政的才能，更符合大多数读书人的政治理想和期许；三是常选进士及第之后，还要参加一次吏部的授官考试，通过之后方能做官，而制科则不需要，一旦考中直接授官上任，是真正的"朝为田舍郎，暮登天子堂"。因而对广大士子来说，制科考试实在是可遇而不可求的做官良机。

那么说杜甫来到长安的第二年就赶上了一场制举，这是他的幸运吗？ 恰恰相反，这次考试成为他后期悲剧人生的起点。我们就从这次考试的前前后后说起。

作为开元盛世的缔造者，唐玄宗眼看着梦幻的长安城不复当年华彩，心中不可能不有所触动，他也想再次聚拢起一波人才，为朝廷增添新的活力，于是下诏："天下通一艺以上者，皆诣京师。"有任何的才能，都欢迎来长安参加"海选"，果真能吸引到玄宗为他"转身"的，即刻授官重用。此诏一出，天下的青年才俊自然云集响应，齐聚京师，无不渴望着在这千载难逢的机遇中一展身手。当然，像李白这样已经看破朝廷政局险恶的名士不在其列。

玄宗求才纳贤的态度当然是有的，但要说这种需求有多么强烈，恐怕也谈不上，要不然也不会把如此重大的一次"国考"全权交给宰相处理，自己只等着坐享其成。果然，玄宗的作壁上观和所托非人，给一代文人才士的前途带来了沉重的打击。前面说了，李林甫是一位嫉恨文士的奸相，他"口蜜腹剑"的人设，在这次制举中更是展现得淋漓尽致。他因为惧怕士子们在策论中向天子揭露他的奸恶，更不愿新的文人集团入朝形成气候，对他构成威胁，于是狠下心来，将应试的士子全部罢落，干脆一个也没有录取——这成了中国科举史上的一大奇观。那么，面对玄宗对这一奇怪结果的质疑，李林甫又该如何交代呢？这就是见功力的时候了，他说："皇上啊！我要恭喜您啊！这次考试为什么我一个都没录取呢？因为人才都已经在朝中为您所用了，朝廷之外已经没有遗漏的贤才了！"玄宗听罢此言，十分开心，不但不再追究，反而越发地志得意满。

　　这次"野无遗贤"的考试，在社会上闹得沸沸扬扬，天下士人对朝廷大失所望，更有人直接站出来撰文揭露李林甫的丑恶嘴脸，比如与杜甫同被罢落的诗人元结，他在《谕友》一文中痛陈实情，批判权奸。但因为李林甫把持着言路，朝臣们对其更是颇为忌惮，这一切"不和谐"的声音都传不到玄宗的耳朵里。

　　此时的杜甫，并没有像元结一样拍案而起、暴跳如雷，想必他内心更多的是说不出的苦闷与失落，尽管对盛世的渐行渐远多少有所感知，尽管对江河日下的时局有些许体察，但他无论如何也想不到，自己心心念念的清平政治竟已崩坏成了这个样子。前次的科举落第是因为学艺不精，还可以通过自己的努力弥补；而如今，个人的努力已失去了意义，他想不出办法以一己之力来扭转这昏暗的天地。

五年之后，权倾朝野的李林甫病逝，杜甫也渐渐从阴郁中走出，回首那段惨痛的经历，他写下了如下诗句：

破胆遭前政，阴谋独秉钧。

微生沾忌刻，万事益酸辛。

诚如所言，此次落榜成为杜甫人生的分水岭，从太平盛世幻想中清醒过来的杜甫，越来越清晰地认识到长安盛世外表下潜藏的暗流涌动，也将目睹和体会大唐王朝由盛转衰的全过程，所谓"万事益酸辛"，既是对自己遭遇的叹息，也是对大厦将倾的哀惋。不过，尽管大唐抛弃了杜甫，但杜甫绝不会背弃大唐，即便无力回天，他也要拼尽全力，这是熔铸在他精神中的"盛唐风骨"所发挥的作用，也是诗圣之所以能称为"圣"的伟大之处！

二、"不耻事干谒"

尽管科举入仕对于"奉儒守官"的杜甫来说是最常规、最理想的选择，无奈这条路已经走不通了，好在在盛唐这个开放多元的社会中，除了科举还有不少门道可走——在当时来说，常见的有门荫、出塞、归隐和干谒。

"门荫"就是所谓的子承父业。通俗地说，父亲只要在朝中做五品以上的大官，儿子就可以沾光做个小官，可惜杜甫的父亲杜闲最高做到了正六品，不够门槛，因此杜甫是没有靠门荫入仕的机会的。"出塞"是指去边疆的将军幕府寻找差事，一般是担任书记、判官等职，随着主将立功升迁，进而得以被保举入朝，比如高适后来就借着这条路飞黄腾达，这也是盛唐边塞诗卓然兴盛的重要原因。不过杜甫十分看不起边将贪功邀宠的行为，所以这条路杜甫并不想走。至于"归隐"，并不是真的弃官不做，而是一种"以退为进"的手段，士人躲进山里，再吆喝一群人帮他抬高身价、打造"人设"，从而博取统治者的关注，等到合适的时机被招揽入朝。这些人隐居的地点主要选择在离长安不远的终南山上，进可攻、退可守，于是后世为他们创造了一个成语叫做"终南捷径"。走"终南捷径"比较成功的有两个人，一个叫卢藏用，做到了武后朝的吏部侍郎，也就是组织部副部长。另一个人就是李白。不过这个时候玄宗已经认可了李林甫"野无遗贤"的鬼话，倘若杜甫还傻傻地躲进山里，怕是要一辈子守护绿水青山了。

于是，对杜甫而言，眼前可行的选择只剩下一个，那就是干谒——"干"是干求，"谒"是拜谒，结合起来就是指为了某个目的去求见别人，说得通俗一些，就是去拜访达官显贵、社会名流，请求他们帮忙将自己引荐到朝廷做官，类似于现在的托关系走后门，不过在唐代，这是朝廷认可的合法途径。对于干谒者来说，只要一心忠君报国，无论采取什么样的门路都是正当和光明的；而对被求者来说，为国举贤本身也是做官的分内之事，若真能赏拔珠玉，还可以获得奖掖贤才的美名。所以，盛唐的干谒之风十分兴盛。

杜甫很快选定了第一个干谒的目标——时任尚书左丞，相当于今国务院副总理的河南老乡——韦济。韦济的父亲韦嗣立和杜甫的祖父杜审言同朝为官，还有些交情，所以按辈分，杜甫要管韦济叫声叔叔。既是有求于人，那自然不能空着手去，杜甫为这位韦叔叔准备了一份礼物。不过没有我们想象得那么庸俗，这份礼物其实就是一首五言排律长诗——《奉赠韦左丞丈二十二韵》。在干谒中献上自己的作品，这种行为叫作"行卷"。"卷"是卷子的意思，前面讲过唐代的书籍主要是卷轴装，文人士子用卷轴写上自己的代表作，投递给想要干谒的对象，也叫作"投刺"，其目的很明确，就是想借此向对方展现自己的才能——包括高尚的人格和理想、对时局的卓然见解、娴熟的文字功力，都要在短短的卷子中展现出来。那么卷子上到底写什么，就值得认真思考了。律诗、绝句太短，尤其在盛唐早期，南朝诗风占主导的情况下，这样的作品很难把个人才能较为全面地显现出来；而文章、辞赋又太长，对方很可能看都懒得看。于是，杜甫从祖父那里继承来的排律就派上了大用场——既有律诗的声韵、对仗，可以见出文字功底；大量的用典又能反映读书的积累；篇幅合适，能比较全面、多层次地表达思想内容；还十分整饬华丽，有助于夺人眼球——排律天然就是为干谒而生的诗体！

三、一封"求职信"

我们不妨来看看杜甫给韦叔叔的这封"见面礼""求职信"是怎么写的，全诗二十二韵，也就是四十四句，共分为四个层次：

纨绔不饿死，儒冠多误身。

丈人试静听，贱子请具陈。

开篇先是问候语以及对社会风气的总论，说：我敬爱的韦叔叔啊，您且认真听，我有话给您说。您看看现在这个世道，我们这些读书人没有用武之地啊，处境反而比不上那些纨绔子弟们。这就有了对时局的关切，对于韦济这样一个儒士出身的官员来说，杜甫在试图引起他的共鸣。紧接着，杜甫就介绍了自己的成长经历和人生理想：

甫昔少年日，早充观国宾。

读书破万卷，下笔如有神。

赋料扬雄敌，诗看子建亲。

李邕求识面，王翰愿卜邻。

自谓颇挺出，立登要路津。

致君尧舜上，再使风俗淳。

他说：我杜甫小时候早早就来到了东都洛阳，在那里学习、读书，文采也好，好到什么程度呢？写赋可以和扬雄比肩，写诗则与曹植不相上下，以至于大名士李邕、大诗人王翰都要和我亲近。所以，我觉得自己还是十分突出的，立志一定要成为一个重要的官员，要辅佐当今天子成为尧舜一样的圣君，使得天下风俗淳朴归真。这一段话，属于典型的"自吹自擂"，但是我们要知道杜甫这是在自荐，就是要说得好听一些、"高大上"一些，才更能吸引对方的关注。而后是对自己当前处境的描述：

此意竟萧条，行歌非隐沦。

骑驴十三载，旅食京华春。

朝扣富儿门，暮随肥马尘。

残杯与冷炙，到处潜悲辛。

主上顷见征，欻然欲求伸。

青冥却垂翅，蹭蹬无纵鳞。

杜甫说：我这么崇高的理想而今却落空了，整天像一个隐士一样写诗、游走，这是在说他第一次落榜之后的漫游生活。过了十几年，我来到长安，饱受艰辛地生活在社会的底层，为的是寻求一个出人头地的机会。当然，这里的"朝扣富儿门，暮随肥马尘"也是夸张之词，其实杜甫一开始在长安的生活，还是相当不错的，我们后面还会讲到，杜甫这里非要这么说，更多的是想要博取这位韦叔叔的同情罢了。终于皇帝恩开制举，原以为可以借此平步青云，没想到啊，却又一次遭遇了挫折，因为此时李林甫还在位，杜甫也不敢指明这背后的黑暗事实，只把自己比作折翼的鸟，十分可怜。而诗歌的最后则是对韦叔叔的称赞和期许：

> 甚愧丈人厚，甚知丈人真。
>
> 每于百僚上，猥诵佳句新。
>
> 窃效贡公喜，难甘原宪贫。
>
> 焉能心怏怏，只是走踆踆。
>
> 今欲东入海，即将西去秦。
>
> 尚怜终南山，回首清渭滨。
>
> 常拟报一饭，况怀辞大臣。
>
> 白鸥没浩荡，万里谁能驯？

杜甫说：我知道叔叔您一直对我很好，也是一个十分率真的人，感谢您常常把我的诗歌推荐给各位大臣，还夸我写得好！我就像西汉的那个贡禹一样，他借朋友之力而得官，我也渴求通过您来改变我的人生，不愿像孔子的那个徒弟原宪，才高位低，一生清贫，我可受不了这样的结果。我的内心真的十分忧闷，只能来回奔走，甚至都想到江湖归隐，却还是舍不得朝廷，更舍不得您的恩情！不过您放心，倘若真的像白鸥一样去追逐自由，那我一定要做个遨游万里的大名士，绝不让您失望。

这首诗结构完整、层次分明，且眼界、格局俱高，尤其对于自己的崇高理想、卓越才能、艰难处境、博大胸怀以及对方的深厚恩情都表达得鲜明、突出，又恰到好处地拿捏了尺度，堪称五言排律干谒诗中的典范之作。然而可惜的是，这封范文式的"求职信"并没有为杜甫带来实际效益。之后杜甫又给韦济投赠过两首排律，表现了他求官之心的迫切，然而可能是因为政局实在对文士过于不利，也可能是因为有人从中作梗，这位身为"副总理"的韦叔叔终究也没能帮杜甫谋求到一官半职。

四、"献赋"与"授官"

干谒韦济没能有所收获，杜甫便又将渴求的目光投向了其他达官显贵，在干谒对象的选择上，杜甫一开始还有着一定的目的性，比如他所崇拜的"饮中八仙"之一的汝阳王李琎，还有他的姑姑之子、担任比部郎中的萧十，还有前宰相张说的儿子、现任翰林学士的张垍，都因为或亲或故的关系成为杜甫投刺的目标。

而随着令人失望的消息一次次传回，困守长安、沉沦日久的杜甫越来越坐不住了，渐渐变得有些"病急乱投医"，比如选择了鲜于仲通和哥舒翰，从名字也能听出来，这是两个胡人将领。

先说鲜于仲通，他原本是剑南节度使，也就是西南军区总司令，在天宝十载（751）这一年为了向天子邀功，挑起了一场征讨南诏国的侵略战争，兴兵八万，却全军覆没，自己也仓皇逃回，以至于朝廷不得不从中原征发大量兵役去补充西南的国防空缺，这也正是杜甫《兵车行》的写作背景。然而打了败仗的鲜于仲通非但没有受到惩罚，反而因为贿赂杨贵妃的哥哥杨国忠，得以奉调进京，当上了首都长安的市长——京兆尹。于是，等到天宝十一载（752）李林甫病逝，杨国忠代之为宰相后不久，杜甫立刻就写了一首《奉赠鲜于京兆二十韵》递了上去，表面上是投赠鲜于仲通，实际上有借他之口请托于杨国忠的用意。当然，此时的杨国忠刚刚就任宰相，奸猾的本性还没有完全显露，经历了李林甫黑暗时代的杜甫或许对这位新宰相还抱有期待，但这次干谒总归是杜甫伟大人生中的一个污点。

再说哥舒翰，他是当时的河西节度使，西北军区总司令，也是一位贪功冒进的将领。天宝八载（749），他率兵六万余人强攻吐蕃石堡城，以巨大的伤亡代价换来了一场胜利，杜甫的《前出塞》便是对此事的讽刺之作。天宝十一载（752），高适出塞，前往哥舒翰幕府担任掌书记，杜甫送别时还劝诫他：

答云一书记，所愧国士知。

人实不易知，更须慎其仪。

跟着哥舒翰是很容易被中原的读书人指责的，你可一定要谨慎处事，爱惜自己的名声。然而仅仅过了两年，哥舒翰回朝受封为太子太保兼御史大夫，杜甫也立刻向自己曾批判过的这位将领献上了干谒的诗篇《投赠哥舒开府翰二十韵》，实在是生活所迫、造化弄人。

即便如此屈尊折节，杜甫的官运还是没有丝毫起色，就在杜甫几乎绝望的时候，事情有了新的转机。天宝十载（751）正月，龙驭天下四十年的唐玄宗为了彰显自己"太平天子"的风范，接连举行三场重大国家典礼——分别在太清宫、太庙和南郊祭祀太上老君、李唐先祖和上天，这样高规格的国家礼仪活动，自然少不了文人装点门面。杜甫一看，机会来了，立刻写了三篇洋洋洒洒的大赋并上一篇表文，投进了皇宫门口的"延恩匦"中——这是武后朝留下的制度，在皇宫门口放上几个大箱子，文人可以把作品投进去，相当于对皇上的"干谒"。玄宗果然看到了杜甫的《三大礼赋》，并且大为称赞，立刻命杜甫待诏集贤院，试以文章，杜甫的做官之事这才算是真正提上了日程。后来杜甫每每回忆献赋之事，都流露出无比的自豪，尤其《莫相疑行》中的一句"往时文彩动人主"，是多么的光辉与荣耀。

就这样，又经历了几年焦急的等待，天宝十四载（755）春天，杜甫终于迎来了人生第一个职位——河西县尉，一个副县级的公安局长，他自己对此不太满意，没有接受；后来终于接受了另一个职位——右卫率府兵曹参军——"军队总装备部"管理钥匙的一个小职员，正八品下，虽然与他"致君尧舜上"的理想相去甚远，但好歹也算踏出了茫茫征途的第一步。

杜甫为此写了一首题为《官定后戏赠》的诗：

> 不作河西尉，凄凉为折腰。
>
> 老夫怕趋走，率府且逍遥。
>
> 耽酒须微禄，狂歌托圣朝。
>
> 故山归兴尽，回首向风飙。

前六句表现出如释重负的快感，杜甫终于结束了沉沦市井的生活，走进了官场，有微薄的俸禄可以供其"耽酒""狂歌"。而读到末两句，我们才发现，杜甫并不是解除了负担，而是将更沉重的负担背在了身上，他原本可以回归故园的山林过起逍遥自在的生活，而今却逆着时代的烈风，不得不继续为大唐的国运和心中的理想而四下奔走了。

第六讲

人情冷暖

——"京漂"生活的苦乐酸甜

一、远去的"饮中八仙"

长安这座城市，不只是唐代的首都和政治中心，在文人士子的心中，长安更是一种特殊的精神象征，从初唐卢照邻笔下的"龙衔宝盖承朝日，凤吐流苏带晚霞"，到王维眼中的"九天阊阖开宫殿，万国衣冠拜冕旒"，再到晚年杜甫脑海里的"西望瑶池降王母，东来紫气满函关"，长安都是开放包容的大唐气象的浓缩，是文人士子们治世理想的象征与归宿。

开元十五年（727），就在杜甫刚在洛阳"出游翰墨场"的同时，王昌龄、常建等一批新兴士子涌入长安，借着盛世的光彩，在这座举世瞩目的伟大城市掀起了一股"青春风暴"，以"声律、风骨兼备"的盛唐气象为成果，完成了士风与诗风的一次伟大革新。这一切对于以"盛世同龄人"自居的杜甫来说，无疑是一个巨大的刺激。在杜甫心中，与盛世长安的相会，对他来说更应该像回家一样理所应当且水到渠成，他"致君尧舜上，再使风俗淳"的崇高理想，需要借着盛世长安这样一片自由的海洋，才能振起更大的风浪。

然而正如前文所说，自开元二十五年（737），张九龄罢相，李林甫上台，盛唐的政治环境由清平转入昏暗，与此同时，随着赋税、兵役、徭役逐步加重，舆论环境受到更为严格的管控，长安城开放、包容、淳朴、通脱的社会风气也开始急转直下，很多风流一时的名士更是纷纷离开长安，去追寻更为广阔的自由天地。

杜甫正是在这样的环境中来到了长安，眼前这座依旧雄壮、威严，却少了几分浪漫与自由气息的帝都，多少与杜甫脑海中对盛世的想象有一定的落差。怅然若失的杜甫，面对着依旧繁华却灵光不再的街市，回味着早年间耳濡目染的那些风流故事，写下了这首著名的《饮中八仙歌》：

> 知章骑马似乘船，眼花落井水底眠。
> 汝阳三斗始朝天，道逢麹车口流涎，恨不移封向酒泉。
> 左相日兴费万钱，饮如长鲸吸百川，衔杯乐圣称避贤。
> 宗之潇洒美少年，举觞白眼望青天，皎如玉树临风前。
> 苏晋长斋绣佛前，醉中往往爱逃禅。
> 李白斗酒诗百篇，长安市上酒家眠，天子呼来不上船，自称臣是酒中仙。
> 张旭三杯草圣传，脱帽露顶王公前，挥毫落纸如云烟。
> 焦遂五斗方卓然，高谈雄辩惊四筵。

这首诗用流畅通脱、抒情性极强的七言歌行体来讲述一段段发生于长安的盛世佳话，既贴合了"饮中八仙"飘逸豪放、率性洒脱的醉中姿态，也让我们感受到了杜甫作为讲述者，字里行间洋溢着的自豪与羡慕之情。"八仙"之中，有汝阳王李琎、左相李适之和秘书监贺知章这样的王公大臣，也有布衣焦遂、年少的崔宗之和"宗教界人士"苏晋等普通的市民阶层，更有"诗仙"李白、"草圣"张旭这样代表着一代风流的耀眼明星，盛唐长安城中社会各方面的代表，因为"酒"这样一个象征着浪漫、自由、灵动的文化符号而被凝聚在一首诗里，成为风流时代的缩影，也是杜甫心中对盛世的追念。

而我们需要进一步思考的是：苏晋因饮酒逃避修禅，不但没有受到宗教法条的责罚，反被传为佳话；张旭在王公面前"脱帽露顶"、不屑一顾，豪贵之家依然对他的笔墨趋之若鹜，争相传唱他的风流；李白醉眠酒家，公然违背宵禁制度，并且"天子呼来不上船"，实属大不敬，却还能深得玄宗的喜爱，得到文坛的一致追捧……杜甫在这里歌颂的仅仅是"饮中八仙"吗？他颂扬与怀念的还有那个包容个性，并让他们得以张扬而引领风流的伟大时代！那位"呼李白不至也不加怪罪"的胸怀宽广的太平天子，比"八仙"更加难得，更加令人怀念。只可惜，这一切美好，而今都只存在于杜甫的诗篇里了。

二、"闻道长安似弈棋"

尽管与心中理想的盛世长安有着较大的落差，杜甫还是选择留下来，也许这座失落的浪漫之城更坚定了杜甫"致君尧舜上，再使风俗淳"的历史使命感。在长安，杜甫的主要生活当然是为做官求仕而四处奔走，不过在奔波干谒之余，他也有闲暇时间能够一览长安名胜，其中比较有代表性的有曲江、大雁塔和渼陂等。

杜甫在长安的居所位于城南的下杜，距他最近的名胜是同处城南的曲江池。曲江池最初为汉武帝所造，因为水势曲折故而得名，到了唐代被开辟为一处胜境，是类似于如今的上海外滩、重庆洪崖洞这样的城市地标性景观。曲江池南有紫云楼、芙蓉苑，西有杏园、慈恩寺，名胜云集，花卉环列，烟水明媚，游人众多。曲江池对杜甫的吸引力，不只在于距离近、景色好，而更有着深层的文化心理原因——在唐代，曲江池是举办进士题名宴的所在，见证了无数文人士子人生中最荣耀的时刻，也是"奉儒守官"的杜甫梦想的场景，而今他的仕途遭遇坎坷，仍放不下内心这份情结与渴望。杜甫在长安生活期间频频来到曲江池边漫步、饮酒，也留下了不少诗篇：有的感慨自身遭遇、排遣内心苦闷，比如《曲江三章章五句》《九日曲江》等，都以感慨抒情为主，写景只是陪衬，反映了他无心观赏美景的落寞心境；也有一些讽刺时政的诗歌，其中最典型的当数《丽人行》，我们后面会具体解读。总之，曲江是杜甫在长安游览的主要景点，杜甫在长安生活的不同阶段，诞生了很多经典诗作。

前面提到，曲江池西有慈恩寺，这是唐高宗李治为了追念他的母亲长孙皇后而下令修建的皇家寺院，也是玄奘法师晚年翻译佛经的圣地。寺中有一座四方七层砖石结构佛塔，高三百尺，在唐代堪称摩天大楼，这座慈恩寺塔完整地保存至今，人们更习惯叫它的另一个名字——大雁塔。在唐代，文人士子们科举及第之后，要在大雁塔下的墙壁上写下自己的名字，称为"雁塔题名"，因此大雁塔下有无数次文人才子的云集唱和。

天宝十一载（752）秋，大雁塔迎来了天宝年间长安诗坛最伟大的一次诗歌盛会，这一次的盛会与科举考试毫无关系——杜甫和他的朋友高适、岑参、储光羲、薛据同登大雁塔，五人各自作了一首五言古诗。薛据之诗今已不存；而高、岑、储三人，在描绘慈恩寺塔的高耸、表现登临之后的旷达以及抒发宇宙人生的感慨方面，可谓各有千秋；唯独杜甫这篇《同诸公登慈恩寺塔》，在感慨宇宙人生之外，还有着强烈的社会现实观照，故而冠绝群公。全诗分为三个层次，开篇写登塔之事：

> 高标跨苍天，烈风无时休。
>
> 自非旷士怀，登兹翻百忧。
>
> 方知象教力，足可追冥搜。
>
> 仰穿龙蛇窟，始出枝撑幽。

大雁塔高耸入云，且四周开阔，故而大风不休，登临这样的环境，感受到天地的广大和个人的渺小，若没有旷达的胸怀，内心自然会生出很多忧愁。显然，杜甫在这里是以"旷士"自居的，他并不为此忧愁，反而憧憬借助佛教佛塔的力量，去穿越龙蛇洞窟一样曲折的楼梯回廊，绕过一个个横竖交错的屋梁斗拱，追寻宇宙的无穷奥义。果然，登上塔顶，自然看到的是苍茫天地，豁然开朗：

> 七星在北户，河汉声西流。
>
> 羲和鞭白日，少昊行清秋。
>
> 秦山忽破碎，泾渭不可求。
>
> 俯视但一气，焉能辨皇州。

北边的窗外是闪耀的北斗七星，西边的天空上天河流动的涛声入耳，仿佛可以与掌管日月四时运转的仙人们相伴起舞，这是天的高远；向下望去，山峦透过云层，只露出破碎的剪影，奔腾的泾渭河水更是不知何处找寻，原本威武雄壮的皇都，而今看来只有白茫茫的一团云气，这是地的广博。杜甫身为"旷士"，没有因为天地广大而哀怜自身，然而由云雾遮蔽皇州，不由得联想到了奸臣蒙蔽圣主，故而还是泛起了愁情：

> 回首叫虞舜，苍梧云正愁。
>
> 惜哉瑶池饮，日晏昆仑丘。
>
> 黄鹄去不息，哀鸣何所投。
>
> 君看随阳雁，各有稻粱谋。

"虞舜"是唐代士子对唐太宗的普遍代称，这里也不例外。杜甫向西远眺，埋葬太宗的昭陵上密布着愁云，仿佛太宗也在为大唐的前途而感到忧虑；而今的天子玄宗，却终日在仙境般的宫室中饮宴作乐，全然不知灾祸之将至。在这样的风气下，天下大多士人，就像随着暖阳而转徙的大雁一样，只顾为了个人生计而奔走；只有像杜甫这样"黄鹄"般的高士还在为国操劳，但也只能发出阵阵哀鸣，却不知该往何处去，更无力扭转这江河日下的天地时局。这首诗早在安史之乱爆发前四年就预言了大唐国运将倾的结局。同年，李白在河北写下了《幽州胡马客歌》，同样揭露了安禄山的狼子野心，两位心灵契合的诗人同时为大唐盛世下了"病危通知"，体现了他们的远见卓识。

当然，杜甫并不是游赏每一个景点都带着这么沉重的心情，渼陂之游就较为轻松愉快。渼陂位于终南山脚下，是一片辽阔的水域，水面澄澈，有荷花、凫雁，湖水环抱着高大的紫阁峰，山水相得益彰。杜甫曾多次到渼陂泛舟、参加宴会，也写过不少诗歌，比如《城西陂泛舟》《渼陂西南台》《与鄠县源大少府宴渼陂》等，风格都比较清新开朗，体现出杜甫的心境欢愉。这些诗篇中，最有名的当数与岑参同游之时写下的《渼陂行》：

> 岑参兄弟皆好奇，携我远来游渼陂。
>
> 天地黯惨忽异色，波涛万顷堆琉璃。
>
> 琉璃汗漫泛舟入，事殊兴极忧思集。
>
> 鼍作鲸吞不复知，恶风白浪何嗟及。
>
> 主人锦帆相为开，舟子喜甚无氛埃。
>
> 凫鹥散乱棹讴发，丝管啁啾空翠来。
>
> 沈竿续缦深莫测，菱叶荷花净如拭。
>
> 宛在中流渤澥清，下归无极终南黑。
>
> 半陂以南纯浸山，动影袅窕冲融间。
>
> 船舷暝戛云际寺，水面月出蓝田关。
>
> 此时骊龙亦吐珠，冯夷击鼓群龙趋。
>
> 湘妃汉女出歌舞，金支翠旗光有无。
>
> 咫尺但愁雷雨至，苍茫不晓神灵意。
>
> 少壮几时奈老何，向来哀乐何其多！

杜甫开篇便说"岑参兄弟皆好奇"，为全诗奠定了一个"奇"的特征。之后则用大量的笔墨来描绘渼陂风景，其中不乏十分精彩的语句，比如："天地黯惨忽异色，波涛万顷堆琉璃"，将碧绿的池水比作琉璃，又以一个"堆"字形象地写出了水势浩大的立体感；"船舷暝戛云际寺，水面月出蓝田关"，则更是将水中真实的景物与倒影错杂在一起，在澄澈的水面上形成了浑然一体的天地景象，构思精绝。其实杜甫在这里也是十分调皮，他正是借鉴了岑参边塞诗中常用的奇幻风格来状写渼陂景象，既有对这位朋友的调侃与致敬，更含有一较高低之意。

总的来说，杜甫在长安还是饱览了很多风景佳丽的，它们残存着相去未远的风流余韵，是盛世的物质文化遗产，更内化成为杜甫关于盛唐长安的文化记忆。

三、"生前相遇且衔杯"

杜甫在闲暇时除了游赏美景之外，也交了很多朋友，比如前面提到的岑参、储光羲、薛据，而与杜甫最要好的一位，则要数广文博士郑虔。

郑虔是盛唐集文学家、书法家、画家身份于一体的大名士，颇受唐玄宗的喜爱，喜爱到什么程度呢？唐玄宗专门为郑虔设立了一个国家机构，叫作广文馆，让他能够常伴自己左右，郑虔也是荣极一时。不过，跟李白一样，郑虔也渐渐感到自己的处境与理想并不是那么契合，皇帝虽然亲近和优待他，却不愿听取他对于朝政的看法，故而内心渐渐变得忧郁，时而还会借酒消愁。而正是因为这样的机缘，他得以认识了同样需要借酒消愁的杜甫。郑虔比杜甫大将近二十岁，但由于理念相符、处境相似，二人一拍即合，成了忘年之交，他们的交情在这首《醉时歌》中展现得淋漓尽致：

诸公衮衮登台省，广文先生官独冷。

甲第纷纷厌粱肉，广文先生饭不足。

先生有道出羲皇，先生有才过屈宋。

德尊一代常坎坷，名垂万古知何用！

　　我们可以想象，喝醉了酒的杜甫，搂着大他二十岁的长辈，捋着他花白的胡须，说出这样的话：老郑啊，你看看人家那些做官的，一个个门庭若市、饫甘餍肥，怎么你冷冷清清的，连饭都快吃不饱了呢？ 你无论道德还是才华，哪一样不比他们强呢？ 看来啊，有道德、有才名在这个社会也没什么用哦！ 是要有多么亲密无间的关系，才能包容这样的戏谑调侃？ 当然，杜甫不只戏谑郑虔，他也自嘲：

杜陵野客人更嗤，被褐短窄鬓如丝。

日籴太仓五升米，时赴郑老同襟期。

得钱即相觅，沽酒不复疑。

忘形到尔汝，痛饮真吾师。

清夜沉沉动春酌，灯前细雨檐花落。

但觉高歌有鬼神，焉知饿死填沟壑？

　　我老杜跟你比就更不行了，年纪轻轻就头发花白，穿着粗布破衣服，靠国家的救济粮度日，实在是太惨了。好在老郑你不嫌弃我，只要有点儿钱就毫不犹豫约我一起喝酒，喝到忘记了谁是谁，多么痛快！夜里一边对着灯彻夜痛饮，一边写诗高唱，哪怕明天没饭吃，饿死在路边，此刻也毫不在意。读到这里，我们似乎又从杜甫的诗中读出了李白的影子，"痛饮狂歌空度日"，不知道杜甫此时对这种心境的理解又加深了多少。诗歌的最后，他发出了深深的感慨：

> 相如逸才亲涤器，子云识字终投阁。
> 先生早赋归去来，石田茅屋荒苍苔。
> 儒术于我何有哉，孔丘盗跖俱尘埃。
> 不须闻此意惨怆，生前相遇且衔杯！

看看前代那些有才华的古人吧，司马相如不还是靠卖酒为生吗？扬雄不也被迫跳楼吗？学习儒学到底有什么用呢？圣如孔子，浊如盗跖的这些历史人物，不也早都化为尘埃了吗？先生啊！你不如早点学习陶渊明，写篇《归去来辞》就回到田园中安享快意吧！罢了，不提这些不开心的，我们今天还是先喝个痛快再说吧。

杜甫在长安终日为了仕途奔波，为了能早登庙堂，为了实现他的崇高理想，不得不在干谒中去努力逢迎达官显贵，将自己所有的抑郁、苦闷、愤恨都深深地压抑在心里，而把自己包装成一个谦卑、恭谨的求职者，但他有时也需要发泄，也需要倾诉，也需要面对知己大醉一场，而郑虔正是这样一个可以让他敞开心扉的人。不过，尽管他在醉中大呼"儒术于我何有哉，孔丘盗跖俱尘埃"，当他醒来之后，还是会坚决地迈出追求儒家治世理想的脚步。

杜甫还和郑虔相约一起去一个姓何的将军家里游玩了两次。杜甫写作了两组诗歌来记录这两次旅程，这两组诗歌《陪郑广文游何将军山林十首》以及《重过何氏五首》，均为五律组诗，以具体的行踪为线索，详细展现了游览过程中的所见、所感、所思，脉络清晰完整，主题鲜明，局部突出，是五律组诗创作的新尝试，也为杜甫晚年创制七律组诗积累了重要的经验。

郑虔与杜甫的交情一直延续到安史之乱结束，直至郑虔贬死台州才最终了结，而杜甫到了晚年还在不停写诗追忆这段友情，可以说他们自相识开始便是一生的朋友；而郑虔对杜甫的影响，仅次于李白，不在严武、高适之下。

四、市井中的温情

前面说杜甫在长安的生活水平整体还算不错，但在天宝十载（751）左右，杜甫确实经历了一次"消费降级"，生活水平大大下滑。主要是因为他的父亲和姑姑在这几年间先后去世，而杜甫又尚未做官，所以失去了稳定的经济来源。于是，杜甫不得不靠着"卖药都市，寄食友朋"来维持日常生活——去山上采些草药，拿到市场上卖钱，或是去朋友家打打秋风；当然，对他来说，有时帮人写写东西得到的润笔费也是一笔可观的收入，只是不常有罢了。杜甫此时的生活当然比不了少壮时期的"裘马清狂"，但至少不至于"残杯与冷炙，到处潜悲辛"。

到了天宝十三载（754）的秋天，长安城连下了六十多天大雨，雨灾中，飞涨的物价给杜甫的生计带来了很大的影响。而屋漏偏逢连夜雨，作为全家顶梁柱的杜甫，此时却又病倒了。用他自己的话说是：

疟疠三秋孰可忍，寒热百日相交战。

头白眼暗坐有胝，肉黄皮皱命如线。

患了三个月疟疾，险些一命呜呼。在这样的绝境中，杜甫第一个想到的是同样住在长安下杜的邻居杜济，攀起关系来，他还是杜甫的远房从孙。然而杜济对这位落魄的远房小爷爷似乎不太感冒，以至于杜甫后来还生气地写了首诗训诫他，说"同姓古所敦"，不能抠门儿抠得六亲不认。

后来还多亏另外两位邻居帮助杜甫渡过了难关：一位叫杜位，是杜甫的同宗弟弟，他还有一个身份，是李林甫的女婿，如今因为李林甫的倒台而变得比较落魄，但对杜甫依然十分慷慨；另一位叫王倚，与杜甫非亲非故，杜甫对这位年轻邻居的帮助十分感念，事后写了一首《病后过王倚饮赠歌》来表达谢意。正是因为这次生病，杜甫更深切地体会到了市井中的温情，认识到了普通民众的淳朴、真实与可爱，认识到了平凡中可能孕育的伟大，对杜甫日后人民立场的养成起到了重要的作用。

病好之后，杜甫很快就将家眷搬离长安下杜，安置在奉先县。"长安居，大不易"，看来从杜甫的时代开始就已经是这样了。

杜甫预感到长安不是久居之地，他在长期沉沦下僚的生活中深切体会到了这座伟大城市光鲜背后的阴暗面，感受到了盛世之下潜藏的重重危机。

第七讲

盛世隐忧

——"大唐要完"有什么征兆？

一、"此道今人弃如土"

杜甫在长安的求仕经历和社会生活，使他更深切地体会了"京漂"生活的不易和追梦路程的坎坷。然而"失之东隅，收之桑榆"，正是这十年的"旅食京华"，使杜甫这位"盛世同龄人"，得以在风暴中心最早观察和体会到了这场时代的风云巨变，将那"山雨欲来风满楼"的盛世隐忧，化作朗朗上口的诗篇，成就了诗圣的第一个诗歌创作高峰。

前面提到，大唐的盛世自开元二十五年（737）张九龄罢相起，就已经开始走下坡路了，但由于前期积累深厚，盛世的表象依旧维持了一段时间。终于，到了天宝中后期，社会矛盾与问题越来越多地暴露出来。前文曾提到"口蜜腹剑"的李林甫残害大臣、排抑文士的斑斑劣迹，文人士子在这一时期遭遇不幸，连杜甫这样"读书破万卷"的"官 n 代"都落得"卖药都市，寄食友朋"的地步，而与之相比，下层民众的生活更是苦难不堪。

民众的生活压力主要来自三个方面：一是缴纳不尽的租税；二是日趋繁重的兵役；三是日益飞涨的物价。唐玄宗后期生活极为奢靡，除了日常享乐之外，还有三大爱好——大兴土木、开疆拓土、赏赐恩幸，这都是维持和彰显帝国气象的重要手段。当然，盖房需要材料和人工，打仗需要军需和兵源，礼物也需要有钱生产、有人制作，归根结底，盛世表象的代价就是对百姓财力、人力越发严重的剥削。可是，交给皇帝的钱多了，可以投入和维持生产的钱就少了，给皇帝家打工、打仗的人多了，在田地里干活的人就少了，产出的经济效益自然也就少了，这时若是稍微遇上些水旱灾害，物价也就毫不意外地飞到了天上。百姓不堪其苦，会试图隐匿户口，逃避赋税、徭役，于是，一批精明算计的聚敛之臣应运而生。

唐玄宗设置了一个官职叫"户口色役使"，专管全国清查户口、催缴赋税、征发徭役的工作，天宝年间有个叫王锬的担任这一职务。这个王锬实在是一位敛财能手，不管是农民地里种的、商人街上卖的、挑夫肩上挑的、大户家里藏的，任何钱粮只要被他知道，没有不被刮掉一层皮的，贡品上若是稍微有些污渍，他还要打回原郡收取折旧费用，这样一年下来，仅他这里上交给皇帝的钱财就多达百亿！玄宗说："我听说今年遭了灾，已经下令免了很多租税，本来都做好勒紧裤腰带的准备了，你怎么还能收上这么多呢？"王锬说："皇上您的爱民之心，百姓都体会到了，我这收上来的不都是租税，还有百姓们感念皇恩，给您进献的贡品啊！"玄宗一听，非常开心，当然主要是因为有钱可以花了，于是觉得王锬很会办事，不久就提拔他当了户部侍郎，也就是民政部、财政部的双料副部长，以便更好地为朝廷经营、敛财。

对于这种小人得志，君子却被排斥在庙堂之外的现实，杜甫颇受触动，写了一首《白丝行》加以讽刺，借丝喻人，道出了朝廷的日趋昏暗。诗歌开篇便说"缲丝须长不须白"，指斥朝廷选任官吏只考虑现实的需求而不顾道德品行，篇终则感慨"君不见才士汲引难"，想怀着儒家仁政之道在这样的朝廷里做官，为百姓干些事情，实在太难，更不要提"致君尧舜上，再使风俗淳"了！

二、"汉皇重色思倾国"

唐玄宗曾是一位励精图治的君主，对待朝政十分勤勉，这可能源于他认真、好强的性格特点，但一旦他所热衷的事物发生了转移，其生命的重心自然也就会发生颠覆性的扭转，比如他晚年的耽于美色。唐玄宗与杨贵妃的爱情故事，可以说是家喻户晓，在后世留下了凄美的传说，然而对于盛唐的人民来说，带来的更多是苦痛与灾难。

玄宗的原配皇后姓王，因受到冷落，且无子，便假托巫蛊之术求子，被玄宗发觉，开元十二年（724）废为庶人，不久去世。此时玄宗真正宠幸的是武惠妃，玄宗一度想立她为皇后，因群臣谏阻而作罢，因为她是武则天的侄孙女，祖上夺过李唐皇位，出身不好。玄宗对武惠妃的宠幸酿成了两大恶果：一是武惠妃为了给儿子寿王李瑁争夺皇位，构陷太子李瑛，致太子被废；二是李林甫借着向武惠妃献媚，得以入居宰辅。我反对随意片面地将国家的衰亡归结于所谓"红颜祸水"，但武惠妃过度膨胀的欲望与玄宗对于她美色的痴迷相结合，的确给国家带来了深远的灾祸。

开元二十五年（737），武惠妃病死，玄宗悲伤了很久，有大臣站出来，说："武惠妃家的儿媳，就是寿王李瑁的妃子，长得绝世无双，一定能安抚皇上的伤痛。"于是开元二十八年（740），玄宗趁着去华清宫避寒的机会，派人从寿王府中将这位儿媳接了过来，一看果然是天香国色。玄宗怦然心动，但碍于纲常伦理，只好先将她度为道士，寄居太真宫里。掩人耳目了几年之后，天宝四载（745）才将她接回昭阳殿中，册为贵妃，她便是我们熟知的杨贵妃。

杨贵妃比起武惠妃，容貌姿态毫不逊色，还精通音律、能歌善舞，这是她与玄宗的共同爱好。同时杨贵妃又很聪敏，善于解读上意，甚得唐玄宗的欢心，很快就取代了武惠妃在玄宗心中的位置。而与欲望膨胀的武惠妃相比，杨贵妃一无显赫的家世依凭，二无子嗣争权夺位，于是玄宗对她的宠幸就更加无所顾忌。不但杨贵妃本人在宫中的地位、仪仗等同皇后，她的家人也都加官晋爵，位列公卿——其中最出名的是她的三个姐姐：韩国夫人、虢国夫人和秦国夫人，以及她的远房哥哥，继李林甫担任宰相的杨国忠。

杨家姐弟凭借皇帝对贵妃的宠爱，享受着国家供奉、皇帝赏赐、四方源源不断孝敬的财宝，他们不但富贵无朋，而且权势熏天，就连宰相都要让他们三分。比如虢国夫人，就曾经带了一拨人，闯入宰相韦嗣立家，就是杜甫曾干谒过的那位韦济韦叔叔的父亲家里，一通乱拆，拆完又盖了座新房子，只给韦家剩了十亩边角地。韦家祖孙三代宰相，面对这位皇亲国戚，都只能忍气吞声，更不必说其他的小门小户了。其实何止是宰相，杨氏兄妹有时得意忘形了，恐怕连天子也不放在眼里：

虢国夫人承主恩，平明骑马入宫门。

却嫌脂粉污颜色，淡扫蛾眉朝至尊。

这是杜甫的一首七绝，题为《虢国夫人》，有人说是中唐张祜所作，但我认为还是杜甫之作。诗歌选取了虢国夫人入宫面圣的画面，虽无一语讥刺，"平明骑马""淡扫蛾眉"两处轻描淡写，却恰如其分地刻画了她那飞扬跋扈的姿态。当然，杜甫未必真的见过虢国夫人入宫的场景，可能只是通过对其性格的了解联想出了这样典型的画面。

不过，杜甫的确目睹过杨氏兄妹奢靡的生活图景，那是在天宝十二载（753）上巳节的曲江池畔：

> 三月三日天气新，长安水边多丽人。
>
> 态浓意远淑且真，肌理细腻骨肉匀。
>
> 绣罗衣裳照暮春，蹙金孔雀银麒麟。
>
> 头上何所有？翠微㔉叶垂鬓唇。
>
> 背后何所见？珠压腰衱稳称身。
>
> 就中云幕椒房亲，赐名大国虢与秦。

上巳之日，天朗气清，杜甫来到曲江池畔游赏，突然看到了几位国色天香的美人：她们妆容浓艳、神情悠远且文静自然，肌肤丰润而又身材匀称。她们穿着轻薄的罗衣，戴着华贵的金银首饰，头上点缀着翡翠，腰间佩戴着珍珠，映衬在融融春景中，可谓美艳非常！世间怎会有这般华美的佳人呢？哦，原来她们就是贵妃的姐姐——韩国夫人、虢国夫人和秦国夫人。随着她们而来的还有一场盛大的宴会：

> 紫驼之峰出翠釜，水精之盘行素鳞。
>
> 犀箸厌饫久未下，鸾刀缕切空纷纶。

黄门飞鞚不动尘，御厨络绎送八珍。

箫鼓哀吟感鬼神，宾从杂遝实要津。

宴会上陈列着丰富的珍馐美味，但见惯了奇珍异宝的杨氏姐妹还是提不起胃口，她们拿着筷子久久不动，也使得厨师们的辛劳白白浪费。宫中听闻此事，立刻派快马送来御厨赶制的佳肴，才使宴会得以继续。盛大的歌舞乐队随之奏响，随从服侍的人群也挤满了往来交通的要道。在这样热闹的环境中，宴会的又一位主角登场了：

后来鞍马何逡巡，当轩下马入锦茵。

杨花雪落覆白蘋，青鸟飞去衔红巾。

炙手可热势绝伦，慎莫近前丞相嗔！

缓缓行来一匹高头大马，在最瞩目的地方停驻，走下一人步入宴会之中。与此同时，白雪似的杨花飘落，覆盖了一池浮萍，青鸟也识趣地飞过，衔起地上的红丝帕，原来这位就是炙手可热、权势无比的宰相大人，那还是不要靠得太近，免得他发怒训人。其实"杨花"一句，不只是写景，还暗讽杨国忠与虢国夫人之间的私情，所以"丞相"才会因被"近前"之人撞而"嗔"怒。

这首《丽人行》模拟汉乐府的写作模式，从头到尾都是对于宴会场面和情节的描绘，带有很强的叙述性，同时又伴随着强烈的抒情色彩，诗歌语言通俗流畅，笔调精工细腻，态度看似严肃认真，却处处语含讥刺，辛辣地讽刺了杨氏兄妹淫乱、腐朽的生活作风，选材和立意都有很强的现实针对性，是杜甫"新题歌行"中的典型代表。

三、"车辚辚，马萧萧"

歌行原是乐府诗的一类，有较强的韵律感、吟唱性，自汉魏六朝至唐代，产生了大量优秀的歌行篇章，其中比较有名的比如汉乐府的《长歌行》、曹操的《短歌行》、曹植的《野田黄雀行》、李白的《长干行》、王维的《老将行》、高适的《燕歌行》，等等，这些作品有一个共同的特点，那就是都用乐府旧题。那么，什么是"乐府旧题"呢？

大家都知道，乐府本是秦汉时期采集和管理音乐的机构，后来也用来指代该机构所采集或创作的歌词——也就是我们所说的乐府诗。于是在乐府最为发达的汉魏时期，产生了大量的乐府题目，一个乐府题目就是一首乐曲和一篇歌词的结合，适用于不同的场合，表达不同的思想感情，比如《江南曲》是宴会上用来娱兴的曲子，《从军行》是铿锵有力的军旅音乐，《薤露行》则是丧葬时悲悯生灵的挽歌……后来虽然乐府的乐曲失传，但旧题所蕴含的抒情传统却保留了下来，后代诗人们常常借相关的题目创作新词，以抒发相应的情感，也因此形成了越来越多的同题诗作，使得乐府旧题本身蕴含的思想情感传统更加鲜明。上文所列举的曹操之后的诗作，皆是此类。比如说，《老将行》并不是王维的首创，也不只王维写过，在他之前已经有过不少《老将行》，而且思想内容都差不多，都是借老将遭到遗弃的故事来表达心中的不平之气；而李白的所有乐府名篇——《将进酒》《蜀道难》《行路难》《梁甫吟》《秋浦歌》，等等，无一例外，都是乐府旧题。

杜甫则打破了这一传统，"新题歌行"是他在诗歌史上的伟大开创，既吸收了乐府传统中篇幅、句式、韵律灵活，叙事性强，议论抒情自由的特点，又取材于眼前，有着很强的现实针对性。以《丽人行》为例，这一题目是杜甫的首创，从来没有人用过，取材于现实中杨氏兄妹的奢靡生活场景，表达对其腐朽生活的强烈讽刺，更是杜甫最真切的内心感受。杜甫以后，新题歌行逐步发展起来，到中唐形成了轰轰烈烈的"新乐府运动"，白居易"文章合为时而著，歌诗合为事而作"的思想源头和文体先声就在于杜甫。

杜甫新题歌行的代表作除了《丽人行》之外，还有《兵车行》：

> 车辚辚，马萧萧，行人弓箭各在腰。
>
> 耶娘妻子走相送，尘埃不见咸阳桥。
>
> 牵衣顿足拦道哭，哭声直上干云霄。

开篇便是一幅震撼人心的送别图景：车马雄壮整肃，腰佩弓箭的征战之士，本该是一副慷慨威武的模样，然而却站立路旁，与家人相拥而泣，哭声震天。两相对比之下，形成了巨大的反差，从而凸显了黎民的苦难与战争的无情。紧接着便以主客对话的形式展开下文：

> 道旁过者问行人，行人但云点行频。
>
> 或从十五北防河，便至四十西营田。
>
> 去时里正与裹头，归来头白还戍边。
>
> 边庭流血成海水，武皇开边意未已。
>
> 君不闻，汉家山东二百州，千村万落生荆杞。
>
> 纵有健妇把锄犁，禾生陇亩无东西。
>
> 况复秦兵耐苦战，被驱不异犬与鸡。

"道旁过者"其实是杜甫自己的代称，他问戍卒们为何如此悲苦，其实答案他自己是知道的：频繁的战乱和繁重的兵役，是人民苦难的根源。汉乐府有首诗叫《十五从军征》，写一个戍卒十五岁从军戍边，到八十多岁才得以还乡的故事；这里却说十五岁去交河防卫的士卒，转战多地，白头归来如今又踏上征程，比前代戍卒的悲苦更甚。前线战事的失利，大量士卒的死伤，也导致了中原经济的衰退、民生的凋敝——而对于人民的种种苦难，高高在上的玄宗却无动于衷，开疆拓土的欲望仍不能满足。杜甫在诗中借戍卒之口，发出了自己平日所不敢发的，矛头直指最高统治者的诘难。这对于一个以"忠君辅国"为信仰的读书人来说，需要多么大的勇气！　接下来，"长者"与"役夫"继续对话：

> 长者虽有问，役夫敢申恨？
> 且如今年冬，未休关西卒。
> 县官急索租，租税从何出？
> 信知生男恶，反是生女好。
> 生女犹得嫁比邻，生男埋没随百草。

　　愈演愈烈的边疆战事，已经酿成了深刻的社会矛盾，官民之间严重的对立情绪，民间关于生男生女的意识转变，无不反映出全社会已经陷入了高度的危机之中。篇末的情景则更令人毛骨悚然：

> 君不见，青海头，古来白骨无人收。新鬼烦冤旧鬼哭，天
> 阴雨湿声啾啾。

我们要将诗歌的首尾对读，方显其中奥妙：从咸阳桥畔"车辚辚，马萧萧"的整肃军容，到"青海头"无人收拾的累累白骨，杜甫已经揭示了无数士卒必然面临的结局。送别时"耶娘妻子"的哭声，与战死后"新鬼烦冤旧鬼哭"形成了强烈的呼应，天地一片哀号之声，不只是对无数生灵的送别，更是为大唐盛世奏响的挽歌。

四、"古人重守边，今人重高勋"

《兵车行》的创作背景，是杨国忠的亲信、剑南节度使鲜于仲通举大兵征讨南诏国而全军覆没，朝廷不得不从中原大量征兵，弥补西南的国防空缺。而鲜于仲通之所以急于发起这样一场战争，原因就在于诗中提到的"武皇开边意未已"。

唐玄宗是一位好大喜功的君主，尤其对于开疆拓土十分热衷，在边境频繁发动侵略战争，给国家和人民带来了极大的灾难；这种事也让一些人十分开心，那就是意图借边功求取爵禄的将领们，玄宗对边功的重视，使得他们更加频繁地在边疆惹事，以期获得更多加官晋爵的机会。

天宝年间，影响最大的边将有两个，其中一个叫哥舒翰，前文也提到他领导的石堡城之战，他率领唐军以巨大的伤亡为代价，从吐蕃手中夺取了一座荒城。然而唐玄宗依然对他予以嘉奖，封他为西平郡王，拜太子太保，兼御史大夫，他的位极人臣，生动诠释了"一将功成万骨枯"。

关于石堡城之战，杜甫写了一组《出塞》来表达他的反战思想，一共九首，因为后来针对安史之乱又写了另一组《出塞》，于是后世就把这一组叫作《前出塞》。整组诗中有对天子的规劝，有对边将的讽刺，有对边境艰苦的渲染，有对戍卒苦难的同情，我们这里选读其中两首，先来看其三：

磨刀呜咽水，水赤刃伤手。

欲轻肠断声，心绪乱已久。

丈夫誓许国，愤惋复何有！

功名图麒麟，战骨当速朽。

这首诗的开篇非常有画面感，写一位士卒在冰冷的河水中磨刀，因为太冷手指失去了知觉，看到河水变红才发现刀刃已经伤了手。这是多么生动细致的描写，体现了杜甫对生活的细致观察和对戍卒们由衷的同情。接着他写道，不仅手上疼痛难忍，内心也更加烦乱；可是转念一想，大丈夫当为国效力，内心的愤懑便又消散了，倘若能够为国建功，即使战死沙场，也不足为惜。歌颂了戍卒们朴素的家国情怀，同时也暗含着对一味邀取功名的边将的批判。再来看其六：

挽弓当挽强，用箭当用长。

射人先射马，擒贼先擒王。

杀人亦有限，列国自有疆。

苟能制侵陵，岂在多杀伤！

前四句通俗浅白又富有哲理，如今已是我们耳熟能详的俗语；后四句则语含规劝：杀人要有限度，国家的疆域也不该随便扩张，军队的意义是保境安民，平息战乱，而不是制造更多的杀戮！ 这一番语重心长的话语，似乎又一次直指"开边意未已"的玄宗了。

虽然鲜于仲通和哥舒翰的邀功生事给国家、人民带来的苦难已经十分沉重，但终究还没有从根本上动摇唐王朝的统治，而天宝年间的另一位边将则最终充当了大唐的掘墓人，他就是集范阳、平卢、河东三镇军政大权于一身的安禄山。

第八讲

祸起渔阳

——大动荡中的"难民"生活

一、"渔阳鼙鼓动地来"

唐玄宗重视边功，喜好开疆拓土，一方面致使边将邀功生事，给人民带来了巨大的灾祸；另一方面在边疆养虎遗患，直接对国家的安定和太平构成威胁，其中最为典型的，无疑是安禄山。正是玄宗一味地宠幸和放任，才使得安禄山的势力逐渐膨胀，直到难以遏制，最终酿成了动摇李唐王朝统治根基的安史之乱。

安禄山作乱之前，大唐原本有三次机会将这一巨大的灾祸扼杀在萌芽阶段。安禄山是突厥人，出生于东北，传说他即将出生时，天降异彩，野兽啼鸣，这样的怪相惊动了当时的范阳节度使张仁愿，他认为这是不祥之兆，派兵搜查，安禄山的母亲带着他躲了起来，才使他逃过了被杀的命运——这件事虽然听起来不可靠，但载于正史，记录在《新唐书·安禄山传》里，我们就姑且把它算作第一次机会，可惜没有把握住。顺道说一句，安禄山有一个比他晚出生一天的发小，叫史思明，这两人后来一起作乱，可以说是典型的"近墨者黑"。

第二次机会出现在开元二十四年（736）。安禄山长大后以骁勇闻名，被幽州节度使张守珪看重，任命他为大将并且收其为义子，重点栽培。开元二十四年，张守珪派安禄山征讨奚和契丹两个民族的叛乱，本来对他寄予厚望，却没想到安禄山恃勇轻敌，落得大败。军令严明的张守珪一怒之下要将他军法处置——斩首！临刑之时，安禄山却大喊："您杀了我，是不打算灭奚和契丹了吗？"张守珪确实很看重他的勇武，就心软了，犹豫之下将安禄山押送京师，交给玄宗亲自处置。当时的宰相还是张九龄，他力主从严处置，处死安禄山，以彰显军法的威严；然而唐玄宗却爱惜安禄山的才干，不忍处死，只是下令免官，也没有削去兵权，就放他回幽州继续带兵了。

第三次机会出现时已经是天宝十一载（752）了。安禄山为了邀功，率领河东大军讨伐契丹，因为急功冒进，又遭遇大雨，几乎全军覆没，他本人也中箭受伤，险些被生擒。危急之中，安禄山想到了向玄宗求救，一封奏疏传到朝廷，玄宗下诏令朔方节度使阿布思助战。阿布思与安禄山素不和睦，安禄山就借机用计吞并了他的势力，不但解除了身陷契丹之危，还大大提升了战力。而玄宗对于安禄山私吞奉诏助战的阿布思军队一事不闻不问。

可以说，若不是玄宗的过度宠幸和放任，安禄山可能早就受到了国法、军法的制裁，至少不至于坐拥三镇、割据东北，安史之乱可能也就不会发生。但是，历史发展自有其必然的规律，李唐王朝的统治到了天宝后期已经十分腐朽昏暗，社会危机的隐患早已埋下，即便没有安史之乱，也一定会有其他的事件来打破盛世的平静，只是时间早晚罢了。

安禄山也不完全是个没心没肺的人，唐玄宗对他这么宠幸，他心里还是怀有感激之情的。他比唐玄宗小二十岁左右，认了杨贵妃作干娘，对于唐玄宗也是以父视之。尽管内心早就种下了侵吞大唐江山的种子，但出于对玄宗的感念，安禄山一心想的是等玄宗平安晏驾，当完一世太平天子，再假托遗命，名正言顺地起兵夺权。况且对于朝中那位"口蜜腹剑"的宰相李林甫，安禄山也是十分忌惮。

不过随着李林甫去世，杨国忠继任宰相，安禄山的心态发生了重大变化。一是相比李林甫的老奸巨猾，杨国忠完全是借助贵妃才得以上位的草包，对安禄山而言，丝毫不足为虑；二是杨国忠十分反感玄宗对安禄山的放任，时常在玄宗耳边说安禄山的坏话，甚至一个劲地挑事，想要早些逼他造反，以取得玄宗对杨氏家族的信任和专宠。于是不胜其烦的安禄山也就不再隐藏自己的野心，于天宝十四载（755）十一月在范阳，也就是如今的北京附近，以讨伐杨国忠为名，率领二十万大军，挥师西进，直捣中原。"渔阳鼙鼓动地来，惊破霓裳羽衣曲"，顷刻之间，杜甫关于盛世大唐的所有理想与憧憬，终于完全破碎了。

二、"忧端齐终南"

当势不可挡的安史叛军从东北席卷而来时，杜甫刚刚结束了漫长的求官历程，得到右卫率府兵曹参军的职位，上任才一个月的他正准备回去探家——前文中我们说了，杜甫已在天宝十三载（754）将家眷安置在了长安城东北方向的奉先县。此时，他虽然还不知道东北已发生的巨变，但对于大唐王朝江河日下的时运已有了深入的感知。行走在寒冷的冬夜，脑海中回想起这十年来在长安的浮沉进退、苦乐酸甜，杜甫内心百感交集，怀着对自己青春梦想的深切追念和对前途命运的深深担忧，他写下了一首彪炳史册的长篇五言古诗——《自京赴奉先县咏怀五百字》。

全诗共一百句，分为三大层次，诗意回环曲折，主旨深刻而全面，可以看作是杜甫对自己早年生活的细致回顾与深刻反思。第一层自述生平大志和仕途坎坷，在"出处去就"的核心问题上不断转折，表达了诗人内心的矛盾与痛苦：

> 杜陵有布衣，老大意转拙。
>
> 许身一何愚，窃比稷与契。

开篇说"杜陵有布衣"，这五个字看似平淡，却含有深意："杜陵"是杜甫祖居之地，自始祖杜延年以来几乎世代为官，至杜甫却自称"布衣"，大概是说，祖祖辈辈做官的京兆杜家，却出了我这么个没官可做的不肖子孙，失意与愧疚之情溢于言表。杜甫此时已经四十四岁，绝对算得上"老大"，又因为十年的蹉跎而被现实磨平了青春的锐气，故自称"意转拙"。他回望自己曾经的理想，是那样远大，却又显得十分愚蠢：成为稷、契这样的贤臣——他们在上古时代，一个管农业生产，一个推行文化教育。他虽然没有明说，但心里明白，想用"重农重教"的政治理想，来打动"好色尚武"的暮年玄宗，的确是傻得可怜。接下来则是以四句为一个单位展开的，不断地陈述与自我否定：

> 居然成濩落，白首甘契阔。
>
> 盖棺事则已，此志常觊豁。
>
> 穷年忧黎元，叹息肠内热。
>
> 取笑同学翁，浩歌弥激烈。

非无江海志，潇洒送日月。

生逢尧舜君，不忍便永诀。

当今廊庙具，构厦岂云缺。

葵藿倾太阳，物性固难夺。

顾惟蝼蚁辈，但自求其穴。

胡为慕大鲸，辄拟偃溟渤。

以兹误生理，独耻事干谒。

兀兀遂至今，忍为尘埃没。

杜甫不是认识不到他理想的不切实际，但在现实的"濩落"面前，他敢于选择"契阔"，以勤勉的坚守，应对仕途的坎坷；面对仕途的穷困、朋友的讥笑，杜甫也感到了辛酸，可他每每想到黎民的苦难与叹息，心中的浩然正气便会迸发得更加激烈；杜甫也想过遨游江海，洒脱自在，可是不忍心弃国而去，在盛世中成为"失路之人"；对于难以在朝廷立足的现状，杜甫也有着清楚的认识，只是忠君报国的一腔热血源自天性，难以割舍；他并不羡慕为了一身之荣而在朝中苟且偷安的"蝼蚁"，而是希望能够像"大鲸"一样在历史的潮流中掀起波涛；也正是因此不断地为了梦想而干谒，哪怕沉沦下僚、湮没于尘埃，直到如今。最终，杜甫在六次曲折的自我否定之后，在"仕与隐"中做出了选择：

终愧巢与由，未能易其节。

沉饮聊自适，放歌破愁绝。

要做"稷、契"式的贤臣，而不做"巢、由"般的隐士，纵使前路茫茫无所希冀，也绝不改变志向！继而诗歌转入第二层，写探家途中的所见、所思：

岁暮百草零，疾风高冈裂。

天衢阴峥嵘，客子中夜发。

霜严衣带断，指直不得结。

凌晨过骊山，御榻在嵽嵲。

蚩尤塞寒空，蹴蹋崖谷滑。

瑶池气郁律，羽林相摩戛。

君臣留欢娱，乐动殷樛嶱。

赐浴皆长缨，与宴非短褐。

彤庭所分帛，本自寒女出。

鞭挞其夫家，聚敛贡城阙。

圣人筐篚恩，实欲邦国活。

臣如忽至理，君岂弃此物。

多士盈朝廷，仁者宜战栗。

况闻内金盘，尽在卫霍室。

中堂舞神仙，烟雾散玉质。

煖客貂鼠裘，悲管逐清瑟。

劝客驼蹄羹，霜橙压香橘。

朱门酒肉臭，路有冻死骨。

荣枯咫尺异，惆怅难再述。

北辕就泾渭，官渡又改辙。

群冰从西下，极目高崒兀。

疑是崆峒来，恐触天柱折。

河梁幸未坼，枝撑声窸窣。

行旅相攀援，川广不可越。

农历十一月的长安，北风凄紧，百草凋零，仿佛山峦都能被风刮出裂纹，更何况人的血肉之躯呢？ 为了能够早一些与家人团聚，杜甫夜半起程，在长安去往奉先县的路上，路过了华清宫，这是皇亲国戚们冬日洗温泉御寒的地方——宫墙外的杜甫，冒着疾风，行走在寒夜之中，破旧的单衣断了衣带而不能挡风，手指也因寒冷失去了知觉，忍受着路途中的百般艰辛；而一墙之隔的华清宫内，一派热闹的景象，侍卫刀剑的摩擦声、宴会上的歌舞声、君臣欢乐的谈笑声都能透过宫墙传入杜甫耳中，只是这份温暖却让他无从体会，反而因此心中更添了几分寒意。杜甫透过升腾的水汽，想象着君臣享乐的场景：赐温泉、分珠宝、舞神仙、宴宾客。这些享乐的物资明明都是人民群众所造，却又不断地被统治者搜刮，以至于贵族府中的酒肉都已经积压得散发出臭味，道旁却还有冻饿而死的贫民留下的骸骨。一想到咫尺之隔造就出的天壤之别，诗人内心的愁绪就更加难以排遣。于是他急忙又踏上了征程，北渡泾渭，又从官渡中转，此时的河流都已经结冰，看着冰凌顺河水自西而下，如同一座座冰山扑面而来，又仿佛天柱折断——杜甫有一种强烈的压迫感，这既是寒冬施加给他的苦痛，更是行将崩摧的大唐江山给杜甫带来的人生重压。好在，渡过渭河，他就要到家了。第三层接着写到家之后的经历和感慨：

老妻寄异县，十口隔风雪。

谁能久不顾，庶往共饥渴。

入门闻号啕，幼子饿已卒。

吾宁舍一哀，里巷亦呜咽。

所愧为人父，无食致夭折。

岂知秋禾登，贫窭有仓卒。

生常免租税，名不隶征伐。

抚迹犹酸辛，平人固骚屑。

默思失业徒，因念远戍卒。

忧端齐终南，澒洞不可掇。

　　自上年将妻儿安置在奉先县已经一年有余，如今终于做了个小官，便急忙赶来解除相思之苦。然而没想到，刚刚到家就遭到晴天霹雳：最疼爱的小儿子没能熬过这个饥寒交迫的冬天，已经夭折。这样的惨剧，且不说亲生父亲，就是街坊四邻都为之感到悲苦。冬天原本紧接着丰收的秋日，不应该有饥荒出现，却为何就发生了这样的惨剧？答案不用说也很明了：就是统治者的横征暴敛！杜甫这样一个不用交租税、不用服兵役的士人，一个享受国家俸禄的官吏，尚且还存在着冻饿之虞，更不必说那些失去土地的流民、那些拼杀在前线的战士，他们的生活又该何等艰辛！想到这里，忧愁的情绪如同高峻的终南山一样，沉沉地压在杜甫心头，又一时迸发出来，不可遏制。

　　这首诗歌是杜甫五言古诗中最能体现其"沉郁顿挫"风格的作品——深沉之情，郁结之气，顿挫之结构、思维，配合入声押韵而形成的收束感、节奏感，使得这首诗浑然天成，一气而下。且诗歌不蹈袭前代诗人旧迹，一切事态、情绪、语词，皆取于眼前，发于内心，文气随着情感的变化起起伏伏，一步步走向高潮，恰如杜甫将满腔衷肠娓娓道来，进而又痛陈时弊，越发慷慨激昂，正应了"咏怀"的主题。这首《自京赴奉先县咏怀五百字》的出现，也标志着杜甫前期的诗歌创作，在思想和艺术上都达到了最高成就。

三、"坐见幽州骑，长驱河洛昏"

安禄山起兵之后，各地的军情报到长安，而正在华清宫避寒的玄宗，却还对此将信将疑，甚至以为又是嫉恨安禄山的人进谗言捣鬼，直到越来越多的消息传回，他才确信，安禄山真的反了，于是急忙会同大臣商议对策。此时杨国忠还说安禄山不得民心，其势必然不能长久，让玄宗不必担忧；玄宗则手谕安禄山，命其退兵，并且承诺不深做追究。然而杨国忠没有想明白，虽然安禄山不得民心，他杨国忠自己当宰相的几年里，也是闹得民怨沸腾；而唐玄宗也没有意识到，常年的开边战争已将中原的武备掏空，安禄山的三镇却得到了大大的充实，此时没有了武力制约的安禄山，绝不是他这个皇帝用只言片语可以劝退的了。

在得到了安禄山极为轻慢的回信之后，唐玄宗终于下定决心，以武力平叛。然而仓促之间组织起的平叛军队，怎么可能抵挡安禄山已经精心培育了数十年的精锐叛军——安史之乱爆发仅仅一个月后，东都洛阳失陷；天宝十五载（756）正月，安禄山在洛阳称帝，国号"大燕"，进逼潼关，对长安虎视眈眈。

杜甫此时还在奉先的家中，得知了安禄山反叛的消息，虽然早已预感到了唐王朝山河破碎的命运，但当这一刻真的来临，他还是有一种梦境终究破碎的触动。于是，他写了又一组《出塞》诗，一共五首，区别于上一讲中讲到的反映石堡城之战的《前出塞》，我们称这一组诗为

《后出塞》，这也是现存的最早反映安史之乱的诗歌作品。诗歌以一个少年士卒的人生经历为线索，讲述了他为追逐功名而从军，依附蓟州边将，直到后来脱身逃归的故事，以此揭露安禄山的叛逆罪行，并反思了酿成战祸的原因。诗中"召募赴蓟门，军动不可留""渔阳豪侠地，击鼓吹笙竽""主将位益崇，气骄凌上都。边人不敢议，议者死路衢""坐见幽州骑，长驱河洛昏"等语句明确指向了安史之乱，反映了叛军的骁勇凶狠、安禄山的骄横残暴；而"古人重守边，今人重高勋""誓开玄冥北，持以奉吾君"的论述，更是直接指明叛乱的原因就在于天子的穷兵黩武和边将的滋事邀功；此外"落日照大旗，马鸣风萧萧"这样反映边塞军旅风气的佳句，也表现了深入盛唐人精神中的浪漫情怀。其五中对于"良家子"结局的讲述，则体现了杜甫的人民立场：

> 我本良家子，出师亦多门。
>
> 将骄益愁思，身贵不足论。
>
> 跃马二十年，恐辜明主恩。
>
> 坐见幽州骑，长驱河洛昏。
>
> 中夜间道归，故里但空村。
>
> 恶名幸脱免，穷老无儿孙。

前四首中讲到，这位"良家子"本为追求功名而从军，经历了漫长的军旅生活，故而对主将极为了解，知道他心怀不轨，于是内心十分忧虑：到底是该继续追求功名，还是应当坚守正义？回想起自己多年来受到的天子恩德，又目睹叛军在中原大地上践踏黎民，这一份不义的富贵，又有何值得留恋？于是，他悄悄地逃出营门，回到故里。但故乡已是空空的村落，民生凋零，他终没有留下恶名，却也只剩孤身一人。当他离去的时候，这份正义的坚守，又有谁会知道，谁会称赞呢？杜甫在诗中肯定了"良家子"的深明大义，也同情他的孤独终老，他塑造的这个人物，其实是卷入叛乱中的无数士卒、黎民的真实缩影，无论从逆还是逃归，战争带给他们的永远是无尽的伤痛。

四、颠沛流离

起初，潼关的守将是高仙芝、封常清，这两人都是盛唐名将，久在西北，立有大功，其中封常清就是岑参《走马川行奉送封大夫出师西征》中的那位"封大夫"，是他出塞跟随的幕主。但在安禄山面前，他们的声名还是显得弱了一些，缺乏胜算的二将坚守潼关不出，却被宦官谗言陷害，遭到唐玄宗处斩，未战自败。

唐玄宗思来想去，此时满朝文武中能与安禄山抗衡的只有一个人了，那就是哥舒翰。哥舒翰此时已经患了风疾，但还是在玄宗的驱遣下，强拖着病体奔赴潼关守卫。起初还不错，打退了几次叛军的进攻，潼关相当稳固；可是时间长了，朝中的唐玄宗和杨国忠就坐不住了，尤其是杨国忠，生怕哥舒翰借机拥兵自重，要杀自己以平愤，便极力劝玄宗督促哥舒翰出战，玄宗也希望能尽早收复洛阳，便强令哥舒翰出击。君命难违，哥舒翰自知军力不济，只得哭着整军出战，果然一战而败，被安禄山活捉，潼关沦陷。至此，长安已无险可守，叛军即将兵临城下，玄宗只好偕贵妃，仓皇出逃。

兵荒马乱之中，杜甫也深知奉先不可久居，便带着家小开始了逃难生活。他先是搬去奉先以北的白水，他的舅舅崔十九在那里做县尉，能够有个照应；但随着潼关失守，关内震动，杜甫决定将家眷安置到更安全的地方，于是跋涉经过华原、三川，最终寄居在鄜州（今陕西富县）的羌村，这里相对远离前线，更有可能让家人平安地躲过灾祸。这次逃难是在夏天，杜甫拖家带口，顶着国家动荡的心理压力，一路上更是崎岖坎坷，他的《三川观水涨二十韵》和《彭衙行》反映了路途的艰辛。前者说：

> 我经华原来，不复见平陆。
> 北上惟土山，连天走穷谷。

行至三川时，更是天降大雨，河水暴涨：

> 人寰难容身，石壁滑侧足。
> 云雷屯不已，艰险路更踠。

《彭衙行》中则写道：

> 痴女饥咬我，啼畏虎狼闻。
> 怀中掩其口，反侧声愈嗔。

女儿饿得直哭，杜甫只好把她抱在怀中，任她咬住自己的身体，怕的是哭声招来山林里的虎狼。这是何等的人间惨剧！

好在经过了漫长的跋涉，杜甫终于到达鄜州，将家人暂时带离了灾祸，然而在短暂的休整之后，他又向着战火中的京畿前行，成为乱世之中的"逆行者"。

第九讲

长安春望

——身陷敌营的八个月

一、尴尬的"重逢"

天宝十四载（755）十一月，安禄山在范阳起兵，安史之乱爆发，仅仅半年之后，洛阳、长安相继落入叛军之手。天宝十五载（756）六月，唐玄宗仓皇出逃，前往四川避难，行至马嵬驿时，发生了历史上著名的"马嵬兵变"，士卒们诛杀了杨国忠及其余党，并逼迫玄宗赐死杨贵妃。杨氏一党在天宝后期魅惑朝政，祸国殃民，对安史之乱的爆发负有不可推卸的责任，可以说是罪有应得，但"马嵬兵变"的风波却没有因为对杨氏的清算而终结。自马嵬驿后，西行的队伍分为两路，玄宗带着主要的皇亲、大臣继续走剑阁、蜀道，去向成都；而太子李亨，则带着部分亲信留在抗敌前线，转战关陇一带，最终来到了甘肃灵武。

灵武是朔方节度使的驻地，而在高仙芝、封常清、哥舒翰三大将领相继兵败潼关之后，朔方军成为唐王朝在北方控制的最具实力的军事力量，此时的李亨以太子兼天下兵马大元帅的身份节度朔方军，实际上已经掌握了唐朝的政治权柄，玄宗入蜀彻底让太子失去了制约与束缚。于是在天宝十五载七月，李亨于灵武即位称帝，即唐肃宗，同时改元至德，并遣使知会玄宗，遥尊其为太上皇。玄宗得知消息，有些意外，也有些不快，没想到儿子对皇位如此迫不及待，但意识到事态已发展至此，又考虑到国难当头，只好派宰相房琯等一行人奉皇帝玺绶前往灵武，正式认可了肃宗的皇帝身份。这位房琯值得注意一下，他与杜甫关系不错，后来在杜甫的人生舞台上也扮演了很重要的角色。

长安陷落时，杜甫正在颠沛流离的逃难途中，他把家眷安置在鄜州，获得了暂时喘息的机会，随后立刻关心起了国政时局。得知肃宗在灵武即位，杜甫多少感到振奋——从杜甫长安生活末期的诗歌中可以看出，杜甫对于唐玄宗的晚年昏庸是颇有微词的，所谓"一朝天子一朝臣"，肃宗的即位不但增添了杜甫平息战乱的信心，甚至重燃了他行将湮没的"致君尧舜上，再使风俗淳"的理想之光。于是杜甫毫不犹豫，即刻收拾行囊，迈出了前往灵武追寻肃宗的脚步。

不过杜甫可能有点路痴，一心朝着肃宗飞奔而去，却误打误撞投入了安史叛军的怀抱——在去往灵武的路上，杜甫被叛军擒获，随即被押赴长安，回到了这个理想与辛酸交织的失落之城。这无疑是一次尴尬的"重逢"，当时的长安，有大量未能及时逃脱的贵族、官僚，他们都被安禄山严格地控制起来，被迫在"大燕朝廷"中担任官职，其中比较有名的有大诗人王维，还有杜甫的那位忘年之交郑虔，以及宰相张说的两个儿子张均、张垍，等等，他们不但生活得恐惧又憋屈，战乱平定之后也都因为这段经历而受到了很严厉的清算。好在杜甫在此前的十年里始终沉沦下僚，所以如今也没能入安禄山的法眼，不但没有被迫做官，不必折损气节、埋下祸根，甚至还有相对大的活动空间，能够见证乱中长安的人间百态，这也算是因祸得福。

杜甫被擒应该是在七八月间，没过多久，他就在沦陷区迎来了一个孤独的中秋之夜。这天晚上，他眼望着象征光明、圆满、团圆的明月，想起时局的昏暗、国家的残缺、骨肉的分离，百感交集地写下了这首《月夜》：

今夜鄜州月，闺中只独看。

遥怜小儿女，未解忆长安。

香雾云鬟湿，清辉玉臂寒。

何时倚虚幌，双照泪痕干。

这首诗构思新巧：长安与鄜州共享一轮明月，首句在长安而言鄜州，向我们透露出，杜甫仿佛透过月光看见了家中的景象，这种共情的想象，是全诗的精神所在——杜甫"看见"闺中的妻子正像自己一样，也在守望着这轮明月，而围坐在妻子身旁的儿女们，尚不能理解母亲这种担忧和思念的心情。深夜降下的雾气沾湿了妻子的头发，也因此沾染了头上的香气，而妻子的手臂在月光的长久照射下也显得清寒——细致入微的环境描写，将妻子的思念之情和盘托出，其实更是杜甫内心情感的真实流露。篇末则表达了最为朴素的渴望，希望能够早日与妻子团圆，共同沐浴在皎洁的月光下，不再有眼泪与孤单。这一刻的到来，也许是在战乱平定之时，也许是在功成名就之后，也许只是一个美好的想象，对于初陷敌营不知如何脱身的杜甫来说，未来的一切都是未知。

二、"五陵佳气无时无"

相比起杜甫的思亲之苦、丧国之痛，一批未能逃离长安的李唐宗室，则更是陷入了人间地狱，面临着残酷的杀戮。安史叛军攻陷潼关，并以迅雷之势直逼长安，唐玄宗一是仓皇失措，二是恐怕引起城中更大的动荡，竟偷偷地逃出延秋门，被甩下的王孙、公主、妃嫔，等到反应过来，想要逃跑时，叛军已经攻入了长安。

当初，安禄山的儿子安庆宗在玄宗朝中任官，安禄山范阳起兵的消息传来，玄宗一怒之下就把安庆宗给杀了；所以当安禄山攻陷了长安，一心给儿子报仇的他，自然也不会放过那些落入他手中的李唐宗室，前后追捕、杀害了皇亲国戚百余人，且手段极其狠毒。当然，也有一些宗室侥幸逃窜在外，整天东躲西藏，胆战心惊。杜甫闲游中曾无意遇上这样一个可怜虫，在短暂交谈中向这位落难王孙表达了深切同情与关怀，后来就将这件事写成了一首新题歌行《哀王孙》：

> 长安城头头白乌，夜飞延秋门上呼。
> 又向人家啄大屋，屋底达官走避胡。
> 金鞭断折九马死，骨肉不得同驰驱。

开篇是对故事背景的交代："白头乌"是不祥之鸟，落在长安城头，寓意着反贼降临；"延秋门"则是玄宗出逃时走的城门。灾祸本是指向玄宗，随着他的逃走，自然也就落到了城中达官、贵族们的头上。"金鞭""九马"皆天子所用，一折一死，见出亡命之急迫，以至于将骨肉血亲都抛之不顾。用环境描写，巧妙而隐晦地揭露了玄宗出逃，抛弃骨肉的事实，虽未明言，却含有深切的责难与讽刺。其下开始具体描绘落难王孙的惨状：

> 腰下宝玦青珊瑚，可怜王孙泣路隅。
>
> 问之不肯道姓名，但道困苦乞为奴。
>
> 已经百日窜荆棘，身上无有完肌肤。
>
> 高帝子孙尽隆准，龙种自与常人殊。
>
> 豺狼在邑龙在野，王孙善保千金躯。
>
> 不敢长语临交衢，且为王孙立斯须。

一个男子在路边哭泣，杜甫通过他腰间的宝物认出了其王孙的身份。想必自长安城破，他就一直在荆棘丛中逃遁，身上已经没有完好的皮肉，十分可怜。前去关心询问，他却谨慎地不说出自己的名姓，只求舍身为奴，换取一条活路——在求生的欲望面前，王公贵族的身份都顾不得了。杜甫感叹，如今天子出奔，豺狼当道，正在大肆捕杀宗室。这位王孙的容貌带有皇族的特点，极易辨认，于是不敢在路边长谈，怕引起贼兵的注意；但又不忍弃之而去，于是且站片刻，对其安慰了一番：

> 昨夜东风吹血腥，东来橐驼满旧都。
>
> 朔方健儿好身手，昔何勇锐今何愚。
>
> 窃闻天子已传位，圣德北服南单于。
>
> 花门劙面请雪耻，慎勿出口他人狙。
>
> 哀哉王孙慎勿疏，五陵佳气无时无。

东北来的叛军占了国都，昔日勇锐无比的朔方军却束手无策，这是人所共知的悲惨事实。同时还有你不知道的：新皇帝已经即位，他的盛德使北方的少数民族皆来臣服，回纥就已经主动请缨，协助平叛，这些事你可千万不要出去乱说。杜甫说的基本是事实，但却有主观夸大之嫌：回纥又称"花门"，是西北的少数民族，唐肃宗即位后与之通好，约定共同收复中原，代价是中原土地上的钱粮人马，将任由回纥取用，其实是个"不平等条约"，但杜甫此时一来是要宽慰王孙，二来为尊者讳，三来也认为收复中原的意义大于一切，故而采取了这样回护的表达。篇终他说："王孙你一定要保重自己，不要灰心，看看列祖列宗陵墓上的云气，他们无时无刻不在保佑着大唐，长安一定有光复之时！"虽然是宽慰之语，难免自作振奋，但至少可以看出杜甫此时对于肃宗光复中原，充满了期盼与信心。

然而很快，杜甫就遭遇了一次巨大的失望。至德元载（756）十月，宰相房琯，就是前面提到的那位杜甫的朋友，向肃宗请兵四万，前来解救长安，城中人心振奋，以为光明就在眼前。然而没过几天，就传来了房琯惨败的消息，四万官军在陈涛斜（今陕西咸阳东，即陈陶）几乎全军覆没，两天后又败于青坂（今陕西咸阳）。朝廷自此元气大伤，短期内再无力组织起新的进攻。看见得胜归来的叛军趾高气扬地在长安街市上横行，杜甫也难掩内心的悲愤，写下了《悲陈陶》与《悲青坂》两篇名作，我们来看看前一首：

孟冬十郡良家子，血作陈陶泽中水。

野旷天清无战声，四万义军同日死。

群胡归来血洗箭，仍唱胡歌饮都市。

都人回面向北啼，日夜更望官军至。

杜甫的"悲"有三重：前四句是在悲叹四万官军的壮烈牺牲；这份悲壮、悲痛背后的原因，则是叛军的狡黠、主将的无能，这是杜甫心中更深的悲哀。后四句写得胜的叛军们回到长安，更加肆意地在街市上饮酒欢唱，与官军的凄惨境遇形成天壤之别，城中的百姓们无不更加翘首盼望官军的到来；更令人悲哀的是，此次战败之后，不知何时才能让百姓如愿以偿。

陈涛斜、青坂两场败仗之后，杜甫原本对于长安光复、战乱平息的慷慨激烈的渴望，不得不变为漫长而无奈的等待。

三、"城春草木深"

转眼间冬去春来，长安城又到了草长莺飞的季节，只是今年的春风夹杂着浓烈的血腥气，在这座留下了杜甫美好青春想象与十年青春岁月的都城，杜甫即将迎来人生中最苦涩的一个春天。

至德二载（757）的这个春天，发生了很多大事：先是正月初一，反贼头子安禄山死了——弑父的安庆绪继承他的位子，当了"大燕皇帝"。比起父亲，安庆绪的权谋和勇武都差了不止一个档次；二月，肃宗将驻地从灵武移到凤翔，距离长安更近了，但却没有急于征讨叛军、收复长安，而是先派兵清除了自己弟弟永王李璘在江南的势力，并将其定性为叛乱，严惩参与者。李白因为给李璘当了参谋，也被收捕待罪。叛军与官军同时发生内斗，可以说这是极其混乱的一个春天。

此时的杜甫，眼见春日的长安，心思破碎的国家，写下了著名的《春望》：

国破山河在，城春草木深。

感时花溅泪，恨别鸟惊心。

烽火连三月，家书抵万金。

白头搔更短，浑欲不胜簪。

"国"有人说是国家，有人说是国都，不过结合后面的"山河"与天下动荡的历史背景来看，恐怕还是理解成国家更为合适。国家破败，只剩下空荡荡的山河，故城春深，生出了乱糟糟的草木——这是诗人眼中毫无生气的春日景象：因为感伤时局，花朵都会落泪，一个"溅"字写出了泪水不可抑制的悲痛之状；而因为遭遇离别，原本动听的鸟啼莺鸣，也使人内心感到惊恐，这是诗人将主观情感投射到客观景物之中，营造出浑然一体的悲情天地。一声"惊心"的鸟鸣使诗人开始感伤时事，战火蔓延了整个春季，使得城内外音书断绝，难以探听到家人的消息，"恨别"之情与"感时"的忧虑一同袭来，让人难以承受，不禁让人搔首揪心，却又从一把把越来越短的白发之中，看见了岁月的沧桑，人生的无奈。

闲居之中，杜甫又一次来到曲江之畔，穿行在依旧明艳的垂柳下、池水边，望见一座座紧锁的宫门，不禁回想起了昔日这里的繁盛景象：

少陵野老吞声哭，春日潜行曲江曲。

江头宫殿锁千门，细柳新蒲为谁绿？

忆昔霓旌下南苑，苑中万物生颜色。

昭阳殿里第一人，同辇随君侍君侧。

辇前才人带弓箭，白马嚼啮黄金勒。

翻身向天仰射云，一笑正坠双飞翼。

明眸皓齿今何在？血污游魂归不得。

清渭东流剑阁深，去住彼此无消息。

人生有情泪沾臆，江水江花岂终极！

黄昏胡骑尘满城，欲往城南望城北。

想当年天子驾幸曲江，万物都因为盛德的恩宠而增添了颜色，而杨贵妃则荣耀地陪伴在玄宗身旁，集万千宠爱于一身，侍从女官骑着白马以矫健的身手在谈笑间射落大雁，一切景象都是盛世的自信与荣耀。而今这些美好的容颜都去了哪里？只化作了游魂而无处归依。贵妃的尸骨长埋渭水之滨，玄宗的行迹踏过剑阁深深，一住一去，一死一生，彼此再无消息。一想到这样的诀别，有情之人无不为之泪湿胸臆，然而正如年年花开、江水东去，这历史兴亡的轨迹又岂会因个人的意志而转移？沉思良久，已是黄昏，满城奔走的胡兵，让杜甫停止了对盛世的追忆，他收起了对玄宗、贵妃的同情，平复了对天地无情的感慨，想要回到城南的家里，却不由得望向了城北，也许还想从皇宫的方向追寻些盛世的遗迹。

这首《哀江头》，是文学史上第一部反映唐玄宗、杨贵妃爱情悲剧的作品，是此后《长恨歌》《梧桐雨》《长生殿》等一系列以李、杨二人爱情为线索的文学作品祖述的源头。杜甫对于杨贵妃的感情其实十分矛盾，对于杨贵妃家人借助她的地位而谋取官爵、聚敛钱财的行为，杜甫深恶痛绝，也不止一次在诗中进行辛辣的讽刺；然而，当杨贵妃在马嵬驿被赐死，一个深情爱着皇帝的女子，被归罪为祸乱的根由，担下了太多本不该由她承担的罪责，而更应归咎的男儿丈夫却得以脱身事外，这多少让杜甫对这名女子有了些人道的同情；更为重要的是，唐玄宗与杨贵妃的爱情也是大唐强盛国力的缩影，透过对他们的同情与追念，杜甫哀叹的更是时代的兴亡变换。

四、身在"敌后"搞斗争

安禄山死后，因为内部派系纷争等缘故，安史叛军对长安、洛阳的控制程度大大减弱，大量身陷其中的文人官吏，一来为了给肃宗平叛做些贡献，二来也为了给自己的前途做些打算，好在遭到朝廷清算时能有"将功补过"的说辞，多多少少都展开了一些隐蔽的斗争活动。其中最有名的当然是王维，他在担任"大燕"官职期间，闲来就约着李唐旧臣在一起喝酒写诗，互相沟通，为的是彼此见证忠心。王维有一次写了一首名为《凝碧池》的诗，里面提到"万户伤心生野烟，百官何日再朝天"，后来就因为这两句诗而得以在肃宗面前免了罪责；再有杜甫的好朋友郑虔，他更了不起，主动要求担任管理洛阳市场贸易的官员，为的是通过往来商旅给外界传递一些洛阳城中的情报，事实证明，他也是一位优秀的潜伏者。

身在长安又不受叛军重视的杜甫，自然没有郑虔那样收集和传送情报的机会，他主要从事的活动有三个：一是观察和思考时局，提出自己的破贼方略。这一点主要体现在《塞芦子》这首诗中，"芦子"即芦子关，位于陕北，是北路袭击关陇的要道，杜甫久处敌中，清楚地知道，安禄山死后的叛军阵营中，驻守在两京的安庆绪不足为虑，在塞北转战的史思明才是更需提防的强敌，于是主张以少而精的部队，在芦子关牵制住史思明，继而分兵收复两京，这是很有战略眼光的。

杜甫做的第二件事，是交了几个新朋友，更广泛地团结了志同道合的人。他结识了青年才子苏端、薛复，还与大云寺的僧人赞公成了好朋友，这位赞公后来去了秦州，杜甫又弃官去找寻过他，当然这都是后话了。在当时的长安城中，杜甫与他们交游，次要目的是一起讨论国政、团结抗贼力量，主要目的更多的是为了混口饭吃，没了官职又远离家人的杜甫，只身漂泊在丧乱的长安城中，生活还是十分落魄的。后来郑虔从洛阳跑回了长安，杜甫还与他会面几次，其间想必也交换了不少彼此得知的抗敌情报。

第三件，也是最重要的一件事，就是杜甫一直在找寻一个合适的时机逃出长安。因为敌军管控得越发松懈，杜甫在暮春多次去往郭外，借游玩之名探查逃亡路线。终于，在陷落贼营八个月后的至德二载四月，他由长安城西的金光门逃出，沿小路奔赴凤翔，投奔肃宗而去。

这一路虽然艰辛曲折、暗藏危机，但在杜甫看来，也许"致君尧舜上，再使风俗淳"的理想，实现就在眼前，于是，他的脚步迈得越发迅疾而坚定了。然而，一切真的如他所想吗？

第十讲

伴君伴虎

——辗转于"地狱""天堂"与"人间"

一、"麻鞋见天子"

杜甫在安史叛军控制下的长安生活了八个月,虽然不像其他的高官一样被迫任职、受到严密的监控,而是有一定的自由,可以在城中游走,但毕竟生活十分窘迫,又时常会听闻、见证甚至亲历很多惨剧,总归是在"人间地狱"中忍气吞声地艰难度日。至德二载(757)四月,因为叛军内部发生了较大的动荡,贼兵对长安城的监控也有了很大的松动,杜甫得以从金光门逃出,并沿着不为人知的小路,奔赴肃宗的临时治所凤翔。

长安到凤翔大约150公里,杜甫为了躲避贼兵,选择的又是崎岖难行的山路,饥饿、劳累、心惊胆战的他无论如何都要走上至少三天,对于已经四十六岁的杜甫来说,这实在是一次艰难的逃亡。但怀着对国运的忧虑和对理想的憧憬,他以顽强的毅力和过人的智谋、胆识,逃过了重重封锁，来到了肃宗面前。

一到凤翔，杜甫顿时觉得从"地狱"回到了"人间"，且看他的《自京窜至凤翔喜达行在所》三首。其一说：

> 西忆岐阳信，无人遂却回。
>
> 眼穿当落日，心死著寒灰。
>
> 雾树行相引，莲峰望忽开。
>
> 所亲惊老瘦，辛苦贼中来。

自陈陶、青坂两败之后，杜甫在长安"日夜盼望官军至"，但等了许久还是杳无音讯，于是终于下定决心要想办法逃出来。凤翔在长安之西，在奔亡途中，西天的"落日"始终照耀着杜甫充满渴望的双眼，但阳光并没有给他温暖，因为他的内心依然担惊受怕，恐惧贼兵的追捕。渐渐地，离开了叛军的控制范围，杜甫就越发觉得亲切，因为他是向着自由、向着理想狂奔，故而一切山川树木仿佛都在为他让路，最终历经艰险来到了凤翔，"雾树行相引，莲峰望忽开"的诗句与"感时花溅泪，恨别鸟惊心"可谓同声异调。昔日故交重逢之后，都惊讶地问他："老杜啊，你这短短几个月，怎么变得又老又瘦？"杜甫也丝毫不觉得意外，毕竟经历了一场"人间地狱"的洗礼，此刻才算解脱了出来。其二写道：

> 愁思胡笳夕，凄凉汉苑春。
>
> 生还今日事，间道暂时人。
>
> 司隶章初睹，南阳气已新。

喜心翻倒极，呜咽泪沾巾。

回想起乱中在长安的生活，夜夜听到胡笳的声音，日日看到凄凉的宫室，全时段全感官给杜甫营造着绝望的生活环境；在奔亡途中，又是命悬一线，只能算暂时借居人世；而今到了凤翔，才算是重新做了个满血复活的人！ 初看到新君治理的土地，就知道这里有着不凡的帝王之气——这一番从"地狱"到"人间"的经历，怎能不让人内心极度喜悦，以至于喜极而泣呢？ 其三则说：

死去凭谁报，归来始自怜。

犹瞻太白雪，喜遇武功天。

影静千官里，心苏七校前。

今朝汉社稷，新数中兴年。

回到天子脚下，才想起自己过去几个月面临的苦难，那时即便死在贼手，甚至都无人知晓！ 是啊，杜甫在长安干了不少提心吊胆的事：和落难王孙偷偷搭话，到曲江宫殿潜行游览，为唐朝平叛出谋划策……当时满腔义愤，事后才感觉惊险。"太白""武功"是秦岭上的两座山峰，在凤翔附近，眼望着这里的山川，杜甫才真真切切地感受到重获生机的喜悦。而将视线移到天子的治所，宫中的仪仗、护卫虽不能与全盛之时相比，却也已经初具了复兴的影子，这样的中兴气象，正给了杜甫早日平定叛乱、收复中原的希望，这一定比活着归来更令他激动与欣喜！

很快，唐肃宗就接见了他，感于杜甫从贼营逃出所体现的赤胆忠心，肃宗给了他一个左拾遗的职位，品级不高，从八品上，只比他起初的"右卫率府兵曹参军"强一点点，但这个官最大的好处，就是可以常伴皇帝左右，为皇帝出谋划策、查漏补缺，这不正是杜甫所期盼的差事吗？ 杜甫在长安干求了十年，尝遍人生百态都没能求得的官职，如今在经历了一次苦难的奔亡之后，就这样成为现实，杜甫怎么可能不高兴得忘乎所以？ 因为他从没有离自己"致君尧舜上，再使风俗淳"的理想如此近过。短短一个月，杜甫不仅从"地狱"回到了"人间"，还更进一步，升入了"天堂"。

二、一个门客引发的"血案"

杜甫被任命为左拾遗是在至德二载五月，得到了心仪已久的职务，杜甫当然是兢兢业业地工作，为了早日实现他的伟大政治理想而努力奋斗着，丝毫不敢懈怠，生怕错过了这来之不易的机遇。但辛勤工作的同时，他还是日夜思念着远在鄜州的妻儿，毕竟他们分别已经十个月了，尤其在这战火纷飞的年代、贼兵肆虐的中原，每一天的分别都让重逢充满了变数。于是，杜甫在理想与亲情中陷入了两难。他的《述怀》诗充分表达了当时的心情：

去年潼关破，妻子隔绝久。

今夏草木长，脱身得西走。

麻鞋见天子，衣袖露两肘。

朝廷愍生还，亲故伤老丑。

涕泪受拾遗，流离主恩厚。

柴门虽得去，未忍即开口。

诗歌先追述了过去一年的艰苦遭遇：去年六月潼关失守不久，杜甫就开始与家人分别，在长安城中经冬历春，至第二年的夏日才得以逃出魔窟。见到天子时，他并没有整冠束带、沐浴更衣，而是穿着一双又脏又破的麻鞋，衣服的袖子都掉了，两肘露了出来，甚至脸上、身上都还有泥垢——这一细节的描绘至少反映出三个问题，一是杜甫奔亡之路的艰辛，二是他求见天子心情的迫切，三是国难中的朝廷礼法的废弛。朝廷与故交们都对杜甫表达了同情与关切，肃宗也施恩授他左拾遗的官职，这让杜甫感激涕零，同时踌躇满志，故而虽然心中强烈期盼与家人团圆，却始终不忍心向皇帝开口告假。于是，杜甫思家的心情就更为迫切了：

> 寄书问三川，不知家在否。
>
> 比闻同罹祸，杀戮到鸡狗。
>
> 山中漏茅屋，谁复依户牖？
>
> 摧颓苍松根，地冷骨未朽。
>
> 几人全性命？尽室岂相偶？
>
> 嶔岑猛虎场，郁结回我首。

他通过书信姑且向家人寄去相思之意，却不知家人在这乱世中是否还平安。尤其听闻近来贼兵已经侵略到了鄜州一带，杀得鸡犬不留，松树下都埋满了新的尸骨，这更加重了杜甫的愁绪——这已经不是简单的思家，而是深深地担忧着亲人的生死存亡！读到这里，我们才能真正明白，乱世之中"家书抵万金"的含义。他在想象：山中那个破旧的茅屋里，不知还有没有人在终日倚门而望？家中有几人能保全性命？全家是否还齐齐整整？一想到那平静的村落很可能已经成了猛虎的巢穴，如何不令人心中郁结，回首怅惘呢？最后，他说：

自寄一封书，今已十月后。

反畏消息来，寸心亦何有？

汉运初中兴，生平老耽酒。

沉思欢会处，恐作穷独叟。

自从去年分别时寄去一封家书，至今已经十个月没有音信往来，越是盼望，却又越害怕突然收到家书——当然，他怕的是收到噩耗，瞬间断绝了所有的盼望，因为只要盼望还在，就还有希望。这与宋之问的"近乡情更怯，不敢问来人"有异曲同工之妙。杜甫看着日益有着复兴气象的国家，也时而盼望、想象着阖家团圆后共享天伦之乐的情景，却又总是害怕，家人在黑暗中等不来黎明的曙光，使他孤独终老。这首诗娓娓道来，用最平凡的情景和语言，触动了人们心中最柔软的情感，这就是我们所说的"超越时空的生命体验"所具有的魔力。

杜甫时刻担忧着家人的安危，但事实上，他的家人在鄜州过得还算很安全，倒是杜甫，却在"伴君如伴虎"的朝廷生活中，差一点就先弄丢了自己的性命。

这要从一个有名的门客说起，他叫董庭兰。对于这个名字，大家可能都不熟悉，但是说起他的另一个称呼，可能就家喻户晓了——他在家排行老大，所以也叫董大，没错，就是高适给他写"莫愁前路无知己，天下谁人不识君"的那个董大。这个董庭兰，是当时有名的琴师，也是宰相房琯的门客，他的琴艺正如高适所称赞的一样，天下无人不识，但这人又有个缺点——十分贪财。于是，他就利用宰相门客的身份，给自己大开财路，通过帮人结识房琯，来收取钱财报酬，搞起了贪污腐败。没过多久，就被言官弹劾，告到了皇帝那里。

肃宗一听，二话不说，下决心整治！不但严惩了董大，还要革除房琯的宰相职位。对这一决定，杜甫看不下去了，他和房琯是朋友，也欣赏房琯的政治才能，决心站出来替房琯说几句话；当然，他觉得自己身为左拾遗，对于皇帝不恰当的决策提提意见，也是职责所在。于是，他就在朝堂之上当面对肃宗的处理决定表达了反对意见，认为小差小错不应该成为免除宰相的原因，可能是言辞过于恳切激愤，他甚至还扯着肃宗的袖子，求他三思而行。谁承想，这一番言谈举止却拱起了肃宗的火——他下令将杜甫下狱治罪，还曾一度想要杀之而后快，好在继任的宰相张镐等人为杜甫求情，杜甫才保住了性命，后来被从狱中放出，官复原职。这次艰险的廷诤，距离杜甫当上左拾遗才仅仅过了半个多月，可见杜甫真是没有什么当官的命。

杜甫后来在《秋兴八首》其三中写道："匡衡抗疏功名薄"，匡衡就是汉代凿壁偷光的那位，在汉元帝时曾官至宰相，后来因为忤逆皇帝的宠臣而被贬为庶民，杜甫这里当然是借匡衡以自况。的确，这次廷诤忤旨大大影响了他的政治前途。虽然最终有惊无险，但在鬼门关上走了一遭的杜甫，重新认识到了理想与现实的差距，在今后与肃宗的相处中，他也不可能不心存芥蒂，肃宗对他的态度更是受到了此事影响。肃宗甚至可能都为朝中有这样一个大胆忤逆自己的臣子而感到有些烦心，心想你杜甫不是思念妻儿吗，我也不妨做个顺水人情，就让你早些回去探家吧。于是，至德二载八月初，杜甫怀着复杂的心情，奉旨踏上了回鄜州探家的旅程。

三、"站错队"的下场

关于这次房琯罢相事件，我们还要多说几句，因为背后涉及的是一场很大的政治风波，它左右了唐王朝的国运，且李白、杜甫都因为卷入其中，而被改变了人生的轨迹。

事情还要从肃宗当太子时说起。肃宗李亨是唐玄宗的第三子，也是第二任太子：他之前的第一任太子，是二哥李瑛，前文讲过，因为玄宗所宠幸的武惠妃的陷害，李瑛于开元二十五年（737）被废为庶人，不久又被赐死。武惠妃之所以行此恶事，是为了给自己的儿子寿王李瑁争夺太子之位，为此她还提拔、拉拢了宰相李林甫，在宫中、朝中里应外合，但不久武惠妃就病死了。

开元二十六年（738），玄宗出人意料地选择了三皇子李亨为储君，这让一心拥立寿王李瑁的李林甫大为失望，于是处处设计，想要像武惠妃那样继续陷害太子；而李亨则吸取了废太子的教训，时时恭谨谦和，处处小心提防，可即便如此，储君之路仍险象环生——这一场宰相与太子间的斗智斗勇后来被写成了小说、拍成了电视剧，前几年在网络热播，就是《长安十二时辰》。

肃宗前后当了十八年太子，这是在唐玄宗膝下谨小慎微、毕恭毕敬的十八年，也是与李林甫、杨国忠、安禄山等人钩心斗角、斗智斗勇的十八年，曾几度遇险，又最终逢凶化吉，这样的成长经历使得肃宗养成了很深的城府与心机，他一旦掌权，对于宰辅、臣僚们便怀着极强的不信任感，绝不允许任何人轻易挑战他的权威。

天宝十五载（756）七月，肃宗趁着玄宗入蜀，在灵武自行称帝，告别了风雨飘摇的太子生涯，但他的心理压力丝毫没有减弱，因为，他头上还有玄宗这么一位太上皇。玄宗在途中得知肃宗称帝的消息，虽然出于大局考虑接受了这一结果，但他同时做的两件事，反映了内心对这一事实的不悦。

一是派了房琯、崔涣、韦见素等人奉天子玺绶前往灵武，对肃宗行册封礼，同时让他们留在北地辅佐肃宗——这几人都是玄宗的心腹之臣，派他们去灵武，名为辅佐新君，实则是替玄宗监视甚至左右肃宗。

二则是发布了著名的《普安郡诏》，对肃宗进行了极大的制衡。这封诏书的主要内容是什么呢？简单地说，就是玄宗将随行的诸皇子分封、派遣到天下各地，掌管藩镇，比如令永王李璘节度荆楚、盛王李琦节度江东、丰王李珙节度西北等，表面上是便于动用全国之力平息叛乱，实则对肃宗进行分权制衡。诏文中还称李亨为太子，说明是在得知其称帝之前发布的，不过之后玄宗并未撤回这一诏书，诸皇子去往地方节度藩镇也成了不可更改的事实，可见是有意施行的。

这一诏命对肃宗的触动非常巨大：一来自己名为天子，却与诸王各管一方，实际控制的范围受到了极大的限制；二来他感受到了玄宗对自己的不信任，倘若诸王在地方扶植起自己的势力，又在平叛过程中立下大功，先收复了长安、迎奉玄宗，到时再来与他这个不以合法手段即位的君主分庭抗礼，其后果不堪设想！

于是，肃宗采取了坚决的反制措施：在地方，派兵平定了心怀二志的永王李璘，巩固了自己对长江流域的控制，李白因此倒了霉；在中央，借董庭兰事件罢了房琯的相位，拔去了玄宗安插在身边的一个耳目，强化了自己作为天子的权威，杜甫却因此遭了殃。顺带说一句，带兵去攻打李璘的，是李白、杜甫的一位老熟人，曾与他们一起同游梁宋的高适。在这场风波中，他坚定地和肃宗站在了一起，从此飞黄腾达，踏上了仕途的天梯。

当然，玄宗与肃宗之间的这场政治角力并没有就此结束，杜甫的苦头也还没有吃够，后续的故事我们留到后面再说。

四、"驻马更搔首"

杜甫当然没有意识到自己实际上卷入了一场政治斗争，只是刚刚重燃的理想之火很快又被浇上了一盆冷水。他对肃宗不能虚心纳谏的事实感到十分失望，因为这让他这个左拾遗当得索然无味。既然皇帝下了让他回家的圣旨，他也就顺理成章地踏上了奉旨探家的行程。

杜甫此次探家的线路是穿行黄土高原，途经麟游、彬县、宜君而到达鄜州，距离很长，大概三百多公里。起初因为马匹是军需物资，都被征入军中，老杜必须步行回家，后来他靠写诗走了个后门，才从一位将军那里借出一匹马来；同时，所经之地都是官军控制的范围，再不用像以前一样躲躲藏藏、提心吊胆。

途中杜甫路过了九成宫和玉华宫，这都是唐太宗昔日避暑的宫殿，如今皆已废弃。面对太宗留下的遗迹，杜甫各自写了一首诗歌来凭吊。《九成宫》中写道：

我行属时危，仰望嗟叹久。

天王狩太白，驻马更搔首。

面对太宗的旧宫，想到他开创的基业，又想到他如今沦落到奔亡的地步，不禁驻马沉吟，嗟叹良久。《玉泉宫》中也说：

忧来藉草坐，浩歌泪盈把。

冉冉征途间，谁是长年者。

见旧宫而叹丧乱，发出深沉的"黍离之悲"。两首诗都饱含了杜甫对心中那位圣明天子、尧舜之君的怀念与向往，借昔日的繁盛，哀叹眼前的衰败，字里行间也隐含着对玄宗、肃宗的不满和失望。

杜甫对于唐太宗是十分推崇的，他之所以敢于立下"致君尧舜上，再使风俗淳"的崇高政治理想，也是因为距他不远的太宗朝就曾实现过这样的政治环境。可以想象，此时身为言官又刚刚因言获罪的杜甫，见到太宗的九成宫，想起曾为这里写下《九成宫醴泉铭》的那个魏征，想到他也多次因谏言而冒犯了君王，却不但无罪还屡受褒奖，成就了一世之功——同是一心报国，同是直言进谏，却在两个君王面前得到了迥然不同的结果，如何不令人拊膺痛惜，哀叹生不逢时呢？

杜甫在太宗的旧宫沉吟良久，还是依依惜别，继续踏上归途，又经历了漫长的跋涉，他终于在时隔一年之后，与朝思暮想的妻子、儿女们团聚了。劫后余生的喜悦，理想得而复失的酸楚，辗转于"地狱""天堂"又重回"人间"的大起大落，无数感慨一齐涌上心头，加之旅途疲惫，杜甫刚一回家就病倒了。

第十一讲

重逢如梦

——杜甫也曾是"全村的希望"

一、村里来了个"京官"

安史之乱爆发后不久，杜甫将家眷安置在了鄜州的羌村，之后毅然踏上了"捐躯赴国难"的征途，辗转于"地狱""天堂"与"人间"，经历一年之久。他曾在长安的秋夜里对着皎洁的明月"遥怜小儿女"，也曾在凤翔的春日中怀着矛盾的心情"寄书问三川"，在战火纷飞的岁月里，杜甫受尽了骨肉分离的煎熬，也时刻怀着生死诀别的忧虑。终于，在至德二载的八月，劫后余生的杜甫和他的家人，平安地团聚了。

虽然杜甫刚刚得罪了皇帝，一度被下狱治罪，但总归有惊无险地度过了这场劫难，也没有罢官降职，此时他还是以左拾遗的身份"奉旨探家"，这对于小小的羌村来说，可不是件寻常的事：村民们听说街坊杨氏大嫂家的官人、皇帝身边的近臣、杜拾遗大人回村里探亲来了，当然是奔走相告——毕竟那个时候，能见天子一面是几代人的荣幸，而常伴天子左右的朝臣，那可真是名副其实的"全村的希望"啊！

于是，杜甫踏进家门后不久，欢迎、围观的乡亲就站满了道路、排满了墙头，杜甫的《羌村三首》记录下了这一情景，其一写道：

> 峥嵘赤云西，日脚下平地。
>
> 柴门鸟雀噪，归客千里至。
>
> 妻孥怪我在，惊定还拭泪。
>
> 世乱遭飘荡，生还偶然遂！
>
> 邻人满墙头，感叹亦歔欷。
>
> 夜阑更秉烛，相对如梦寐。

杜甫是在黄昏时分回到家中，本应是人气旺盛的时节，庭院中却只有鸟雀的喧闹，这既反映了动荡中民生的凋敝、村落的荒芜，也源于杜甫内心因被皇帝疏远而产生的失落心境。回到家里，看到活生生的丈夫、父亲出现在眼前，妻儿的第一反应是不敢相信自己的眼睛——"你还活着！"而杜甫又何尝不是如此呢？ 这是乱世中才能感受到的战胜了生离死别的巨大惊喜，惊喜的背后是无数个家庭的破败、生命的叹息，毕竟在这动乱的时代中飘荡，能够平安回家，只能当作是偶然如愿，基本可遇而不可求。渐渐地，前来围观的邻居越来越多，看着杜甫一家团聚的场景，有的人在为他们感到欣喜，有的人在急切地盼望自家亲人的消息，有的人却只能目睹着别家的幸福，暗自唏嘘。转眼，月上中天，邻人们各自退去，儿女也都进入了梦乡，久别重逢的杜甫夫妻却久久不愿睡去，守着烛光，面对着重逢的爱人，相顾无言，却都不忍辜负这片刻的岁月静好。天地动荡中，只有眼前这个月夜是那样的宁静、安详。

一年前在长安月夜中渴求的"双照泪痕干"，如今也成为现实，只可惜这难得的夜色很快就要尽了。我们再来看其二：

> 晚岁迫偷生，还家少欢趣。
>
> 娇儿不离膝，畏我复却去。
>
> 忆昔好追凉，故绕池边树。
>
> 萧萧北风劲，抚事煎百虑。
>
> 赖知禾黍收，已觉糟床注。
>
> 如今足斟酌，且用慰迟暮。

　　回到家中本当共享天伦之乐，但由于国家动荡、仕途坎坷的烦恼萦绕心头，回到家中的杜甫却少有欢乐：儿子时刻缠在父亲身边，求他讲讲这一年来的见闻，看见父亲满面愁容，便又害怕而识趣地走开；门前的池塘和树木，曾经是乘兴纳凉的好地方，如今杜甫再去只觉得北风凛冽，寒气逼人。这都是心境变化所致，毕竟烦心的事情太多了，一切美好也都笼罩在阴霾之中。好在近来又到了秋收时节，一定会有新酒酿出来了，索性去醉中天地，找寻那份失落的自在吧。然而面对淡薄的酒浆，杜甫的愁情不但没有减少，却又加重了一重，且看其三：

> 群鸡正乱叫，客至鸡斗争。
>
> 驱鸡上树木，始闻叩柴荆。
>
> 父老四五人，问我久远行。
>
> 手中各有携，倾榼浊复清。
>
> 莫辞酒味薄，黍地无人耕。

兵革既未息，儿童尽东征。

请为父老歌：艰难愧深情。

歌罢仰天叹，四座泪纵横。

　　这一日杜甫闲坐家中，屋外场院里的鸡群正在互相打闹，杜甫烦闷之中将它们赶到树上。才听到叫门声，原来是有客人来了，这让杜甫有些欣喜。打开门一看，原来是四五位村中的长者，他们不知从哪里打听到了杜甫喜欢喝酒的消息，便带着全村的心意，携酒上门来了。杜甫与他们在中庭摆开宴席，边喝边聊，从长安的敌后见闻，到凤翔的宫闱秘事，再到羌村的民风民情，不觉中，酒的味道越喝越淡，杜甫的忧愁却越来越浓。原来，这几位老人并不是闲来找杜甫消遣，这几壶酒也不是丰收之后的盈余，这是全村父老口挪肚攒凑出来的薄礼，由这几位老人带来求杜大拾遗说情的："战乱不休，发兵不止，年轻力壮的都被拉去打仗了，拾遗大人您不要嫌弃我们的酒酿得不醇厚，实在是因为土地已经没人耕种了啊！　您是皇上的近臣，也是全村的希望，求求您在皇上面前说说情，给父老乡亲们留条生路吧！"杜甫何尝不想为黎民请命，何尝不曾为百姓呐喊，可是他心中的苦衷又有谁真的能够理解呢？　无奈地婉拒了乡亲之后，他只能将满腹愁情化作一曲高歌、一声长叹，引得全场涕泪纵横。

　　在一个没有希望的大时代中，哪里会真有什么"全村的希望"呢？

二、一个人的"北征"

　　也许是经历了漫长而疲惫的跋涉，也许是内心情绪大起大落，一时难以调和，杜甫回家之后就病倒了，好在有妻子悉心照顾，病情很快就有所好转。病后初愈的杜甫闲居家中，百感交集，便将奉旨探家及归家团聚的心路历程写成了诗篇，于是成就了一首足以与《自京赴奉先县咏怀五百字》并称珠玉的长篇五言古诗名作——《北征》。

鄜州在凤翔东北，故曰"北"，奉旨前往，且行路艰难，故曰"征"，诗歌很长，我们分五段来详略不一、有所取舍地解读，先看第一段：

> 皇帝二载秋，闰八月初吉。
>
> 杜子将北征，苍茫问家室。
>
> 维时遭艰虞，朝野少暇日。
>
> 顾惭恩私被，诏许归蓬荜。
>
> 拜辞诣阙下，怵惕久未出。
>
> 虽乏谏诤姿，恐君有遗失。
>
> 君诚中兴主，经纬固密勿。
>
> 东胡反未已，臣甫愤所切。
>
> 挥涕恋行在，道途犹恍惚。
>
> 乾坤含疮痍，忧虞何时毕？

这一段写杜甫奉旨还家，离开天子时思君忧国的心情。开篇两句，叫作"春秋笔法"，这种郑重的皇帝纪年，是《左传》为代表的史书采用的方式，杜甫用在这里表明了诗歌虽以奉旨还家为线索，想要表现的却是国家大事。他感谢了皇帝对他的"关心"，准许他回家以慰相思之苦，内心却仍有忧虑而久久不肯离开：一来"恐君有遗失"，这是他身为左拾遗的强烈责任感；二来"东胡反未已"，这是他作为"盛世同龄人"的赤诚爱国心！ 当然，还有他不曾说出口的，那份对理想的执着追求。终于，杜甫带着恍惚的神情，在满是疮痍的天地间，含泪踏上了归途。第二段正是写归途见闻：

靡靡逾阡陌，人烟眇萧瑟。

所遇多被伤，呻吟更流血。

回首凤翔县，旌旗晚明灭。

前登寒山重，屡得饮马窟。

邠郊入地底，泾水中荡潏。

猛虎立我前，苍崖吼时裂。

菊垂今秋花，石戴古车辙。

青云动高兴，幽事亦可悦。

山果多琐细，罗生杂橡栗。

或红如丹砂，或黑如点漆。

雨露之所濡，甘苦齐结实。

缅思桃源内，益叹身世拙。

坡陀望鄜畤，岩谷互出没。

我行已水滨，我仆犹木末。

鸱鸟鸣黄桑，野鼠拱乱穴。

夜深经战场，寒月照白骨。

潼关百万师，往者散何卒？

遂令半秦民，残害为异物。

杜甫迟行的身影从田间经过，感叹千村万落，人烟稀少；京畿大地本是安居乐业之所，道旁却随处可见边塞才有的饮马窟；穿行于深山峡谷，与猛虎野兽擦肩而过，又想到城邑当中也是豺狼当道，反倒让人见怪不怪；饿了就摘取山上的野果充饥，渴了就到河边饮水，甚至让人生发出了悠然世外的野兴；只是时而经过白骨累累的战场，想起一个个鲜活生命曾在这里凋零，便又将杜甫的思绪带回了残酷的现实之中。这一路的见闻无不围绕着"乾坤含疮痍"展开，这份疮痍也从天地深深地刻进了杜甫的内心。终于，漫长而艰苦的跋涉之后，杜甫到家了：

> 况我堕胡尘，及归尽华发。
>
> 经年至茅屋，妻子衣百结。
>
> 恸哭松声回，悲泉共幽咽。
>
> 平生所娇儿，颜色白胜雪。
>
> 见耶背面啼，垢腻脚不袜。
>
> 床前两小女，补缀才过膝。
>
> 海图坼波涛，旧绣移曲折。
>
> 天吴及紫凤，颠倒在裋褐。
>
> 老夫情怀恶，呕泄卧数日。
>
> 那无囊中帛，救汝寒凛栗。
>
> 粉黛亦解包，衾绸稍罗列。
>
> 瘦妻面复光，痴女头自栉。
>
> 学母无不为，晓妆随手抹。
>
> 移时施朱铅，狼藉画眉阔。
>
> 生还对童稚，似欲忘饥渴。
>
> 问事竞挽须，谁能即嗔喝？

翻思在贼愁，甘受杂乱聒。

新归且慰意，生理焉得说？

　　这是诗中写得最为精彩、感人的一段，充满了生活感和画面感：从失落贼中到返家团圆，历经一年艰辛的杜甫已是须发尽白，家中的妻儿同样饥寒交迫，重逢的一瞬间，他们心中郁结的一切思念、忧虑、急切，都化作酣畅的哭声和眼泪，在松林、泉水间回荡。擦干眼泪的杜甫，细细端详着膝下的儿女，才清楚地意识到他们这一年的生活有多么窘迫：最心疼的儿子因为饥饿，脸上已经没有了血色，怕父亲看到伤心，只能转过身去啼哭，却又露出了他那没袜子可穿的脏兮兮的小脚丫；再看看床前的两个女儿，穿着补了一层又一层的衣服，也才刚刚能够遮住膝盖，身上横七竖八的波涛图案和鸟兽花纹，原来都是杜甫曾经的官服，若不是没有别的布料可用，妻子也绝不会将它们拿来打补丁的。就在这时，杜甫又病倒了，上吐下泻折腾了几天，稍稍好转一些才反应过来，自己为官一场，倒也能给家里带来一些救急的钱财。他解开行囊，拿出给妻子挑选的脂粉和绸缎，虽然不多，却也摆满了一桌子，"稍罗列"三个字，道出了一分自豪与尴尬并存的真情实感，即便在最艰难的时节也对妻子有着无微不至的关爱，从这一点就可以看出，诗圣也是一位情圣。妻子用过新得的化妆品，马上就恢复了曾经的光彩，一旁的小女儿也效仿着妈妈，自己梳头打扮、搽脂抹粉，却因为学艺不精，把眉毛画得乱七八糟，逗得全家哄堂大笑。这一刻，我们从杜甫的诗歌世界里，读到了那个乱世之中看似平淡，却又无比难得的温馨和快乐时刻。杜甫和我们一样，面对这样可爱的孩子，忘却了一切饥寒与烦恼，即便有时孩子们调皮地扯着他的胡子玩闹，杜甫也不忍呵斥，因为想到在贼兵控制下的那些屈辱自己都能忍受，对于自己的孩子又有什么是不能原谅的呢？ 那就姑且安享这份天伦之乐，不要去纠结生计与仕途的苦恼了。但杜甫终究不是一个能放得下的人，他紧接着就又写道：

> 至尊尚蒙尘，几日休练卒？
>
> 仰观天色改，坐觉妖氛豁。
>
> 阴风西北来，惨淡随回纥。
>
> 其王愿助顺，其俗善驰突。
>
> 送兵五千人，驱马一万匹。
>
> 此辈少为贵，四方服勇决。
>
> 所用皆鹰腾，破敌过箭疾。
>
> 圣心颇虚伫，时议气欲夺。
>
> 伊洛指掌收，西京不足拔。
>
> 官军请深入，蓄锐可俱发。
>
> 此举开青徐，旋瞻略恒碣。
>
> 昊天积霜露，正气有肃杀。
>
> 祸转亡胡岁，势成擒胡月。
>
> 胡命其能久？皇纲未宜绝。

这是对时局的议论，认识到肃宗时刻练兵讲武，做着收复两京、平息叛乱的准备，也坚信长安很快就能够收复，安史叛军不久就会被消灭，只是杜甫发出了对于借兵回纥一事深深的忧虑。前面讲到，回纥是盘踞在西北的少数民族政权，在安史之乱中派兵支持肃宗，但要以中原的人口与财货作为交换条件。杜甫认为，官军的实力足以平息战乱，况且"非我族类，其心必异"，过度依仗回纥的力量，不过是饮鸩止渴、养虎遗患，后来的事实证明，他的担忧是有道理的。回纥在长安、洛阳收复之后大肆掠夺，给人民带来的灾难不亚于安史叛军。最后一段写道：

忆昨狼狈初，事与古先别：

奸臣竟菹醢，同恶随荡析。

不闻夏殷衰，中自诛褒妲。

周汉获再兴，宣光果明哲。

桓桓陈将军，仗钺奋忠烈。

微尔人尽非，于今国犹活。

凄凉大同殿，寂寞白兽闼。

都人望翠华，佳气向金阙。

园陵固有神，洒扫数不缺。

煌煌太宗业，树立甚宏达！

这是对安史之乱的回顾，借古喻今，表现了对于国家中兴的信心与期盼，尤其在篇末还认为太宗的清明政治仍能够重现，也就表明了自己"致君尧舜上，再使风俗淳"的理想依然有着实现的土壤。

这首《北征》比起《自京赴奉先县咏怀五百字》，虽然从思想的深度来看稍逊一筹，揭露现实、针砭时弊的力度也有所不及，但从"以诗为史"的用意来看是更具有代表性的，更能体现杜甫"以诗歌语言记录时代风貌以传之后世"的匠心独运；而在艺术上，两者则都意脉清晰，层次分明，细节真切感人，情感热烈真挚，充分发挥了长篇五言古诗叙事抒情的优势，是唐代述怀诗歌的巅峰之作。

总的来说，《自京赴奉先县咏怀五百字》与《北征》都是思想性与艺术性极高的五言长篇巨作，反映了安史之乱前后大唐社会上下的方方面面，相对而言，前者更像是骚人之语，后者则更趋近于风雅正声。

三、"人生不相见，动如参与商"

除了与家人团聚之外，杜甫也有与朋友的"重逢如梦"，这首《赠卫八处士》不作于鄜州省家期间，当是一年以后，往返洛阳途中所作，为了突出重逢的主题，我们放在这里一并解读。卫八是杜甫的童年好友，"处士"说明他的身份是隐居之人，他与杜甫年少时曾一起在房前屋后、街头巷尾嬉戏玩闹，如今时隔二十余年，重得一夕之会，自然有着无限的衷肠值得诉说。诗歌大体可分为两段，第一段写与友人重逢的感慨：

> 人生不相见，动如参与商。
>
> 今夕复何夕，共此灯烛光。
>
> 少壮能几时，鬓发各已苍。
>
> 访旧半为鬼，惊呼热中肠。
>
> 焉知二十载，重上君子堂。

参、商是天上星星的名字，商星出于东方之时，参星则隐于西方，二星在天上永不相见，杜甫用它们来比喻人间朋友的分离、隔绝。如此一来，今夕这个重逢之夜，故友得以共对烛光互诉衷肠，就像是参、商相见一样，实在是一种超乎自然规律的梦境存在了。不过，青春不待人，二十年过去了，昔日一同奔走于街巷的青春少年如今都已成了须发斑白的老朽，才换来这一次相聚。又想到当年一起玩耍的伙伴，一半都已经离开人世，生死的诀别，更让二人内心难以平静！在这音书隔绝的乱世之中，不管相隔多久，能重逢就已经是一种奢望了！紧接着，第二段描绘了团圆之夜的场景：

昔别君未婚，儿女忽成行。

怡然敬父执，问我来何方。

问答乃未已，儿女罗酒浆。

夜雨剪春韭，新炊间黄粱。

主称会面难，一举累十觞。

十觞亦不醉，感子故意长。

明朝隔山岳，世事两茫茫。

想当年分别之时，卫八尚是未婚青年，如今重逢已经儿女成行，一个"忽"字道出了岁月流转的匆匆不待。儿女们十分有礼貌，对父亲的这位老朋友十分恭敬，问这问那，还摆上了酒宴，虽然黄粱、春韭的肴馔略显贫薄，但都是新采、新收之物，体现了主人待客至诚。二人对酌，一喝就是数十杯，想必那些懂事的儿女也要挨个来给这位杜叔叔敬酒，心情愉悦的杜甫千杯不醉。而在最后，在这样和谐美好的氛围中，杜甫不得不想到了酒醒之后的事，那场注定的，可能更难有下次重聚的分别："明朝隔山岳，世事两茫茫。"

诗中描绘的场景、表现的情感，可能大多数人都经历过、体验过，只是杜甫用最朴实而又打动人心的文字呈现出来，我们读到杜甫的文字，想起的总是自己的故事，这还是我们所说的"超越时空的生命体验"，本篇的高妙之处，依然在此。

四、"长安遁复还"

说回杜甫这次的鄜州之行，既是奉旨探家，已经与家人团聚，也在羌村住了些时日，就该回朝交旨复命去了。而就在杜甫回家的这段时日，前线的战事取得了重大的进展。

至德二载八月，杜甫离开凤翔，前面说他本没有马可骑，是找了熟人走后门才照顾了他一匹马，因为这时朝廷正在整备军资，酝酿一场大决战。九月，天下兵马元帅、广平王李俶，也就是后来的唐代宗，协同副元帅郭子仪，率领朔方军及回纥援军二十万，列阵于长安城西，与贼决战，仅仅用了几天就收复了都城长安；一个月后，又进一步收复了东都洛阳。唐肃宗也顺势从凤翔返回长安，迎立祖宗神主回归宗庙，并派人入蜀迎奉玄宗回朝。

杜甫在鄜州听闻了这一系列消息，大喜过望，这种心情他晚年在蜀中听闻官军收复河南、河北时也有一次，不同的是，这一次他尚有能力将内心的喜悦化作行动。十一月，他便带着家眷重返长安。途中经过太宗的昭陵，他还特地留意了空中的云气，在诗中写道："再窥松柏路，还见五云飞"，这是对曾经身陷长安时那句感叹"五陵佳气无时无"的再度回应，只是当时是一种必然的信仰，此刻更是一种既成事实的喜悦。

杜甫第三次回到了长安这座伟大的都城，这一次他的身份是胜利者，是朝中官，是中兴臣子，他又一次的追梦旅途能够顺利吗？

第十二讲

如此中兴

——希望多大，失望就有多大

一、"中兴气象"

至德二载（757）九月，在广平王李俶、朔方节度使郭子仪的领导和回纥军队的配合下，唐朝官军收复了失落安史叛军手中一年又三个月的都城长安；十月，肃宗从凤翔移驾回京，重立宗庙，大唐的统治总算是回到了正轨；十二月，玄宗也从成都被请了回来，居住在他早年为太子时的居所，长安城东的兴庆宫中。

杜甫在鄜州听闻一系列喜讯，怀着激动的心情，先后创作了《喜闻官军已临贼境二十韵》《收京三首》等诗作，既有对天子、将帅、军卒们讨逆还都壮举的歌颂，也有对收京以后进一步平叛形势的忧思。其中《收京三首》其二写道：

生意甘衰白，天涯正寂寥。

忽闻哀痛诏，又下圣明朝。

羽翼怀商老，文思忆帝尧。

叨逢罪己日，沾洒望青霄。

首二句说自己年老困顿，漂泊在外；颔联则有所指事，"哀痛诏"是指肃宗十一月发布的诏书，"哀痛"并不是我们所理解的悲哀、沉痛，而是指恳切的心情。诏书中，肃宗向大唐列祖列宗祝告，长安失而复得，且向天下宣示两件事：一是肯定广平王李俶的大功，这是"羽翼怀商老"；二是要奉迎玄宗还都，这是"文思忆帝尧"。听闻这样的诏书，杜甫内心十分欣慰、感动，也盼望着早日回到都城，回到皇帝身边。

但感动之余，在字里行间，我们仍能读出一些隐忧："商老"是古代隐士商山四皓的代称，这里暗指平叛有功又功成身退的李泌，也就是《长安十二时辰》里的那位男主角，他是肃宗平定战乱、收复两京的头号军师。在两京收复之后，李泌建议肃宗一鼓作气，扫平河北，却被肃宗以休养生息为由搁置，加之当时朝中宠妃张良娣、宦官李辅国弄权，意欲陷害广平王李俶，使得李泌坚定了退意，便辞朝归隐衡山，临行前在肃宗的卧榻之上用一腔肺腑之言保住了广平王李俶的地位，稳固了大唐的皇位传承。"帝尧"则是玄宗的代称，玄宗肃宗的皇位传承，虽被美化为"尧舜禅让"，但归根结底是肃宗的抢班夺权，在前文中我们也介绍了父子俩围绕着皇位进行的种种角力。曾经，大唐内部的政治势力有共同的敌人需要面对，有共同的目标需要实现——如今叛军节节败退、两京相继收复，隐藏在合力之下的政治乱流便又重新浮出了水面：未来的太子与未来的皇后，过去的皇帝与现在的皇帝，中兴的大唐政坛，又走上了内耗的道路。

另外，此次两京的收复借助了回纥之力，收京心切的肃宗，在战前就与回纥可汗约定："克城之日，土地、士庶归唐，金帛、子女皆归回纥。"事后，回纥的骁勇之士自然拿着这道金牌令箭大肆掠夺，给人民带来了不亚于安史叛军的灾难，回到唐王朝手中的长安、洛阳，几乎只剩下了两座空城废都。杜甫曾不止一次发出过对此事的忧虑，《收京三首》其三中的"杂虏横戈数"一句亦是就此而言。

但无论如何，杜甫还是怀着激动的心情携家奔赴长安，想要在第一时间为重建都城，乃至重现大唐盛世贡献自己的力量。然而，他回到长安才发现，朝廷收复两京之后做的第一项重大工作并非重建，而是一次规模极大的政治清算。

前文讲到，安史叛军攻破长安时，大批官吏未能及时逃脱，被迫在安禄山的伪朝担任官职。至德二载十二月，刚刚回到长安的玄宗便下令，陷贼官员分六等定罪——守卫洛阳不力又投降安禄山的河南尹达奚珣处斩；投靠了安禄山的原宰相陈希烈赐死家中；前宰相张说的两个儿子，张均赐死，张垍流放岭南。杜甫因为官卑职小，不曾被叛军留意，得以躲过了这场灾祸，但他的那位忘年交郑虔却没有这么好的运气——因为被叛军强行授予了水部郎中的官职，尽管他一心向唐，还搞了很多敌后情报工作，最终也没能被网开一面，获罪贬官台州司户。台州与长安相距三千里，而郑虔此时已经六十七岁，谁都知道，这一去必然是客死他乡。杜甫听闻这一消息，心中十分不平，甚至都没来得及与老朋友送别，郑虔就已经踏上了贬官的路途，于是杜甫写下了一首七律，题为《送郑十八虔贬台州司户，伤其临老陷贼之故，阙为面别，情见于诗》，诗歌这样写道：

郑公樗散鬓成丝，酒后常称老画师。

万里伤心严谴日，百年垂死中兴时。

苍惶已就长途往，邂逅无端出饯迟。

便与先生应永诀，九重泉路尽交期。

昔日一同在长安街市上把酒言欢，笑谈"孔丘盗跖俱尘埃"的那位可爱长者，如今遭遇了皇帝的"严谴"，在仓皇之中奔赴他乡去了，以至于杜甫都没有来得及与他当面告别。他曾是玄宗的宠臣，他曾身在贼营还不忘为大唐与叛军作斗争，到了该要享受中兴成果的时候，却又成了罪臣，被残酷地贬死他乡。一想到此番诀别，再要相见便只能是在九泉之下，杜甫的内心自然是愁云密布。

当然，惩处叛臣是国家修明法度、塑造皇威的必然需求，但这次宽严失当的政治清算，的确给后续的平叛工作带来了很大的不便，一些仍然失落敌营被迫受官的原本一心向唐的臣子们，看到了郑虔等人的下场，便从此坚定了追随叛军的决心，这无疑给彻底平息叛乱增加了极大的难度。若不是肃宗收京后一错再错的战略决策，安史之乱也不至于前后绵延八年，历经三朝天子，才得以最终平息。

二、"天颜有喜近臣知"

虽然中兴气象之下潜藏着重重危机，但在当时臣民的心中，两京收复、二圣还都，那就是天大的喜事，成就与喜悦依然是朝野风气的主流。对杜甫来说也不例外，他的心中重新燃起了在太平年代当个治世能臣的希望火种。

两京收复的第二年，肃宗将年号改为"乾元"，取《易经》中"大哉乾元"之意，宣示一个充满生机的新时代的开始。与之相应地，肃宗朝最为隆重的一次诗歌盛会于乾元元年（758）的一个春日，在盛大的朝堂上展开，参与者有贾至、王维、杜甫、岑参。这天，肃宗照例在大明宫朝会群臣，中书舍人贾至在上朝途中，见到宫室华美、武备威严、群臣整肃，一派升平气象，内心感到十分兴奋，认为又回到了那个全盛的时代，于是便写下了一首七律《早朝大明宫呈两省僚友》，诗歌写得雍容华贵，描绘了朝会情景的壮丽高华，表达了在朝为官的荣耀与满足，以及对皇恩的感念，其中"千条弱柳垂青琐，百啭流莺绕建章。剑佩声随玉墀步，衣冠身惹御炉香"四句，调动视觉、听觉、嗅觉多感官地表现出身处朝堂的神圣感、自豪感！

　　在贾至的诗歌感染下，同时在会的王维、杜甫、岑参各自写作了一首和诗。其中岑参的诗歌用了险韵，声调又十分自然，丝毫无损诗歌冠冕庄丽的气派，同时奉和之意十分切合，是一首不错的作品。而杜甫的和诗是这么写的：

五夜漏声催晓箭，九重春色醉仙桃。

旌旗日暖龙蛇动，宫殿风微燕雀高。

朝罢香烟携满袖，诗成珠玉在挥毫。

欲知世掌丝纶美，池上于今有凤毛。

　　首句点明早朝时刻在于清晨，次句则说明季节在于春日，皆有着充满活力、蓬勃向上的寓意，而"漏箭"与"春桃"并置，则有一种光阴催促之下仍能不为所动的从容感，对于向来感慨"生年不满百"的中国文人来说，只有身处盛世、荣耀、满足之中，才会对时间的流逝感到忘乎所以。"龙蛇"是"旌旗"上的图案，风吹旌旗飘舞，而使得龙蛇飞动，而小小的"燕雀"因为身处"宫殿"之中，沾染了皇家气象，也显得高大——这是杜甫在感念皇恩浩荡。颈联描绘了一个理想场景：诗人在朝堂之上用沾染了御炉香气的手笔写下珠玉之文，这正是一代代文人最为荣耀的理想画面，如今它就在眼前，杜甫得以亲历其间，这是多么令人陶醉的时刻！ 最末两句称美贾至，毕竟是奉和他的作品，故而以此作为结尾。这首诗写得花团锦绣、珠圆玉润，气格雄深、句意严整，宫商迭奏、音韵铿锵，是一首典型的盛唐七律，可以看出杜甫此时已经沉湎在了盛世再临的中兴美梦当中。

不过，在这次诗歌竞技中拔得头筹的还数王维，他的《和贾舍人早朝大明宫之作》着眼点从天子写起，写其临朝总御万国的盛大排场，这就比其他同僚诗作的格调高出了一头，后人评价他这首诗："气象阔大，音律雄浑，句法典重，用事新清，无所不备"，尤其是颔联"九天阊阖开宫殿，万国衣冠拜冕旒"，更是被后世定义为盛唐气象的最佳诠释——不过大家要知道，这句诗写出来的时候，真正的盛唐早已被安史之乱摧毁了。

关于"盛唐七律"，这里多说一句，这种朝会颂圣的诗歌主题和典雅壮丽的风格正是盛唐七律的主流色彩，也是七言律诗的本来面目——因为整饬而不失流畅的七言八句结构、和谐有致的平仄粘对、精密的起承转合和前后对仗，注定了七律这一诗歌体裁本身就是为应制、颂圣而生的，事实上初盛唐百分之九十以上的七言律诗都是像《和贾舍人早朝大明宫之作》一样的应制颂圣诗。七律在发展中逐渐演变为如今无所不包的主流诗歌体裁，经历了漫长的过程，其中杜甫晚年的探索功不可没。至少在任左拾遗的时候，杜甫的七律还没有形成自己的风格，加之满足于片刻的中兴幻象，杜甫在这一阶段创作了一批反映自得之情的宫廷荣遇诗，成了杜甫作品中的另类。

这类作品比如《晚出左掖》《春宿左省》《紫宸殿退朝口号》，等等，我们通过其中一首便可以窥知杜甫此时无比荣耀的心境：

> 户外昭容紫袖垂，双瞻御座引朝仪。
> 香飘合殿春风转，花覆千官淑景移。
> 昼漏希闻高阁报，天颜有喜近臣知。
> 宫中每出归东省，会送夔龙集凤池。

紫宸殿是大明宫的偏殿，皇帝与近臣同商国政之所，杜甫能参与紫宸殿的朝会，体现了天子近臣的身份。诗歌前四句描绘了紫宸殿的朝会景象，从容富丽，情景宛然。重点在于下四句中诗人心境的展现：清晨就在府衙内等候着皇宫高阁上报时的钟点，盼望着入朝与天子相会；而因为身为近臣，天子的喜怒哀乐，自己在第一时间便可知晓。言语之中，显露出无限的自豪与得意之情——甚至今人读来觉得有些谄媚，但对于老杜这样一个"奉儒守官"的世家子弟，我们应当对他多一些同情和理解，至少他的出发点是为国效力，这不，刚刚退朝回到官府，他就开始思虑着怎样为国求才了。近臣的荣耀，带给杜甫更多的是辛勤工作的动力。

总的来说，这一时期杜甫的诗歌创作成就不高，尤其是身处宫中，眼前的荣耀极大地蒙蔽了他对民间苦难的观察，中兴的幻象也冲淡了他对国运兴衰的思考，好在他迷失的时间不长，很快便清醒了过来。

三、"每日江头尽醉归"

渐渐地，杜甫开始意识到，眼前的中兴气象除了大批文人的诗文渲染之外，似乎并没有太大的实质收效，他对于时政的很多建言也并没有得到肃宗的重视。尤其是朝中的政治斗争更加错综复杂：广平王被立为太子，张良娣被册为皇后，肃宗原本想在两大派系之间找寻平衡，却使得他们的明争暗斗更加激烈；玄宗回朝后，肃宗表面上尽人子之道，晨昏省问，却又在李辅国的鼓动下处置了包括高力士在内的玄宗的全部亲信，并阻断玄宗与外界的来往，玄宗形同被软禁，父子之情实际上彻底决裂；肃宗又任用李辅国、程元振等宦官，且对边镇的将领继续姑息养奸，给大唐埋下了宦官用事、边镇割据这两大祸患的根源。起初，这些事都让杜甫忧心如焚，但渐渐地，他意识到了自己的无能为力，也就转而心灰意冷。

杜甫最早流露出这一情绪的诗作是《题省中壁》，诗歌写出了春日融和的景象，也写出了在这良辰美景之中，身居华堂却无所适从的孤独、寂寞之感，尤其下四句：

> 腐儒衰晚谬通籍，退食迟回违寸心。
> 衮职曾无一字补，许身愧比双南金。

写自己迟暮之年得以为官，身居朝堂，享受俸禄，却于国无补，不能匡正君王，这令他感到十分羞愧，也不是他为官的本心。杜甫当然不是庸庸碌碌、尸位素餐之辈，只是政坛的环境，使得他无论如何勤勉，都只能是无所作为。认清了这一点的杜甫自然也就变得不再盲目乐观，不再豪情满怀了，他也不再整天思虑朝廷政务，转而整天饮酒赋诗，过起了看似逍遥自在的生活。

又是春日时节，又是曲江池畔，这里曾经诞生了犀利的《丽人行》、沉郁的《哀江头》，而在乾元元年，杜甫又在这里写下了新的名篇，那就是《曲江二首》，其一：

> 一片花飞减却春，风飘万点正愁人。
>
> 且看欲尽花经眼，莫厌伤多酒入唇。
>
> 江上小堂巢翡翠，苑边高冢卧麒麟。
>
> 细推物理须行乐，何用浮荣绊此身。

飞花一片便知春意将阑，何况万点枝叶随风飘落，更是让人为春光将尽而感到忧愁——愁的并不是忧愁本身，而是春花、春酒这些用来消愁之物，也将随春光而去，如此愁绪便又多加了一层。曲江池旁，昔日的华堂今已变成了翠鸟的巢居，只有贵人坟墓前的麒麟还保有昔日的高大威严，这是对人世沧桑、天命变易的感慨。既然天意如此，一切功名富贵都不能长久，那又何必为了眼前的浮名而牵绊住行乐的身躯呢？从"天颜有喜近臣知"的荣宠备至到"何用浮荣绊此身"的自在洒脱，杜甫完成这场内心情感的巨变，只用了不到三个月。再来看第二首：

> 朝回日日典春衣，每日江头尽醉归。
>
> 酒债寻常行处有，人生七十古来稀。
>
> 穿花蛱蝶深深见，点水蜻蜓款款飞。
>
> 传语风光共流转，暂时相赏莫相违。

每日退朝回家的杜甫，不再像曾经一样整天思虑如何为国家选拔贤才，而是奔走于当铺和酒肆，用旧衣服换钱沽酒，再到曲江池旁尽醉而归，甚至为此欠下一屁股酒债，不过一想到人生苦短，需要及时行乐，他也就全然不在乎了。"寻常"与"七十"属于对仗中巧妙的"借对"，体现了杜甫在七律中开始寻求突破格律束缚的独特匠心。后四句写曲江池上的和谐春景，渴求春光留驻，并告诫自己定要不负春光。

这两首七律体现了杜甫在政治上失意，转而追求个性自由的处境，前后创作的还有《曲江对酒》《曲江对雨》等一系列诗篇，主旨都很近似。然而杜甫没有想到的是，不但美好的春光即将弃他而去，很快，这样悠闲自在的生活也不再为他所有了。

四、再出金光门

乾元元年六月，肃宗下诏清算房琯"结党营私"一案，上年因"董庭兰事件"被免去宰相之位的房琯，这时又被进一步逐出朝廷，贬为邠州刺史。一同被贬的还有与他过从甚密的刘秩、严武，前者贬为阆州刺史，后者贬为巴州刺史。

虽然罪名是"结党营私"，但合朝上下都明白，这是对玄宗旧臣的一次清算，当时肃宗在灵武称帝，房琯正是玄宗从蜀地派来行册封礼并负责监视肃宗的钦差宰相。去年肃宗找了个理由罢了他的宰相之职，如今玄宗都已经被完全控制起来，便更可以将这些效忠老皇帝的旧臣踢得远远的了。果不其然，房琯之后，贾至、张镐、韦陟等玄宗朝旧臣也纷纷被贬往各地。当然，这不只是肃宗个人的意愿，他所宠幸的新贵大臣，如李辅国、贺兰进明等人也正好利用了肃宗顾忌玄宗的心理，从中起到了推波助澜的作用。

这么说来，杜甫实在冤枉，在玄宗朝他从来没有受到重用，只当了个右卫率府兵曹参军的小官，而安史之乱一爆发他就坚定地投靠了肃宗，从政治立场来看，无论如何他也不应算作玄宗旧党。不过就是因为他在"董庭兰事件"中替房琯说了几句情，如今也随着房琯被贬官外放，做了华州司功参军，结束了他短暂的朝廷生涯，也最终将"致君尧舜上，再使风俗淳"的未就理想，埋葬在了长安。

不久，杜甫西出长安金光门，踏上了去往华州的路途，一年之前他正是从这里逃脱贼兵控制下的长安，去投奔肃宗，之后得以任官左拾遗的，如今再次穿行此门，身份、心境、归宿已经截然不同，感慨万千的杜甫写下了一首诗，题为《至德二载，甫自京金光门出，间道归凤翔，乾元初，从左拾遗移华州掾，与亲故别，因出此门，有悲往事》，诗歌的内容、主旨与情绪已经都在题目中表达了出来。"无才日衰老，驻马望千门"，杜甫多么想再多停留一会儿，多看一眼那千门万户的宫廷——他当然还没有意识到这一去已是永别，但他至少知道，自己的青春理想已经埋葬在这宫墙之中。

华州在长安东边，西岳华山脚下，司功参军是刺史的僚佐，掌管官员、考课、祭祀、礼乐、学校、选举、表疏、医筮、丧葬等一系列繁杂的工作。杜甫来到华州，担任这个新官职，能做得顺利吗？

第十三讲

转身之间

——替朝廷说话，还是替人民说话？

一、华山与华州

路途中，杜甫经过了西岳华山，望着巍峨的山峦，杜甫心中已不再有昔日"会当凌绝顶，一览众山小"的豪情壮志，苍茫天地给他的感觉也不再是一派无边无际的青葱绿意、勃勃生机，怀着别样的心情，杜甫写下了他人生中的第二首《望岳》：

> 西岳峻嶒竦处尊，诸峰罗立似儿孙。
>
> 安得仙人九节杖，拄到玉女洗头盆。
>
> 车箱入谷无归路，箭栝通天有一门。
>
> 稍待秋风凉冷后，高寻白帝问真源。

"峻嶒"是山峰高峻突兀的样子，华山形成于板块运动构造的断层，平地直出、挺拔险绝，如同关中平原上高高在上的至尊一般显耀。在杜甫看来，这样一座险峰，如同勾连天地的桥梁，上面也许有仙女沐浴的汤池，真想借助神力上去一探究竟。然而，山路的崎岖难行，让杜甫抑制住了刚刚萌生的非分之想，面对看似有去无回的峡谷和狭窄得如同箭杆一般直通青天的道路，杜甫望而却步，只能暗自许下心愿，等到这酷暑过去，天气稍微凉爽，再直上山巅去追寻天神的足迹。

这首诗着力于塑造华山的高峻险绝，以及杜甫虽心向往之，却只可远观而不得登临的无奈心境——这不正是李白曾感叹过的"将登太行雪满山""蜀道之难，难于上青天"吗？ 杜甫笔下的华山，和李白描绘的蜀道一样，那头就是仙境、锦城，是最美好的归宿，然而通向理想之地的道路总是无比的坎坷艰难。以山道艰难来隐喻仕途的坎壈蹭蹬，是古代诗人常用的意象，从踌躇满志"会当凌绝顶"，到屡战屡败"稍待秋风凉冷后"，我们看到的是杜甫随年龄增长的失落和辛酸。

很快，杜甫到达华州，走上了新的工作岗位。前面讲过，司功参军是刺史的僚佐，类似于办公室主任，公务十分繁杂。由左拾遗贬官至此的杜甫，对这样的工作感到十分不爽，毕竟在传统文人心中，帝王师是最高理想，中书舍人是常规诉求，再不济也要当拾遗、补缺这样的清要官职，怎么能像小吏一样被驱遣，整天做这些细枝末节的俗务呢？

杜甫被贬官，本来心中就憋着一股气，到了华州之后每天面对着堆积如山的公文、政务，时刻不得消停，更是有气没处使，加之这年的夏天异常炎热，杜甫终于坐不住了，他暴跳如雷地写下了一首拗体七律《早秋苦热堆案相仍》，让我们看到了诗圣的另一面：

七月六日苦炎蒸，对食暂餐还不能。

常愁夜来皆是蝎，况乃秋后转多蝇。

束带发狂欲大叫，簿书何急来相仍。

南望青松架短壑，安得赤脚踏层冰。

虽然按照季节已是早秋，但炎热之气却丝毫没有消退，近乎恶劣的环境，让人既没有食欲，也不能安心睡眠，整个人已经在精神崩溃的边缘徘徊。自然地，繁杂的政务成为引爆诗圣情绪的导火索，一本本公文接连投递到办公桌上，让杜甫毫无喘息之机，我们甚至可以想象他推开案牍大声宣泄的场景："哎呀，有完没完了！咋恁多事儿呢！"可是呢，抱怨归抱怨，一切都没法更改，于是他也只好想象着赤脚踩在冰面上的凉爽，一边对着屋外的松树"望梅止渴"，一边收拾心情继续工作了。

所谓拗体七律，是运用七律的篇章结构、对仗句式和基本表现手法，但刻意打破和谐的平仄音韵，寻求听觉上的生拗、晦涩，以达到特殊的抒情效果的一种诗歌体裁。前文讲到，盛唐七律以整饬、流动、典雅、高华见长，多用于应制颂圣的场合，而杜甫这里将它的平和、华美的特点完全抛弃，以之来描绘和体现自己的恶劣处境和烦躁心情，想来是一次满怀怨愤的刻意为之。然而正是这样一次气冲冲的尝试为杜甫今后改良和发展七律艺术提供了宝贵的经验，虽然这一首诗成就不高，但杜甫后期的拗体七律创作能够登峰造极，不得不说是滥觞于此。

酷热难熬的夏天终于过去，杜甫也渐渐适应了繁忙的工作节奏，华州生活步入了正轨。这年九月，他趁着重阳节给自己放了个小假，去到临近的蓝田县游览，正好改换一下心情。他在崔氏草堂玩赏了几天，也写了几首七律，如《九日蓝田崔氏庄》《崔氏东山草堂》，等等，写山水的清丽，田园生活的安逸，都反映了他已经渐渐从贬官的苦痛中走出，尤其在后一首诗的末尾，他还写道："何为西川王给事，柴门空闭锁松筠"，调笑王维自居田园诗人，却被官场的功名利禄所牵绊，留下松竹为他看守一片绿水青山，言语中流露出自己的逍遥世外之情。

二、"天地终无情"

杜甫终究不是一个能够逍遥世外，不问国家兴亡的人，在华州度过一个平静的秋冬之后，乾元二年（759），大唐虚无缥缈的中兴气象终于再次被一场战争击得粉碎，杜甫的心情也再一次随之动荡起来。

两京被官军收复以后，安庆绪退守邺城，史思明屯兵魏州，官军则乘胜追击。乾元二年正月，郭子仪、李光弼等九节度率六十万大军将邺城团团包围，深沟高垒，引水灌城，城中叛军弹尽粮绝，安庆绪几乎要举众投降。这时，包括杜甫在内的大唐君民臣子，都以为大功将成、平叛在即，杜甫也借机忙里偷闲，回了一趟河南老家，看了看故园的田宅，也许已经萌生了回乡终老的打算。

然而谁也没有料到，二月风云突变，史思明率军来救邺城，一方面昼夜派遣小队骚扰官军，另一方面暗地劫掠江南调运的粮饷，使得官军大乱，不得已与之在邺城外决战，又被其亲率五万精兵击溃，各自败走，官兵死伤惨重，兵器辎重尽落贼手。邺城之围遂解，关东地区再度陷入动荡之中，朝廷不得不再次大量征兵，抗贼平叛。

在这兵荒马乱、国家动荡之际，杜甫正在从洛阳返回华州的途中，先后路过新安、潼关、石壕，目睹了战乱给人民带来的巨大苦痛，颇受震动，写下了流传后世的"三吏"组诗。《新安吏》写了官卒抓捕未成丁的少年押赴前线充军的故事：

客行新安道，喧呼闻点兵。

借问新安吏，县小更无丁。

府帖昨夜下，次选中男行。

中男绝短小，何以守王城？

肥男有母送，瘦男独伶俜。

白水暮东流，青山犹哭声。

莫自使眼枯，收汝泪纵横。

眼枯即见骨，天地终无情！

我军取相州，日夕望其平。

岂意贼难料，归军星散营。

就粮近故垒，练卒依旧京。

掘壕不到水，牧马役亦轻。

况乃王师顺，抚养甚分明。

送行勿泣血，仆射如父兄。

　　杜甫来到新安，看到官吏点兵出征的场景，仔细一看才发现，原来都是一群未成年的娃娃兵！按照当时的"兵役法"，男子二十二岁才开始服兵役，十八岁称为"中男"，不应在征发之列。于是他带着疑惑上前询问："怎么能动用未成年人从军呢？他们即便去了又怎么能够保家卫国呢？"官吏对此也很无奈："我们这个小县成年的男丁都已经充军了，上头又来了命令，只能用未成年人顶上。"眼看着一个个鲜活而稚嫩的少年，过早背负起严酷的使命，又想到国家兴亡总要有人担当，杜甫收拾起哀伤的心情，对他们进行了一番劝慰："孩子们，不要哭了，本来邺城这一仗我们很快就能赢，只是因为大意吃了败仗，稍作整顿，集结粮草兵马，不用太费力气，很快就能打个大胜仗，到时候你们就是国家的英雄啊！ 何况郭子仪、李光弼这样的将军是很体恤士卒的，就像父亲和兄长一样，你们千万不要害怕和悲伤了！"我们很难想象杜甫怀着怎样的心情讲出这样一番话：明明已经心如刀绞，却要强作镇定；明明对国家的征兵政策满怀抵触，却不得不站在拯救国难的立场上替官府安慰黎民，杜甫的内心该有多么的矛盾与挣扎！

在《潼关吏》中，杜甫则叮嘱士卒谨慎备战：

士卒何草草，筑城潼关道。

大城铁不如，小城万丈余。

借问潼关吏：修关还备胡。

要我下马行，为我指山隅。

连云列战格，飞鸟不能逾。

胡来但自守，岂复忧西都。

丈人视要处，窄狭容单车。

艰难奋长戟，万古用一夫。

哀哉桃林战，百万化为鱼。

请嘱防关将，慎勿学哥舒！

潼关地势险要，是长安的咽喉，天宝十五载（756），正是哥舒翰在潼关溃败，使得长安迅速沦陷，想到这里就令人心中惆怅。杜甫此时看到潼关已经恢复了完整的武备，且士卒兢兢业业提防敌军，心中不免欣慰，但仍不忘叮嘱守关的将帅士卒，让他们谨记教训，切莫重蹈覆辙。

"三吏"中成就最高的当数《石壕吏》：

暮投石壕村，有吏夜捉人。

老翁逾墙走，老妇出门看。

吏呼一何怒！ 妇啼一何苦。

听妇前致词，三男邺城戍。

一男附书至，二男新战死。

存者且偷生，死者长已矣！

室中更无人，惟有乳下孙。

有孙母未去，出入无完裙。

老妪力虽衰，请从吏夜归。

急应河阳役，犹得备晨炊。

夜久语声绝，如闻泣幽咽。

天明登前途，独与老翁别。

　　诗歌讲述了石壕村中官吏抓丁，老翁逃走，老妇被抓走顶账的故事——杜甫纯以听觉对话展开故事的描写，这是汉乐府的常用手法。杜甫在这里运用得既别出心裁又自然，符合实境，他正是在一旁静听了这样一场人间惨剧。老妇的陈述是故事推进的线索，但细细品味才看出，这一番话不是一气之下，而是在"吏呼一何怒"的不断逼问中娓娓道出的：三个儿子全部从军邺城，已有两人战死；家中的孙子尚未离开襁褓，已成了无父的孤儿；战乱导致的生计凋零，使得一家老弱妇孺缺衣少食——这简直已经是生不如死，可即便如此，官吏们还是不依不饶。于是，为了留下家门的香火，老妇只好自己挺身而出，"急应河阳役，犹得备晨炊"，说得那样委婉，又那样有血性担当！ 最终，一切对话平息，只有间歇的雨声呜咽，也是杜甫的内心在为这苦难的一家和战乱中千万个残破的家庭而落泪、滴血。

"三吏"之中，杜甫时而站在百姓的视角讽刺官吏压迫，有时又处在国家的角度安慰劝勉黎民，可见他内心的矛盾与纠结。国家需要保卫、需要安定；人民也需要团圆、需要太平。当这两者不能兼得，杜甫也只能将一切归结于这动荡的时代、纷扰的战局，只能怀着挣扎的思绪悲叹一声"天地终无情"了。

三、"人事多错迕"

"三吏"之外，杜甫还创作了"三别"，这是一组更纯粹的反映战乱之下民间疾苦的新题乐府诗，选取了最具代表性的三组别离场面，体现了昏暗时代中人情的错乱。其中，《新婚别》写道：

兔丝附蓬麻，引蔓故不长。

嫁女与征夫，不如弃路旁。

结发为君妻，席不暖君床。

暮婚晨告别，无乃太匆忙。

君行虽不远，守边赴河阳。

妾身未分明，何以拜姑嫜？

父母养我时，日夜令我藏。

生女有所归，鸡狗亦得将。

君今往死地，沉痛迫中肠。

誓欲随君去，形势反苍黄。

勿为新婚念，努力事戎行。

妇人在军中，兵气恐不扬。

自嗟贫家女，久致罗襦裳。

罗襦不复施，对君洗红妆。

仰视百鸟飞，大小必双翔。

人事多错迕，与君永相望。

开篇运用了古诗中托物起兴的手法，兔丝、蓬麻都是细弱的杂草，二者相附，比喻女子嫁给征夫，得不到好的依靠。一对新婚夫妇，傍晚成婚，谁知洞房花烛之后，新郎就被迫踏上了征程。按照唐时的婚姻习俗，新妇出嫁三日，告庙上坟，谓之成婚，这才有了正式的名分——而此时新郎匆匆离去，无异于将新娘推入了火坑：于父母而言，她已是出嫁之女；于公婆而言，她又是未婚之妇，倘若新郎战死沙场，这位女子的一生岂不都落得不明不白？但杜甫笔下的这位新妇，终究是位深明大义的女中豪杰，她甚至想过随夫从军，却也深知其中的不现实，终于劝慰自己的夫君，努力报国，勿念家中，自己也脱下罗襦、洗去红妆，约定重逢之日，再为心上人描眉画鬓，共诉衷肠。篇末，杜甫又用了一重比兴，以百鸟的成双成对、比翼飞翔，映衬出新婚夫妇劳燕分飞的孤独、落寞。

《垂老别》写得同样感人：

四郊未宁静，垂老不得安。

子孙阵亡尽，焉用身独完！

投杖出门去，同行为辛酸。

幸有牙齿存，所悲骨髓干。

男儿既介胄，长揖别上官。

老妻卧路啼，岁暮衣裳单。

孰知是死别，且复伤其寒。

此去必不归，还闻劝加餐。

土门壁甚坚，杏园度亦难。

势异邺城下，纵死时犹宽。

人生有离合，岂择衰盛端！

忆昔少壮日，迟回竟长叹。

万国尽征戍，烽火被冈峦。

积尸草木腥，流血川原丹。

何乡为乐土？安敢尚盘桓！

弃绝蓬室居，塌然摧肺肝。

  前面《新安吏》中讲到了未成丁的少年被征发从军，本篇则介绍了一位垂垂迟暮的老年征夫。原本按照唐律，年满六十即可免除兵役，但一切规则在乱世中都没有了约束力。这位老人其实已经为国家做出了重大牺牲，他的儿孙都已为国捐躯，阵亡沙场，换来的却是官军的节节败退，战火蔓延到了家乡——索性也就不顾老命一条，亲自上阵，保家卫国了！与新婚夫妇的分离相比，老夫老妻的诀别也同样感人，妻子叮嘱丈夫："天冷了多穿件衣服，在军中要好好吃饭。"丈夫则劝慰妻子："放心吧，即便终要战死，时间倒也还宽裕，不在一时半会儿。"然而他们内心都很清楚，这一别即是阴阳相隔，这些宽心的话只是不愿让彼此担心罢了。等到真的踏上征途，老人真正才发出了"塌然摧肺肝"的彻骨哀叹！

"三别"中最匠心独运的是《无家别》，无家可别，写的是一名士卒从军归来，家已不存，又被征召从军的悲惨故事：

寂寞天宝后，园庐但蒿藜。

我里百余家，世乱各东西。

存者无消息，死者为尘泥。

贱子因阵败，归来寻旧蹊。

久行见空巷，日瘦气惨凄。

但对狐与狸，竖毛怒我啼。

四邻何所有，一二老寡妻。

宿鸟恋本枝，安辞且穷栖。

方春独荷锄，日暮还灌畦。

县吏知我至，召令习鼓鞞。

虽从本州役，内顾无所携。

近行止一身，远去终转迷。

家乡既荡尽，远近理亦齐。

永痛长病母，五年委沟溪。

生我不得力，终身两酸嘶。

人生无家别，何以为烝黎。

诗歌先交代了士卒在安史之乱中初次从军归来的背景，他急切地回到家乡，想要找寻亲人和家的踪迹，然而看见的却是空空的街巷，破败的房屋田地，原本人丁兴旺的村落，几乎成为野兽栖息的巢穴，身处这历经劫难的荒村古寨，正如古诗《十五从军征》中所描绘的一般孤独无依。这名士卒还是选择留了下来，毕竟故土难离，然而很快县官就找上了门，让他再度出征。他想到自己孑然一身，也无所顾忌，无所留恋，便毅然前去。征途中，他回顾起自己悲惨的人生，发出了惊世的感慨："何以为烝黎！"在这乱世之中，想要当个普普通通的老百姓，怎么就这么难呢？ 这也是杜甫为黎民发出的一声悲叹。

与"三吏"相比，杜甫在"三别"中为黎民哀叹的色彩更加浓烈：新婚燕尔，本团圆之时，却面临分别；孤苦垂老，本休养之岁，还要为国拼杀；从军归来，已无家可别，仍要再度分别——这是扭曲的世道造就的一幕幕人伦惨剧。比起"三吏"的"天地终无情"，"三别"的"人事多错迕"更令杜甫痛断肝肠。在"三吏"中尚纠结于为朝廷说话还是为人民说话的杜甫，到了"三别"里，终于坚定地站在了黎民百姓的立场上。他笔下的黎民百姓，虽然身处危难、家破人亡，仍能深明大义、慷慨报国，这源于他所认识到的，蕴藏在普通民众中的伟大爱国力量。从"三吏"到"三别"，杜甫实现了一次意义非凡的"伟大转身"，他由此站稳了人民性的诗歌立场，成为一个更坚定地为黎民呐喊、为百姓歌唱的诗人，开创了中国文人士大夫文学千百年来的新篇章！

回到华州之后不久，杜甫就做出一个重要的决定：弃官西去，离开中原。这个决定对于杜甫的人生来说，也是一次重要的转身，因为此后他再没有回到过中原，也再没有真正做过官。

第十四讲

度陇客秦

——和杜甫到边塞的街头走一走

一、弃官之谜

乾元二年春，杜甫经历了一次难忘的东都之行。说它难忘，不仅仅因为这是杜甫人生中最后一次踏足故乡的土地，更是因为路途中所目睹的种种人间惨剧，他寓于目、感于心而诉于文字，创作了彪炳史册的"三吏""三别"，更加坚定了自己的人民立场，实现了一次伟大的转身。

回到华州后不久，这一年的夏秋之交，杜甫做出了一个重大决定，弃官不做，同时离开中原——谁知，这一弃官，他的余生便再也无官可做；这一离开，他就再也没有回来过——杜甫的人生和诗歌创作也正以此为界，分成了前后两个阶段。然而对于这个在杜甫人生中具有里程碑意义的事件，却存在着一个重大的疑问，那就是：杜甫为什么要弃官？又为什么要离开中原呢？

第一种说法，也是最传统的说法，出自新、旧《唐书》的《杜甫传》，说是因为乾元二年的夏秋之交，关中地区发生了严重的饥荒，杜甫待在华州吃不饱饭，于是就弃官不做，带着一家老小逃往秦州去了。后代也有学者在此基础上，进一步认为乾元二年年初九节度邺城之败，使得官军、叛军的势力此消彼长，关中地区重新面临危难。华州在长安以东，临近潼关，首当其冲受到贼兵的威胁，故而杜甫为了躲避战乱而选择弃官西行。乾元二年夏天，关中地区发生了饥荒是事实，也的确面临着叛军的进一步威胁，但细细考量，这两个说法是站不住脚的。首先，饥荒与战乱对身处乱世的杜甫来说，都已经不算稀奇。身处长安时，他作为布衣，几次遭遇饥荒都不曾轻易逃离；安史之乱爆发后，他更是不顾自身安危，主动奔赴国难。如果说仅仅因为一场饥荒或可能存在的战乱，就使得杜甫弃官不做，实在是低估了他坚守理想、一心报国的崇高信仰。其次，杜甫离开中原，去往秦州，而秦州本来就地处边陲，农业生产落后，同时又是西北抗击吐蕃的前线，显然不是杜甫会选择的一个好去处，因为这里既躲不了饥荒，也避不开战乱。

第二种说法是近年来的一些历史学者提出的。他们认为，杜甫离开华州，不是"弃官"，而是被"罢官"，因为他在司功参军的任上荒怠政务，且擅离职守，私自离开华州边界，去洛阳等地探望，违反了朝廷的相关规定，就被开除了公职。但这一说法也缺乏说服力：唐代的确有对官员的各种条例要求，但大多在中唐以后才趋于严格，盛唐时代的地方官跨境出游十分普遍，并不会受到太多的限制；同时，无论是杜甫自述还是史书记载，都称此事为"弃官"而非"罢官"，强行用罢官来解释也不符合历史的记录。

第三种说法则是说杜甫的弃官更主要的原因在于他内心对政局的失望，持这一说法的多数是文学史研究者，他们认为杜甫不满足于担任华州司功参军的现状，同时与肃宗存在严重的政治理念分歧，他最终选择了弃官不做，远走他乡。我认可这一观点，但对于其中杜甫与肃宗的具体政治分歧，与当前学术界的认识略有不同。一般认为，杜甫与肃宗的政治分歧，就在于玄宗旧党与肃宗集团的矛盾，但前面我们讲过，杜甫不是玄宗旧臣，尽管肃宗因为他替房琯说话而贬了他的官，那也只能说明肃宗排斥杜甫，而不是杜甫不满肃宗的理由。

我认为，杜甫与肃宗的根本分歧在于，杜甫主张官僚政治，而肃宗极力强化君主集权。杜甫"致君尧舜上，再使风俗淳"的政治理想，本质上就是官僚政治的主张，追求士大夫与天子共同治理天下。但肃宗显然对此不接受、不认同，尤其是在漫长的太子生涯中，与李林甫、杨国忠等权奸先后周旋十余年的经历，使得肃宗内心对宰辅之臣充满了成见，他一定要牢牢地将权柄握在自己手中。无论新旧官员，哪怕是肃宗自己一手栽培，一旦其权威成长到足够大，对皇权形成了挑战，就必须立刻剪除，毫不留情。自至德元载七月登基至乾元二年五月，不到三年的时间，肃宗共罢黜宰相达十人之多，足见其对君主集权政治的维护。

肃宗高度的集权政治带来两大恶果：一是朝臣的谏诤之言难被采纳，使得平叛方略的制定错漏百出、一错再错，比如借兵回纥的危害、邺城之败的规避、爱惜民力的主张等，都被肃宗置之不理；二是奸佞小臣用事，宦官乱政，肃宗授予宦官一定的权柄，以压制宰辅，甚至对军事统帅形成掣肘，极大地影响了军队的决策谋略和战斗力。这两大恶果直接导致安史之乱久久不能平息，人民群众在水深火热中挣扎。

目睹了一重重人间惨剧，杜甫深刻思索着造成这惨剧的根源，原来就是自己曾满怀期待的那位"中兴圣主"。再进一步反思他们之间的政治分歧，杜甫才发现，这种矛盾是根源性的、不可调和的，在这位不断强化集权的君主统治下，他"致君尧舜上，再使风俗淳"的理想注定不可能实现，于是一种"错付终身"的失落感油然而生，在华州司功参军这样一个自己不喜欢的官位上蹉跎下去也没有什么意义，于是他最终下定决心，弃官西去了。

二、"满目悲生事"

对于杜甫来说，此时离开中原，其实可去的地方不多，向北、向东都是官军与叛军激战的前线，自然不能去；南下荆楚本来是不错的选择，但此时襄州恰恰爆发了将领据州作乱的事件，于是南下之路也被堵住了。留给杜甫的方向只有一个，那就是向西，或经陇坂去往秦州，或走剑阁蜀道直通成都。

乾元二年七月，杜甫自华州来到秦州，也就是现在的甘肃天水。之所以先选择了秦州，一是因为近，且路途相对平顺；二是因为有朋友的接济，日子好过一些。接济他的这位朋友叫赞公，是一名佛教高僧，安史之乱中曾与杜甫同时陷于长安，前文中做过交代，此时他已经来到秦州，成为寺院住持，对杜甫这位老朋友的到来，当然是热情接待，不但留他在寺院里住了些时日，闲来对坐赋诗，还陪他一同去风景甚佳的东柯谷中探寻隐居之地，可见对政治失意透顶的杜甫，此时也萌生了归隐山林的念头。

隐居东柯谷之前，杜甫先是在城里暂住。位于西北边境的秦州，有着浓郁的塞上风情，生长于中原的杜甫初见此般景象，难免生发诗兴，加之四海烽烟的时局，让人更加有所感触。因此，杜甫写作了大型组诗《秦州杂诗二十首》，或叙述游览踪迹，或议论时局得失，或抒发边愁感慨，大多写得很成功，有较高的艺术价值，也因其是杜甫现存少有的边塞诗作，而具有独特的诗歌地位。我们来看其中几首，如其一：

> 满目悲生事，因人作远游。
>
> 迟回度陇怯，浩荡及关愁。
>
> 水落鱼龙夜，山空鸟鼠秋。
>
> 西征问烽火，心折此淹留。

"生事"是生计之事，对杜甫而言当然就是做官之事，"悲"则是他的心理状态，政治理想破灭，恐怕没有比这更大的悲哀了。而开篇的"满目"却是一种视觉体验，杜甫见到秦州边塞秋日的凄凉、悲壮、肃杀、雄浑之景，感慨自己的渺小、衰老、漂泊、沉沦，由所见而及于所思，故能够"满目悲生事"，这是一种通感的写法；"因人作远游"则交代了杜甫因朋友接济而来到秦州的动因。颔联描绘了自华州而来路途的艰辛：面对着陇山的九曲迂回，不禁生出畏怯之情，不敢横度；望及浩荡无垠的陇关，更是思绪万千，生出无尽的忧愁。颈联中的"鱼龙""鸟鼠"皆为秦州山水之名，杜甫巧妙地将之融入诗句中，展现出山水萧瑟、客行凄凉之感。篇末则表达出杜甫的犹豫心境，"烽火"是边塞的警报，杜甫一路西去，一路关注着烽火的动向，毕竟他身负着一家老小的性命安危，不可不小心翼翼，时而察觉不妙，便在原地停留观察，而后再踏上征途，诗的最后一句将杜甫这种逡巡难行的状态与心境表现得贴切生动。

再如其六：

> 城上胡笳奏，山边汉节归。
>
> 防河赴沧海，奉诏发金微。

士苦形骸黑，旌疏鸟兽稀。

那闻往来戍，恨解邺城围。

　　杜甫开篇选择了"胡笳""汉节"这两个极具边塞军旅风情的物象，暗示了远远望见兵马过境秦州的景象，而一个"归"字则点明了行军的方向，是自边疆而向中原——这本是西北守卫黄河的军队，如今奉诏从金微山调往河北前线。等到他们走近，杜甫才发现，这是一队疲惫的兵马，士卒面色发黑，旌旗稀疏残破。杜甫不禁想到了年初的九节度围攻邺城，彼时军威是何等雄壮，即便那样，都难免一败涂地，如今这样缺乏战斗力的军队，又怎么能够禁得起来回征战呢？　表现了杜甫对国运前途的深深担忧，也是对士卒们的痛惜、怜悯。

　　其十一也很有特点：

萧萧古塞冷，漠漠秋云低。

黄鹄翅垂雨，苍鹰饥啄泥。

蓟门谁自北，汉将独征西。

不意书生耳，临衰厌鼓鼙。

　　首二句铺垫了边塞秋日寒冷、萧条、令人生愁的环境，颔联则描绘了环境中两种禽鸟的境遇，奋飞的黄鹄因为双翅被雨水沾湿而不得腾空，凌厉的苍鹰也饥不择食，正在啄食泥土——这两种禽鸟都是杜甫曾经自我标榜过的形象，都是展翅中天、奋飞万里的良禽，如今落魄的形象，自然也象征着杜甫自己的蹭蹬沉沦。末四句则是对时局的悲叹，北有安史之乱，西有吐蕃之患，杜甫可谓才出虎穴，又入狼窝，一个迟暮之年的老书生，耳中不闻朗朗读书声，常常响起的却是隆隆战鼓声，如何不使人心力交瘁呢？

高适、岑参边塞诗中那些建功立业的昂扬壮志，那些奇崛瑰丽又大气磅礴的边塞景致，在杜甫的边塞诗中一无所见，所谓"一切景语皆情语"，此时的杜甫是失意之人，本身又对战争充满了厌恶，那么再壮丽的边塞河山在他眼中也不过是埋骨的修罗场，再激越的战争豪情在他心里也只是死亡的召唤。《秦州杂诗》的出现，标志着盛唐那个无比辉煌而短暂的边塞诗的高潮，彻底地从历史上消退了。

三、"故人入我梦"

虽然政治理想破灭、对政局失望透顶，促使杜甫下定决心弃官离开中原。但对盛唐的眷恋、对青春的怀念，以及对家乡、亲人的牵挂却从未在他心中减退，也成为他难以化解的精神忧思。来到秦州仅仅一个多月，杜甫就开始陆续写作各种思乡、怀人的作品了，现存最早也是最有名的一首，是在白露这天写下的《月夜忆舍弟》：

戍鼓断人行，边秋一雁声。

露从今夜白，月是故乡明。

有弟皆分散，无家问死生。

寄书长不达，况乃未休兵。

杜甫有四个弟弟：杜颖、杜观、杜丰、杜占，都是父亲杜闲与继母卢夫人所生，虽然少时一同成长，但自父亲杜闲去世之后，他们便极少相见。此时，他们分散各地，有的还身在河南、山东一带，处于贼兵的威胁之下，故而杜甫望着皎洁圆满的秋月，想起手足之情和童年共度的快乐时光。诗歌由声音写起，杜甫身处秦州的居所，听见城头的鼓声，这是在提醒人们夜幕降临，各自回家，而天上的大雁也发出一声鸣叫，它们正成群结队地南归准备过冬——听觉与视觉的最大不同在于它的不可控，既不知道何时会发生，也不能够主观抗拒，就如同此刻传递着"回家""团圆"信息的"戍鼓"和"雁声"，猝然进入杜甫耳中，无端地勾起了一腔思乡怀人的情绪。于是杜甫开始感怀：白露已过，寒冬将近，而归乡的时间却遥遥无期，不知何时才能坐在家中怀着更明朗的心情遥望明月；兄弟们分散各地，想要团圆都不知道家在何处，因为故乡已被战乱摧毁，甚至都不知道这些骨肉同胞是死是生，因为兵革未息，不能够寄书传情。这首诗平淡、朴实、通俗、浅近，但句句深入人心，因为诗人描写的是发自内心最淳朴的手足之情、乡关之思，这是每一个人都能够细致体会的情绪，不需要过多修饰与渲染。

除了故乡和骨肉之外，杜甫也非常怀念自己的朋友们，而此时，他昔日的好友都散居各地，有的甚至命运艰险：李白因参与永王李璘"叛乱"，乾元元年判了长流夜郎，此时正在发配的道路上；郑虔则已到了贬所台州，并于这年去世，杜甫尚不知道他的死讯；高适、岑参分别被外放彭州和虢州，也离开了中原朝廷；加之一年前与杜甫同时被贬的房琯、贾至、严武——可以说是"海内知名士，云端各异方"，杜甫怀念他们，也怀念昔日朝廷的济济多士，怀念曾经盛唐长安的开放包容。他一一写诗寄意，传达他的思念之情，且都是长篇巨作，如《寄岳州贾司马六丈、巴州严八使君两阁老五十韵》《寄彭州高三十五使君适、虢州岑二十七长史参三十韵》《有怀台州郑十八司户》等，但写得最多，也最感人的，还当数赠与李白的作品。

现存的杜甫这一时期怀念李白的诗作就有四首，是自二人分别以后他表达相思之情最集中的一个时期，想必与李白此时落难，杜甫对其怀有深挚的忧虑有关，这四首作品分别是《梦李白二首》《天末怀李白》和《寄李十二白二十韵》，我们一首一首来看。

《梦李白二首》其一写梦到李白，醒后的悲痛怅惘之情：

死别已吞声，生别常恻恻。

江南瘴疠地，逐客无消息。

故人入我梦，明我长相忆。

恐非平生魂，路远不可测。

魂来枫林青，魂返关塞黑。

君今在罗网，何以有羽翼？

落月满屋梁，犹疑照颜色。

水深波浪阔，无使蛟龙得。

开篇，杜甫以"生别"甚于"死别"，道出了自己内心相思的悲苦和对放逐江南的李白生死未卜的忧虑。就在这时，这位分别十三年的故友突然出现在梦境之中，从青葱的枫林悠悠而来，又向漆黑的关塞飘然而去，这梦中的相逢起初尚令人欣慰，继而却又引人担忧，恐怕其已不是生人的魂魄。杜甫在半梦半醒中看见，月光照在房梁，仿佛也照在李白的脸上，不觉十分惊诧：李白老兄啊！你此刻不是身处祸难吗？怎么又长出了翅膀飞到我的面前呢？你还活着吗？"临别"之际还不忘叮嘱一句：南方山高水深、鱼龙错杂，你要善为珍重自己，早日与我平安地重聚！

其二对梦境的描绘则更为具体：

> 浮云终日行，游子久不至。
>
> 三夜频梦君，情亲见君意。
>
> 告归常局促，苦道来不易。
>
> 江湖多风波，舟楫恐失坠。
>
> 出门搔白首，若负平生志。
>
> 冠盖满京华，斯人独憔悴。
>
> 孰云网恢恢，将老身反累。
>
> 千秋万岁名，寂寞身后事。

开篇即是杜甫的感慨：虽然一别之后，李白老兄像浮云一般漂泊四海，再不曾出现在我面前，但这几日频频来到我的梦中，想必也是在思念着我这位老友！这是一种"移情"的写法，不直接写自己思念对方，而为对方代言，更见出相思之浓。梦中的李白，常常向杜甫倾诉远道前来的不易和江湖的风波飘摇，毕竟是戴罪之身，流放途中，出处行藏都不复当年的自由洒脱，尤其每每搔着花白的头发出门而去，在冠盖如云的京都里暗自憔悴，显得与众人格格不入，更加使杜甫感到惋惜，惋惜他晚年还不免身受牵累。最后两句是杜甫为李白鸣不平，也是为自身而悲叹："千秋万岁名，寂寞身后事"，上天注定让他们身后垂名万古，也注定让他们遭受生前的坎坷与孤独，这种睥睨宇宙的境界与眼光，感慨时空的悲壮情怀，为李杜所共有，也为李杜所独有。

《天末怀李白》是一首短章，借秋起兴，想念李白的音信，进而同情李白的境遇，诗的颈联写"文章憎命达，魑魅喜人过"，说文人墨客的命运都不会太好，因为越是困厄越能写出感人至深的文字。这是一种自嘲，也幽默地表达出了一腔激愤之情。

最后来说《寄李十二白二十韵》，这首诗详细地追述了二人交谊前前后后的心路历程，大家可以与前文介绍"仙圣之交"的内容参看：

> 昔年有狂客，号尔谪仙人。
>
> 笔落惊风雨，诗成泣鬼神。
>
> 声名从此大，汩没一朝伸。
>
> 文采承殊渥，流传必绝伦。
>
> 龙舟移棹晚，兽锦夺袍新。
>
> 白日来深殿，青云满后尘。

这十二句回顾了李白初入长安到供奉翰林的经历，这是李白人生的巅峰时期，也是盛唐的黄金年代，无论出于公义还是私情，杜甫对这段岁月都充满了怀念与向往，也写得飞腾动人。其中"笔落惊风雨，诗成泣鬼神"一句，更成为后世流传的对文人文采的最高褒奖。其下十二句写道：

> 乞归优诏许，遇我宿心亲。
>
> 未负幽栖志，兼全宠辱身。
>
> 剧谈怜野逸，嗜酒见天真。
>
> 醉舞梁园夜，行歌泗水春。
>
> 才高心不展，道屈善无邻。
>
> 处士祢衡俊，诸生原宪贫。

这一段交代了李白"赐金放还"之后追求人格自由，安享隐逸生活的岁月，也自然而然地提到了李、杜二人一见如故、相交同游的那些难忘时光。"才高心不展，道屈善无邻"暗示了盛唐黄金时代的落幕，也为李白晚年的凄苦境遇埋下了伏笔：

> 稻粱求未足，薏苡谤何频。
>
> 五岭炎蒸地，三危放逐臣。
>
> 几年遭鹏鸟，独泣向麒麟。
>
> 苏武先还汉，黄公岂事秦。
>
> 楚筵辞醴日，梁狱上书辰。
>
> 已用当时法，谁将此义陈。
>
> 老吟秋月下，病起暮江滨。
>
> 莫怪恩波隔，乘槎与问津。

最后十六句，交代了李白卷入永王事件，晚年获罪的经过。他在狱中一度上书老朋友高适请求施以援手，却没有得到高适的回应，后来长流夜郎，颠沛流离。杜甫写作这首诗时，李白已经在白帝城遇赦归还，故而杜甫才说"莫怪恩波隔"，虽然仍饱含惋惜之情，却也为好友的生还而感到由衷的欣慰。

浓烈的思乡怀人之情和萧条的边塞风土，注定让杜甫难以在秦州久居，没过多久他就搬到了东柯谷中隐居起来，而后又不断辗转，找寻更适宜的隐居之所。那么，他在东柯谷中的隐居生活是怎样的？ 之后又辗转了哪些城市乡野呢？

第十五讲

蜀道行难

——走出个诗歌大道宽又阔

一、东柯谷中的咏物天地

杜甫在秦州时常眷恋故乡、思念亲友，萧条的边塞风光更是加重了他内心的悲凉，于是杜甫在好朋友赞公的帮助下在秦州城东的东柯谷里买了一片土地，过起了隐居山林的生活。

东柯谷是秦州的山水秀丽所在，堪称塞上桃源。杜甫在秦州城中居住时就对这里十分向往，《秦州杂诗》其十三写了他所听闻的谷中风情：

> 传道东柯谷，深藏数十家。
>
> 对门藤盖瓦，映竹水穿沙。
>
> 瘦地翻宜粟，阳坡可种瓜。
>
> 船人相近报，但恐失桃花。

可见杜甫彼时已经开始谋划在东柯谷中躬耕垄亩、逍遥避世的生活了。后来他还在赞公的陪同下亲自前来考察了一番，这体现在他的《秦州杂诗》其十六中：

东柯好崖谷，不与众峰群。

落日邀双鸟，晴天揽白云。

野人矜险绝，水竹会平分。

采药吾将老，儿童未遣闻。

在亲眼看到东柯谷山崖秀美、天清云淡、水声潺湲、竹林茂密的景致之后，杜甫更坚定了自己来此间归隐的决心。不久，杜甫就把家搬到了东柯谷中。在谷中，杜甫还遇到了一位故人，也是他的族侄，同出襄阳杜氏的杜佐，杜甫与他很合得来，还写了一些诗篇赠给他。

杜甫在东柯谷中过起了陶渊明式的隐居生活，时而到田间耕种，时而进入山林采集，每有感怀，则写成诗篇。他写了一组题为《遣兴五首》的古诗，自称"蛰龙三冬卧，老鹤万里心"，托意于避世的贤者，十分逍遥自在，还分别对庞德公、陶渊明、贺知章、孟浩然四位前辈隐者加以品评，表达了自己与他们同道同趣的高尚情操。闲居之中，因为终日的细致观察，平淡生活里的点滴事物都成为诗歌的素材，杜甫在这一时期创作了大量咏物诗，如《苦竹》《蒹葭》《促织》《萤火》《病马》《废畦》，等等，这些作品在咏物诗的发展史上成就了一次前所未有的大变局。

咏物诗创作的第一个高峰在齐梁时期，当时的文人多是上层士族，他们一生平流进取、养尊处优，日常的生活便是游览、宴饮、钻研文学创作，从而形成了一种特殊的文学风气：内容上多以吟咏风月或新奇景致为主，力求对事物进行尽态极妍的精细刻画，以展示其形态、神韵之美，形式上则追求音韵和谐、对偶工整、辞藻华艳，后世将这种文学风气称为"齐梁体"。"齐梁体"奠定了后世咏物诗的范式和审美标准，初盛唐诗人在其基础上融入了风骨、兴寄，为所咏之物注入了象征的灵魂，但在描摹物态上没有突破齐梁诗人定下的框架。

这一框架最终在杜甫手中被打破，他在东柯谷所作的咏物诗中一改历来形成的审美取向，集中选取衰败、丑恶、腐朽的事物进行描绘，并且直接将它们的"丑"作为一种特殊的"美"加以欣赏和表现，这就大大扩充了咏物诗的选材范围，同时也强化了其所能承载的思想情感。

如《废畦》一首：

秋蔬拥霜露，岂敢惜凋残。

暮景数枝叶，天风吹汝寒。

绿沾泥滓尽，香与岁时阑。

生意春如昨，悲君白玉盘。

畦中的蔬菜经霜露而凋零殆尽，只剩下残存的枝叶，又要经历寒风的催逼，落入泥土之中，绿意与香气一同消殒，是它将要面临的必然结局。回想起恍如昨日的满园春意，不再能够登入玉盘，为人所赏用，其悲哀之情自在其中。想必大家都能从中读出，杜甫是在借田畦的荒废悲叹自己的身世萧条。

再如《萤火》一诗：

幸因腐草出，敢近太阳飞。

未足临书卷，时能点客衣。

随风隔幔小，带雨傍林微。

十月清霜重，飘零何处归。

古人以为萤火虫是腐草得湿气幻化而成，杜甫这里是以之比喻受腐刑之人，即朝中弄权的宦官，讽刺他们依傍天子近侍的身份，不学无术，却对朝政指手画脚，在宫中谗言媚圣，动摇天下大局，并预言其必不长久的结局。比兴讽刺之意昭然，而状物写景又丝毫不失生活情趣，十分巧妙。

其他的咏物诗，如《促织》抒客居之思、《蒹葭》伤仕途坎坷、《苦竹》赞避世高洁、《铜瓶》感兴废之意，都各具特色，且这些诗篇题目两两成对，如《夕烽》《秋笛》《空囊》《病马》，含义与平仄皆对仗整齐，体现了杜甫集中诗咏眼前百物，以抒万千情怀的良苦用心。

咏物篇什之外，杜甫这一时期创作成就最高的作品则要数《佳人》。这是一首写人、叙事，兼有抒情、寓意的古题乐府名篇：

绝代有佳人，幽居在空谷。

自云良家子，零落依草木。

关中昔丧乱，兄弟遭杀戮。

官高何足论，不得收骨肉。

世情恶衰歇，万事随转烛。

夫婿轻薄儿，新人美如玉。

合昏尚知时，鸳鸯不独宿。

但见新人笑，那闻旧人哭。

在山泉水清，出山泉水浊。

侍婢卖珠回，牵萝补茅屋。

摘花不插发，采柏动盈掬。

天寒翠袖薄，日暮倚修竹。

杜甫先化用汉代李延年的古诗句，塑造了幽居空谷的绝代佳人形象，其下十四句则是对其悲惨遭遇的讲述：佳人本是大家闺秀，却因战乱导致家庭破败、骨肉离散，丈夫也因为其娘家的衰落而对其态度转冷，继而移情别恋，只顾与新欢终日调笑，却不顾旧爱的零落痛哭。末尾八句则称赞佳人的节操：如同泉水在山中保持清白一样，佳人也独处空谷，不入尘世，她安守山林中的清贫生活，尽管天寒衣单，却插着松柏、倚着修竹，贞心不改。诗歌题为《佳人》却通篇不言其容貌之美，但通过诗歌的描绘，端庄佳丽的形象则自然浮现在读者的脑海。或许东柯谷中真有这样一位佳人，或许这只是杜甫创造出的艺术形象，但从这位佳人身上，我们明显可以看出杜甫的影子——诗中对于佳人身世的悲叹、人格的颂扬，正是杜甫内心世界的真实写照。这种以佳人自喻的诗歌，前有屈原的《离骚》，后有白居易的《琵琶行》，一个是凭空创造，一个是确有其事，杜甫的《佳人》则介于似真似幻之间，其绝妙也正在于此。

二、政论诗的典范

从咏物诗的创作不难看出，东柯谷中的杜甫并不是一位合格的隐士，他眼前的生活百态，处处都投射着政坛、时局的缩影，比起陶渊明"心远地自偏"的境界，差了不止千里万里。的确，人生理想破灭的巨大苦痛，绝不是东柯谷的青山秀水能轻易治愈的，远离了政坛喧嚣的杜甫，内心也还是放不下国家的安危和人民的苦乐。这集中体现在杜甫于隐居中所创作的政论诗《洗兵马》《留花门》《即事》等作品中。

《洗兵马》表达了对争取彻底胜利和结束战争的渴望，讽刺了朝廷的不当措施和不良风气，全诗分为四层，每层十二句，平仄换韵，朗朗上口，议论一气直下，酣畅淋漓：

中兴诸将收山东，捷书夜报清昼同。
河广传闻一苇过，胡危命在破竹中。
只残邺城不日得，独任朔方无限功。
京师皆骑汗血马，回纥餧肉蒲萄宫。
已喜皇威清海岱，常思仙仗过崆峒。
三年笛里关山月，万国兵前草木风。

第一段写捷报频传，失地陆续收复，并回忆三年多来的战乱经过，对朔方军的功劳大为赞赏，同时为借兵回纥、受制于胡兵而深感忧虑，韵律上采用了"东"韵，铿锵有力，境界洪大，与高昂的情绪互为表里。"三年笛里关山月，万官兵前草木风"，短短十四个字，将瞬息万变的战局写得激烈慷慨而颇具浪漫风情。第二段称赞诸将的功劳，歌颂中兴气象：

成王功大心转小，郭相谋深古来少。

司徒清鉴悬明镜，尚书气与秋天杳。

二三豪俊为时出，整顿乾坤济时了。

东走无复忆鲈鱼，南飞觉有安巢鸟。

青春复随冠冕入，紫禁正耐烟花绕。

鹤禁通宵凤辇备，鸡鸣问寝龙楼晓。

成王即广平王李俶，郭相指郭子仪，司徒指李光弼，尚书则是当时的兵部尚书王思礼，这四人是率领朔方军平叛收复两京的大功臣，杜甫对他们十分赞赏，也一度因为他们的丰功伟绩而萌生中兴的幻想。但紧接着，第三段就开始揭露朝中的各种不正之风：

攀龙附凤势莫当，天下尽化为侯王。

汝等岂知蒙帝力，时来不得夸身强。

关中既留萧丞相，幕下复用张子房。

张公一生江海客，身长九尺须眉苍。

征起适遇风云会，扶颠始知筹策良。

青袍白马更何有，后汉今周喜再昌。

"攀龙附凤"是指攀附肃宗和张皇后而得势的宵小之辈，"天下尽化为侯王"则讽喻肃宗封爵过滥，这正与前段的"成王功大心转小"形成了鲜明的对比，真正的功臣仍在勠力杀敌，而奸佞谗邪则已经开始瓜分胜利的果实，好在有后来的宰相张镐匡正朝廷得失，使得政局一度安定下来，只可惜这位张宰相后来也遭到了罢黜。篇末，杜甫表达了对国家前途的美好憧憬：

寸地尺天皆入贡，奇祥异瑞争来送。

不知何国致白环，复道诸山得银瓮。

隐士休歌紫芝曲，词人解撰河清颂。

田家望望惜雨干，布谷处处催春种。

淇上健儿归莫懒，城南思妇愁多梦。

安得壮士挽天河，净洗甲兵长不用。

国运昌盛、万国来朝，河清海晏、祥瑞浮现，隐士出山林、文人歌盛世，田家安于垄亩、兵卒不苦征戍，这就是杜甫心中的天下大同——而反观之，它们的对立面，则正是杜甫眼前这个国家和时代的凄凉现状。故而杜甫最后发出了感叹："安得壮士挽天河，净洗甲兵长不用！"他将这伟大的憧憬赋予了一位虚无的"壮士"，既让我们感受到了理想的空虚，也看到了杜甫真的在无助中卸下了"致君尧舜上"的千斤重担。

这首《洗兵马》是古今政论诗的典范，从体式上看，杜甫结合了排律的篇章结构和七言歌行的声韵特征，前者便于表现重大题材、营造气势，后者则长于议论、情感连贯通畅，使得这首诗通篇讲论国家大事，同时能将诗人内心的真切感触、深沉思虑，以极为精当的文学语言加以表现，用典新颖妥帖，文气磅礴顺畅，音韵和谐流转，读之丝毫不觉得生涩空洞。

三、同谷与凤凰台

乾元二年十月，杜甫携家眷离开了东柯谷和秦州地界。为什么突然要结束这段隐居生活呢？ 基本是因为生计的原因，他在《发秦州》一诗中说：

> 我衰更懒拙，生事不自谋。
>
> 无食问乐土，无衣思南州。

当初在赞公的帮助下得以安家东柯谷，但士人出身，又年近衰暮的杜甫，想要通过耕种来实现生活的自给自足，也不是一件容易的事，尤其在秦州边塞，风土远逊于中原，他常常陷入缺衣少食的境地。于是，杜甫经过跋涉，来到了诗中所说的"南州"，也就是甘南的同谷，可谁知这次同谷之行，更是让杜甫失望透顶。

杜甫之所以会来到同谷，是因为同谷县令曾对他发出过热情的邀请，杜甫在踏进同谷县境时所作的《积草岭》一诗中就说道：

> 邑有佳主人，情如已会面。
>
> 来书语绝妙，远客惊深眷。

未曾谋面，仅凭一封书信就对其有如此高的褒奖，可见这位"佳主人"对杜甫即将到来的同谷生活规划得有多么天花乱坠，多么令杜甫心驰神往。然而当杜甫真的到了同谷，却发现一切并不那么美好，甚至与秦州的生活水平比还相去甚远。他困居穷谷之中，采橡树果、挖掘黄精为食，饱受饥寒之苦，而那位曾经夸下海口的"佳主人"却对此不闻不问，实在是令人大跌眼镜。

即便在这样艰苦的环境中，杜甫还写作了两组绝世名篇，《同谷七歌》与《凤凰台》。《同谷七歌》原题为《乾元中寓居同谷县作歌七首》，皆是抒发身世乱离之感、穷老作客之悲，其一是七首的总提纲：

> 有客有客字子美，白头乱发垂过耳。
> 岁拾橡栗随狙公，天寒日暮山谷里。
> 中原无书归不得，手脚冻皲皮肉死。
> 呜呼一歌兮歌已哀，悲风为我从天来！

开篇即点清了"客"的身份和"白头"的现状，其下四句则具体描绘眼前的凄惨处境和思归不得的愁苦心情，篇末引天地悲风为之哀叹。之后六章中，其二写举家生计落魄，其三、其四写兄妹骨肉分离，其五写留寓漂泊之感，其六写丧乱难归之悲，其七则再度总结升华。整组诗构思精巧，结构鲜明，表现似写实而实浪漫，语言似粗放而实精美，是一组独具特色的作品，也成了后世竞相模仿的范式。

相对而言，《凤凰台》是一首中规中矩的五言古诗。杜甫登临同谷县南的凤凰台，有感而发，作成此篇：

> 亭亭凤凰台，北对西康州。
> 西伯今寂寞，凤声亦悠悠。
> 山峻路绝踪，石林气高浮。
> 安得万丈梯，为君上上头。
> 恐有无母雏，饥寒日啾啾。
> 我能剖心出，饮啄慰孤愁。
> 心以当竹实，炯然无外求。

血以当醴泉，岂徒比清流。

所贵王者瑞，敢辞微命休。

坐看彩翮长，举意八极周。

自天衔瑞图，飞下十二楼。

图以奉至尊，凤以垂鸿猷。

再光中兴业，一洗苍生忧。

深衷正为此，群盗何淹留。

传说周文王时，凤鸣岐山，正离杜甫所在的同谷凤凰台不远。我们一开始就讲过，凤凰是太平盛世的象征，也是杜甫人生的图腾，他"七龄思即壮，开口咏凤凰"，对这一神鸟有着强烈的自我体认和代入感。诗中写"凤声亦悠悠""饥寒日啾啾"，是在悲叹太平盛世的衰亡，也是哀叹自身的沉沦。唐代文人借凤凰哀叹时局的作品并不少见，最出名的比如李白写的"凤去台空江自流"；但像杜甫一样表明自己愿以忠心热血来哺育凤凰的成长，从而让盛世重现，"再光中兴业，一洗苍生忧"，甘心为之献身的诗人，便再无第二个，这是何等的大境界、大格局。

四、山水诗的大变局

杜甫到达同谷已是十一月，忍饥挨饿度过了艰难的一个月后，杜甫终于决定再次启程跋涉了，而这一次他要去一个注定不会让他失望的地方，那就是有锦城天府之称的成都，那里远离战争的忧患，没有饥寒的侵扰，环境清新怡人，世风淳朴敦厚，是理想的隐居之所，唯一不足的是，通向那里的道路崎岖难行，有多难呢？"蜀道之难，难于上青天！"更为艰难的是，此前从秦州来同谷，杜甫已经拖家带口，在深山峡谷中跋涉了一个多月了。

但越是艰难的处境，越能激发杜甫的诗歌创作灵感，他将沿途所见的山水景色写成了二十四首纪行诗：始于《发秦州》，终于《成都府》，中间有《铁堂峡》《法镜寺》《泥功山》《木皮岭》《白沙渡》《石柜阁》等。这些作品突兀宏肆、挺拔奇崛，随物象形、利落传神，使人读之，山水如在眼前，连缀出了一幅完整的入蜀图卷。

山水诗的创作始于魏晋，一般认为曹操的《观沧海》是诗歌史上第一首以山水为客观审美对象的作品。而这一题材真正发展到蔚为大观，则是在谢灵运手中。谢灵运的山水诗主要记出游过程中从早到晚或由此及彼所见，力主极貌写物、穷力追新，多用铺叙的手法、排比的句式逐一刻画景物，往往有很多精工生动、清丽醉人的名句，但情景交融的缺失则是其诗歌中的短板。与谢灵运并称"大小谢"的谢朓，进一步将山水诗往清新活泼的方向发展，注重景物的剪裁、情景的交融和表现的凝练，这与他所处的齐梁时代诗风有着不可分割的联系。唐代山水诗的集大成者是王维和孟浩然，他们的诗中，主观感受与客观景物浑然一体，整体美与局部美兼备，且层次分明，既有眼前实景，又有虚幻的想象；既有白描勾勒，又有细致彩绘，可谓将南朝以来的山水诗技艺发展到了登峰造极的高度。

说杜甫的山水诗要好过王维、孟浩然，这是不客观的，恐怕杜甫自己也不敢这么认为，但说他在传统山水诗的框架之外开出了新的天地，则是毫无疑问的。齐梁以来的山水诗，追求诗情画意，审美趣味偏于恬静优雅、清新疏朗，极易形成定法成规，产生所谓的熟境、熟意、熟调，从而使得不同境地、不同感受难以在诗中被个性化地表现出来。杜甫的这组山水纪行诗，或探索声韵的拗涩，或追求句法的生新，或表现景物的偶然性特点，或以意识的变化牵动景物的变迁，乃至直接选取险恶的境地和恶劣的心情作为审美表现对象，其用意无不在于刻意提炼出一种异乎寻常的山水诗审美风格，突破成法，削刻生新。

离开华州以后，到达成都以前，这半年时间在杜甫的人生中虽然十分短暂，但却处于承上启下的特殊节点，这一阶段的诗歌创作成就虽然处于长安和成都两个高峰之间，但具有多方开拓的创新意义。杜甫在边塞、山水、田园、咏物等题材上都开出了新的广阔天地，极大地丰富了诗歌版图，为他晚年走向更高的诗歌高峰积蓄了充足的力量！

至此，杜甫的诗歌人生走过了一半的精彩，而他后半生的生活和诗歌创作则同样异彩纷呈，这份精彩始于成都浣花溪畔的美好春色。

第十六讲

锦江春色

——家住锦城边，有屋又有田

一、"我行山川异，忽在天一方"

乾元二年十月，杜甫离开秦州，先去往同谷，又奔赴成都。在历时两个多月，行程一千五百多里的跋涉中，他前后创作了二十四首纪行诗，以刻削生新的特点开创了山水诗的一大变局。 我们就通过这些诗篇先来回味一下杜甫在"难于上青天"的蜀道上都经历了什么。

蜀道上最有特点的景观，便是一路的深山峡谷、悬崖绝壁。一离开秦州，杜甫就迎来了入蜀途中的第一个峡谷——铁堂峡。峡中有铁堂庄，四山环抱，是蜀汉名将姜维的祖居之地，杜甫的《铁堂峡》一诗写道：

山风吹游子，缥缈乘险绝。

峡形藏堂隍，壁色立积铁。

径摩穹苍蟠，石与厚地裂。

修纤无垠竹，嵌空太始雪。

威迟哀壑底，徒旅惨不悦。

水寒长冰横，我马骨正折。

生涯抵弧矢，盗贼殊未灭。

飘蓬逾三年，回首肝肺热。

有过山行经历的朋友都知道，因为地形和气流的原因，深山峡谷之中多凛冽的疾风。 此时正是农历十月，已经入冬，穿行山道中的游子在山风的卷携下翻山越岭，开篇两句写尽了无处安身的漂泊之感。铁堂峡，顾名思义，四周的山壁像堆积的铁块一样乌黑坚硬，把山谷围出厅堂的模样，山上细微曲折的道路仿佛天地与岩石摩擦而产生的缝隙，细长的竹林也一望无边，上面镶嵌着自古未曾融化的积雪，刺骨的水中横着浮冰，环境十分逼仄、压抑，行走在山路之中，实在是令人惨然不悦。而在这座峡谷以外，天地四海又何尝不处在一个逼仄环境之中？叛贼猖獗，国运倾颓，类似的漂泊岁月已经历了三年还看不到尽头，这远比眼前的铁堂峡更令人心生绝望。这首诗紧紧抓住铁堂峡"逼仄"的特点，对其景致加以细致的刻画，并由这一特点引发出相同的世事感慨和生平悲叹，情景契合巧妙、过渡自然，其风格更是打破了历代山水诗以平和冲淡为美的审美传统，具有很强的开创性。

杜甫的众多山峦峡谷纪行诗中，还有一首《石龛》写得很有特色：

熊罴咆我东，虎豹号我西。

我后鬼长啸，我前狨又啼。

天寒昏无日，山远道路迷。

驱车石龛下，仲冬见虹霓。

伐竹者谁子？悲歌上云梯。

为官采美箭，五岁供梁齐。

苦云直斡尽，无以充提携。

奈何渔阳骑，飒飒惊蒸黎！

　　石龛是指山谷中开凿出的供奉神像的小石阁，本自带有一种宗教的神秘、肃穆的色彩。而诗歌的开篇便是一幅高山深谷之中，百兽哀号的图景，杜甫携着一家老少穿行其间，天寒日暮，道远行迷，更觉凄切苍凉、提心吊胆，毕竟事关阖家老小的性命安危，岂敢稍有大意？行进中，杜甫偶遇一人，一边劳作一边悲歌。上前询问一番才知道，他是在砍伐竹子，做成弓箭供应河南、山东前线的官军，五年来笔直合格的竹子几乎砍伐尽了，却还不能满足官府的需求，战乱带给人民的苦难，由此便可见一斑！这是典型的"以小见大"，通过山中竹子砍伐殆尽这样一个小小的细节，就反映出国家战乱的惨烈、持久，竹犹如此，人何以堪？

　　山行之外当然还有水路，尤其进入四川地界，乘舟渡河便是常事了，《水会渡》记载了一次夜间渡江的经历：

山行有常程，中夜尚未安。

微月没已久，崖倾路何难。

大江动我前，汹若溟渤宽。

篙师暗理楫，歌笑轻波澜。

霜浓木石滑，风急手足寒。

入舟已千忧，陟巘仍万盘。

迴眺积水外，始知众星乾。

远游令人瘦，衰疾惭加餐。

为了尽快抵达目的地，杜甫一行星夜兼程，在没有月光的暗夜里还要渡江赶路。面前是如大海一般浩荡宽广的江水，因为夜间看不清楚，只能体会到它的动感，江上的船夫在谈笑间理动舟楫劈波斩浪。这份从容更反衬了杜甫心中的惊吓和战栗，他不知是因为夜间江上的大风还是因为害怕而出了一身冷汗，手脚都觉得冰凉。下船之后，还要继续在山路中盘桓，而露水降在石头上，使得道路湿滑，更增添了夜行的艰险，令人忧心百转。在山上回望刚刚渡过的江水，才发现满天的星斗原来是干的，而并非浸泡在水中。这是用追述的方式表现渡江之时水天浑融的感受，天地广大，飘然无着，远行至此依然不知前路几何，心中由此生出更浓重的悲哀。

杜甫和他的家人，整个冬日都穿行于深山峡谷，来回渡了几次大江大河，又走过栈道，穿过剑阁，终于在乾元二年岁末，到达了心中的目的地成都，送走了崎岖坎坷的征途和艰难困苦的严冬，转而拥抱即将到来的豁然开朗的明媚春光。

二、营建草堂

当时的成都，在全国城市序列中具有崇高的地位，即使与两京长安、洛阳相比，也并不逊色。一是有发达的农业经济，当时的经济中心号称"扬一益二"，其中的"益"是益州，也就是成都；二是安史之乱中玄宗入蜀避难，造就了这里独特的政治地位，成都一度被定为唐王朝的"南都"，受到朝廷的重点关注。杜甫选择来到这样一座城市，当然有他自己的考量——想要隐居的话，这里有相对安定的局势、优越的环境和发达的经济，杜甫凭"玄宗钦定文坛名家"和"肃宗朝离退休干部"的身份，可以轻松保障家人衣食无忧，还有一批老朋友就在附近做官，比如严武在巴州、刘秩在阆州、高适在彭州，都离成都不远，既能给他一些生活上的支持，往来沟通交游也很方便；而如果想要东山再起，重入官场，在这样一座"直辖市"中，总比其他地方有更好的政治资源和门路。成都对杜甫来说，是个可进可退的选择。

乾元二年十二月底，经过两个多月艰难的跋山涉水，豁然开朗的成都平原和雄壮的成都府出现在了杜甫的眼前，他意识到即将开始一个崭新的人生阶段，于是写了一首诗抒发心中的感怀：

> 翳翳桑榆日，照我征衣裳。
>
> 我行山川异，忽在天一方。
>
> 但逢新人民，未卜见故乡。
>
> 大江东流去，游子日月长。
>
> 层城填华屋，季冬树木苍。
>
> 喧然名都会，吹箫间笙簧。
>
> 信美无与适，侧身望川梁。
>
> 鸟雀夜各归，中原杳茫茫。
>
> 初月出不高，众星尚争光。
>
> 自古有羁旅，我何苦哀伤。

杜甫此时内心的情绪主要有三种：一是结束艰苦征途的喜悦，夜以继日地穿行于"难于上青天"的蜀道，拖家带口，甚至几度与死神擦肩而过，终于感受到眼前环绕的山峦逐渐变为宽敞肥沃的平地，安静明澈的溪泉取代了汹涌的大江大河，这是历经千辛万苦后的苦尽甘来，实属不易；第二种心情是对成都环境的欣慰和对新生活的期待，层城华屋，鸡犬相闻，百姓安居乐业，这样的场景对于从安史之乱前线而来、在人间地狱中走过几遭的杜甫来说，无异于一剂救命的强心针，唤起了他对于这片他热爱的土地的最后一丝希望，加之寒冬将尽，春气已经浮动，杜甫不禁畅想，大唐是不是也要经冬历春了呢？ 第三种心情当然还是对中原的怀念，毕竟对于已经四十八岁、身体日趋多病的杜甫来说，要再来一次穿越蜀道的旅行，几乎是不可能实现的奢望了。"锦城虽云乐，不如早还家"，他深深地明白故友李白诗中的真谛，却已经不可能再做出其他选择了。这首《成都府》体现了杜甫此时内心的矛盾，但从他在篇末尚能自我纾解"自古有羁旅，我何苦哀伤"，看得出来，昂扬的情绪整体还是占上风的。

来到成都的杜甫先是寄居在城西的草堂寺中，刚刚住下，问讯的书信便接踵而至。听说他暂住在寺院，老朋友高适写了一首《赠杜二拾遗》来问候他，想问问他生活如何，近来有什么大作。杜甫也很快写了回信，从中我们大致能看出杜甫初到成都的生活状态：

古寺僧牢落，空房客寓居。

故人供禄米，邻舍与园蔬。

双树容听法，三车肯载书。

草玄吾岂敢，赋或似相如。

他说自己住在古寺里的一间空着的客房，寺僧和往来的香客都比较稀少，环境十分清静；生活上，粮食蔬菜都有人提供，衣食饱暖都宽裕无虞。除此之外，杜甫的精神生活也十分丰富，时而到佛殿里听法师们讲经说道，时而在家中闭户读书，虽不比扬雄能够著书立说、自成一家，也勉强可以写出像司马相如一样优秀的诗赋。扬雄和司马相如都是蜀中文人的杰出代表，杜甫将自己与他们相比，体现了对蜀地文化的欣赏与认同，也说明对于眼前的生活处境他是十分乐得自在的。

诗中提到的"供禄米"的这位"故人"，一般认为是当时的成都尹裴冕。杜甫与他虽然没有太多私交，但毕竟二人曾同在肃宗朝堂为官，裴冕对远道而来的这位老同事、大诗人略表心意，安排他在草堂寺住下，并且赠与一些米粮，对他来说不是什么难事。但在寺院住着毕竟不是长久之计，既然成都是个宜居城市，杜甫又有长住下去的打算，拥有自己的住房也就成了必然的需求，于是转年春天，杜甫就开始在裴冕的帮助下营建草堂了。

《卜居》一诗记录了草堂的选址经过：

浣花溪水水西头，主人为卜林塘幽。

已知出郭少尘事，更有澄江销客愁。

无数蜻蜓齐上下，一双鸂鶒对沉浮。

东行万里堪乘兴，须向山阴上小舟。

"主人"依然是指"尽地主之谊"的裴冕。他听说杜甫想找寻一个有山林、有池塘的幽静居所，便立刻想到了城西的浣花溪畔，并带杜甫去实地考察。这里远离城市的喧嚣，还有锦江流过，比小溪流更能洗刷杜甫的一腔客居闲愁。江上蜻蜓翻飞、水鸟安静地游走，足以在平日陶冶情操、荡涤诗思。倘若一时兴起，也随时可以模仿古人，驾上一叶小舟，东下吴越，来场说走就走、尽兴而归的旅行。这样诗意生活的描述，对杜甫来说，远比各种房地产宣传广告更具吸引力，春光明媚中与浣花溪的这场邂逅更是让杜甫心旷神怡，二话不说，他就下定了在这里安家的决心。

有裴冕做主，杜甫很快就获批了宅基地和绿化用地，不过从哪里找钱盖房子，这是个问题。裴冕少不了赞助一些，裴冕手下的官员们以及杜甫在周边做官的这些亲朋好友，比如高适、严武之类的可能也凑了些份子，加上杜甫自己的积蓄，建成房屋的主体大致没什么问题。至于装修和布置，杜甫也有他的好主意：有"裴市长的好朋友"这块金字招牌，治下的这些官僚乡绅多少都要给些面子，缺什么就找他们去要，至于回报，就给人家写上一首诗表达一下感谢吧！

于是，杜甫找一个叫萧实的县令要了一百棵桃树苗栽在房前屋后；找绵竹县令韦班要了三丛当地特产的竹子种了下来；还找绵谷县尉何邕要了数百根桤树苗，桤树生长起来很快，都种好之后，草堂已经绿树成荫，郁郁葱葱了。这时，杜甫又觉得少了些瓜果的点缀，于是向一个姓徐的乡绅要了些果树来种，梅子、李子什么都有；后来，他听说大邑瓷是成都当地的名品，又找了那个送他竹子的县令韦班要了些瓷碗来摆在家里。杜甫仗着自己的人脉，要东西的时候多少还显得有些盛气凌人，我们可以看看他写的《萧八明府实处觅桃栽》：

奉乞桃栽一百根，春前为送浣花村。

河阳县里虽无数，濯锦江边未满园。

他说：萧县令啊！你那里的桃树多得数不完，而我的园子里可还空着呢！反正你留那么多桃树也没什么用，就赶着春天抓紧给我送一百棵过来吧！ 这是多么大的口气和多么牵强的理由。不过从历史的眼光来看，这几位因为资助了杜甫营建草堂，而得以在青史上留下了自己的姓名，也实在是一笔无比划算的买卖了。

历经一两个月的选址、营建和装修，春天还没完，一切都已经布置妥当，杜甫终于带着妻儿老小住进了草堂，开始了幸福的田园生活。

三、"舍南舍北皆春水"

上元元年（760）暮春，杜甫搬进了浣花溪畔的新家，为了庆祝这件喜事，他写了一首《堂成》：

背郭堂成荫白茅，缘江路熟俯青郊。

桤林碍日吟风叶，笼竹和烟滴露梢。

暂止飞乌将数子，频来语燕定新巢。

旁人错比扬雄宅，懒惰无心作解嘲。

白茅盖成的草堂背靠着城郭，沿江的道路俯临着郁郁葱葱的郊野，杜甫已经走得很熟络了；草堂的四周是他要来的那些草木，短短的时间里已经成材，桤树林挡住了阳光，叶子在微风吹拂下仿佛在浅声低唱，那几丛竹子也在香烟缭绕中青翠欲滴，昭示着春意正浓；飞来几只乌鸦和燕雀，带着它们的子女，在这树梢上安家落户，这也是杜甫的自比，经历了长久的漂泊，终于有了可以"暂止"的"新巢"；有人将这里比作昔日扬雄的居所，那份世外逍遥的隐逸之情可能的确有几分相似，不过不同的是，此刻的杜甫无意著书立说，不愿费尽心思写出一部《解嘲》一样的著作。这首诗表达了杜甫对于草堂落成由衷的喜悦之情，虽然无心作《解嘲》，但他有了充裕的生活和安闲的创作环境，可以进一步精研诗歌技艺了。杜甫后期诗歌创作中律诗的比例大大提升，与此有着十分密切的关系。

除了自己喜悦之外，杜甫乔迁新居，当然也少不了高朋贵友前来与他道贺，《宾至》和《客至》两首诗便记录了相关的场面。先来看《宾至》：

> 幽栖地僻经过少，老病人扶再拜难。
> 岂有文章惊海内，漫劳车马驻江干。
> 竟日淹留佳客坐，百年粗粝腐儒餐。
> 不嫌野外无供给，乘兴还来看药栏。

这首诗写得十分客气，不太符合老杜爱吹牛的性格，可见来的大概是个身份地位比较高的人。杜甫感慨自己幽居田园，少与外界来往，更没有达到海内知名的地步，因而面对大费周章、大排仪仗前来拜访的贵宾，多少显得有些不好意思，强拖着老病之躯前来拜迎，诚恳地留客人在田园中游览、畅谈，并备下简陋的饭菜热情招待，临别之际还表达了再度邀请的心愿。虽然客观条件实在有限，但看得出杜甫待客的诚意满满。

相对而言，《客至》更为清新活泼，具有生活情趣，艺术成就也更高：

舍南舍北皆春水，但见群鸥日日来。

花径不曾缘客扫，蓬门今始为君开。

盘飧市远无兼味，樽酒家贫只旧醅。

肯与邻翁相对饮，隔篱呼取尽余杯。

首联是日常环境描写，锦江和浣花溪环绕着草堂，终日只有白鸥相与往来，这是超然世外的生活环境，身处其间的杜甫从不为他人打扫花径、敞开蓬门，但今日却破例为之，足见来的这位朋友与杜甫的友谊非同寻常。朋友到来，当然要设下酒宴招待，只是菜色有些单一，酒也只有陈酿，但这丝毫不影响故友把酒话相逢的欢愉，他们越喝越聊越开心，杜甫也不禁想把新认识的邻居拉来一起尽兴，于是隔着篱笆便呼喊起来："隔壁老头，我家来客啦，快拿点酒、拿些菜过来，咱们一起喝个一醉方休！"这首诗语言清新质朴，画面感极强，既有七律本来的平和冲淡之美，又富有结构上的跳跃感和层次感，客至的喜悦、邻家的淳朴、杜甫的隐逸情志，都在这热闹喜庆的场景中鲜活地呈现了出来。

四、"丞相祠堂何处寻"

成都不仅是唐朝的政治、文化重镇，同样是有着悠久历史和深厚积淀的文化名城，前面讲到，杜甫对于成都的历史文化有着强烈的欣赏和认同。而与成都有关的历史文化名人中，杜甫最为钦佩，对他产生了最大影响的，当数诸葛亮，所以杜甫刚刚把家安顿好，就迫不及待怀着崇敬的心情去拜访了位于成都城南的武侯祠，同时写作了《蜀相》

一诗：

> 丞相祠堂何处寻？ 锦官城外柏森森。
>
> 映阶碧草自春色，隔叶黄鹂空好音。
>
> 三顾频烦天下计，两朝开济老臣心。
>
> 出师未捷身先死，长使英雄泪满襟。

开篇自问自答，交代了武侯祠的所在，也体现了对它内心的向往和崇敬。中国传统文化中以柏树栽于陵墓四周，以寄托追思之情，也显得庄严肃穆。第二联是走进祠堂的近景，台阶上的青草自顾自地萌发绿意，树叶间的黄鹂也徒自吟唱着。大家都说"自"和"空"两个字用得好，体现了杜甫无心欣赏美景，其实除此之外，还昭示了自然与历史的无情，就像春草年年变绿，黄鹂总会啼鸣一样，历史的发展自有其规律而不因人的心情、意志而转移。读出了这一层意味，也就更能懂"长使英雄泪满襟"的根源：诸葛亮自出茅庐之后用尽智谋为蜀汉献计，尽心辅佐刘备父子两代君王，奋力如此却还是出师未捷，终究没能抵挡住岁月的匆匆脚步，不能以一己之力扭转天命——这种大宇宙历史中渺小个体的无力感，正是埋藏在杜甫乃至全体中国文人士大夫内心深处，永远不可能被治愈的悲痛。

面对这一不可调和的根本矛盾，历代文人士大夫也有着不同的选择：有人努力建功立业，名垂万世；有人主张纵情自在，乐得逍遥；有人随缘顺化，道法自然。杜甫此时，选择了不去考虑这个问题，"懒思身外无穷事，且尽生前有限杯"，好不容易来到了成都，建起了草堂，就先在这里过上一段逍遥自在的田园生活，其他的以后再说吧。

第十七讲

田园村居

——村里有个"萌叔"叫老杜

一、"江村事事幽"

草堂建成已经是暮春时节了，杜甫从长安的"少陵野老"化身为成都浣花溪畔的"狂夫"，于是写下了一首题为《狂夫》的七律，记录了此时的生活与心态：

> 万里桥西一草堂，百花潭水即沧浪。
>
> 风含翠筱娟娟净，雨裛红蕖冉冉香。
>
> 厚禄故人书断绝，恒饥稚子色凄凉。
>
> 欲填沟壑唯疏放，自笑狂夫老更狂。

古"渔父歌"唱道："沧浪之水清兮，可以濯吾缨"，于是"沧浪"历来是隐逸的代词，杜甫说万里桥西草堂边的那片百花潭水，就是"沧浪之水"，自然是将这里当作逍遥隐居的洞天福地：这里丛竹青翠，荷花红艳，在微风吹拂、细雨滋润中，更显得纯洁、明丽，更有芬芳扑鼻，的确是一派引人入胜的仙境美景。这里要提醒大家注意颔联的句式："翠筱"是绿竹，要显得"娟娟净"自然是在雨水浸润过后，而"红蕖"的芬芳则要凭借风力才能"冉冉"飘"香"，于是我们发现，杜甫在这一联中将"风"与"净"、"雨"与"香"放在一起，其实是运用了交错见意的构思，通过句式的上下穿插，将视觉与嗅觉的舒适感交错融合在一起，形成了更为浑融的诗意之美。紧接着，杜甫发了几句牢骚：当大官的朋友好久不联系了，使得我一家缺衣少食，儿子都饿得不像样子；面对这种快要饿死的处境，我也只能狂放不羁、一笑了之，谁让我是个越老越狂的狂夫呢？有人由此判断杜甫的田园生活很艰辛，甚至有人将之作为杜甫与裴冕交恶的证据，说他这是在埋怨对方不给他提供生活来源了。我认为这样的理解过于穿凿，裴冕帮杜甫修成了草堂，已经是大恩一件，他平日忙于自己的政务，倘若对杜甫偶尔有些疏远，也当然是可以理解的，杜甫何至于为此写诗加以讽刺？诗圣想来不是那样小心眼的人物，更何况此时的他无论如何也沦落不到"欲填沟壑"的地步啊。其实这四句更像是一种"明志宣言"，越是将自己说得凄惨、落魄，恰恰越能体现他心志的高洁与超然，与陶渊明《五柳先生传》中自称的"环堵萧然，不蔽风日，短褐穿结，箪瓢屡空"如出一辙，其实根本不是那么回事，重点还在于最后的"晏如也"！

不信我们再来看看杜甫的另一首诗《江村》：

清江一曲抱村流，长夏江村事事幽。

自去自来梁上燕，相亲相近水中鸥。

老妻画纸为棋局，稚子敲针作钓钩。

但有故人供禄米，微躯此外更何求？

　　全诗立足于一个"幽"字，首先体现在环境的清幽：清江环抱着夏日的草堂，为这里送来清凉与静谧，房梁上的燕子自由地飞来飞去，全然不介意檐下的人类活动，水中的鸥鹭则互相亲近嬉戏，时而也来到岸边与人互动，这是一派人与自然和谐相处的图景。在这样平和冲淡的环境之中，杜甫一家也难免迸发出生活的幽兴：妻子拿来一张纸画成棋局，要与丈夫在方寸天地间一较高下，儿子则偷出母亲缝补衣衫的针，用石头敲弯，准备做成钓鱼钩。从这两个细节不难看出，一家人的生活的确不富裕，娱乐设施都要靠自己去研发，但至少是饱暖无虞，否则也不会有这样的闲情雅致。的确，故人还是拿禄米供养着他们一家，使得杜甫感到满足，别无所求。

　　江村的南北则各有一些邻居，杜甫与他们关系不错，分别写了《南邻》《北邻》来记录彼此的交情，其中《南邻》写得比较有趣：

锦里先生乌角巾，园收芋栗未全贫。

惯看宾客儿童喜，得食阶除鸟雀驯。

秋水才深四五尺，野航恰受两三人。

白沙翠竹江村暮，相对柴门月色新。

　　这位邻居是一位喜欢头戴黑色方巾的先生，家境一般，园子里种着许多芋头和板栗，收成倒也不错。他热情好客，就连孩子们都习惯了宾客盈门的感觉，总是面带笑容，就连鸟雀也都被他驯服，成了到他阶上觅食的常客。秋天锦江涨水，不过也就四五尺深，恰好便于两三人的船只放游漂荡，杜甫就与他相约出游，惬意地看着江边的白沙滩、翠绿的竹林都渐渐笼罩在夜色中，才各自在初升的明月照耀下，依依不舍地返回柴门。

以上这些田园牧歌式的生活图卷，正是杜甫在成都草堂中近两年幸福生活的真实写照。

二、春雨和春花

渐渐地，杜甫习惯了"卜宅从兹老，为农去国赊"的田园生活，虽然其间也有时思虑国事、怀念中原故乡，但总体上还算是超然世外的，眼前的种种烦心事大多能在山水田园中超脱，唯独对于岁月流逝、人生衰老的感伤，却无论如何都洗刷不掉，尤其到了岁暮，这份感伤就越发浓烈起来。

上元元年冬，故友裴迪从蜀州寄来一首"早梅诗"，诗中的情意又触碰到了杜甫的敏感神经，于是他很快写了回赠之作《和裴迪登蜀州东亭送客逢早梅相忆见寄》：

> 东阁官梅动诗兴，还如何逊在扬州。
> 此时对雪遥相忆，送客逢春可自由？
> 幸不折来伤岁暮，若为看去乱乡愁。
> 江边一树垂垂发，朝夕催人自白头。

南朝何逊有《咏早梅》诗，杜甫开篇用他来比喻裴迪，是称赞裴迪的文采；"相忆"和"送客"皆是回应裴迪原诗之意，既不得自由，便不必拘泥礼数，有相忆之情则足矣。裴迪原诗之中想必有折梅相赠之意，却未能如愿，杜甫颈联是对此的评论，幸好你没有折来梅花，令人对着它感伤岁暮的到来，诱发思乡的情愁。可是人算不如天算，即便裴迪不折、杜甫不看，这梅花就不开了吗？岁暮就不来了吗？当然不能，眼前的锦江边就有一树梅花含苞待放，在朝夕之间提醒着杜甫岁月的流逝，催他白头！后人评价这首诗"无一字不言梅，无一字是言梅，曲尽其意，往复尽情，笔力横绝千古"，的确是毫不过分。

转眼冬去春来，一场春雨为成都带来了新的生气，杜甫也渐渐从岁暮的愁苦中解脱了出来，写下了《春夜喜雨》这首脍炙人口的名篇：

好雨知时节，当春乃发生。

随风潜入夜，润物细无声。

野径云俱黑，江船火独明。

晓看红湿处，花重锦官城。

对于这首诗，似乎没有太多可讲，大家只需认真去欣赏其中的平淡之美，无论是音韵的冲融、句式的朴素还是色彩的调和搭配、意象的平和雅致，都像诗中所说的，"润物细无声"地将这份春雨的滋润感送进读者的心田。唯一值得提醒的是题目中的"喜"字。"喜雨"是什么意思呢？喜欢下雨？还是因为下雨而感到喜悦？其实都不是，"喜雨"就是指好雨，令人喜悦的雨，与之相对应的是"苦雨"，我们常说"凄风苦雨"，这样类比大家就比较容易理解；一定程度上来说，"喜雨"还特指有助于农业生产的雨，所以杜甫开篇说"好雨知时节"，这也正是针对农业生产而言，他既躬耕于田园，自然就有着这样一份体验。

一场春雨过后，满城的春花烂漫开放，在房中看见"花重锦官城"的杜甫当然还不过瘾，想要出门去亲身找寻花的迷香，于是他沿着锦江展开了一场浪漫的寻花之旅，并将这次旅行写成了绝句组诗《江畔独步寻花》。组诗的第一首即交代了出游的动机：

江上被花恼不彻，无处告诉只颠狂。
走觅南邻爱酒伴，经旬出饮独空床。

满目花开自然惹人喜爱，爱而不得，故觉烦恼，尤其是春尽花会凋谢，这种美好事物难以长久的必然遗憾最令人感到癫狂。杜甫本欲找寻南邻那位戴着乌角巾的先生一同游览，途中与其倾诉，却无奈扑了个空，人家出门喝酒去了，还一去十几天，等他回来花都该谢了。得了，自己"独步寻花"去吧，这其实体现了杜甫心中的孤独感。我们来看其二：

稠花乱蕊畏江滨，行步欹危实怕春。
诗酒尚堪驱使在，未须料理白头人。

这首诗点出了上篇所提到的"恼"的内涵，是因为充满生机的百花令杜甫对自己的日趋衰老感到越发失落，同时，花又足以消忧，杜甫漫步花丛，兼以诗酒做伴，则沉醉之时就不会顾及白头的忧虑了。

其三和其四分别写江边和少城中的花开之景：

江深竹静两三家，多事红花映白花。

报答春光知有处，应须美酒送生涯。

东望少城花满烟，百花高楼更可怜。
谁能载酒开金盏，唤取佳人舞绣筵。

一个是江深竹静、红白相映，一个是花满如烟、直上云霄，一淡一浓、一疏一密，在杜甫眼中也是各具情态，都值得纵酒取乐，只是前者适宜静中独酌，后者则必开筵高会、歌舞相伴，不管动静取舍如何，都不难看出杜甫的乐情已经战胜了愁情。

其五写黄师塔东的一簇桃花：

黄师塔前江水东，春光懒困倚微风。
桃花一簇开无主，可爱深红爱浅红？

这首诗区别于前几首的最大不同在于，诗中有一个意象消失了，那就是酒，前面几处寻花，杜甫尚需借酒取乐、助兴，至此篇时，则已经不需要了，他完全沉浸在了花本身带来的愉悦心情之中。其六是我们最熟悉的一首：

黄四娘家花满蹊，千朵万朵压枝低。
留连戏蝶时时舞，自在娇莺恰恰啼。

这首诗中，春花之美、人与自然的亲切和谐，都跃然纸上。"黄四娘家花满蹊"一句颇有民歌风味，生活气息很浓，农家小路上开满鲜花，本就是人与自然和谐共生的反映；次句 "压枝低" 形象地写出了繁花沉甸甸地压弯枝条的感觉。后两句写花枝上彩蝶蹁跹，因恋花而 "留连" 不去，见此情景，不免使漫步的人也 "留连" 起来；正在赏心悦目之际，恰巧传来一串黄莺动听的歌声，将沉醉花丛的诗人唤醒，继续前行的步伐。"自在" 不仅是娇莺的姿态，也是杜甫心中愉快轻松的写照。进一步看，"时时舞" 是不曾停歇的持续飞舞，这蕴含在浓浓春意的情理之中；"恰恰啼" 却来得机巧有致，是偶然得之的意料之外，诗歌以此结尾，却引出前路更美好的无限春光，饶有余韵。这首七言绝句，真可谓 "一字千金"！

最后来看其七，这是对行程的总结：

不是爱花即肯死，只恐花尽老相催。

繁枝容易纷纷落，嫩蕊商量细细开。

赏罢了繁花美景，杜甫重又回归现实生活，再度表达了对花的喜爱和年华老去的担忧，最终他传语花朵，希望它们慢慢开放，不要过早凋谢，当然这只能是一种无奈的奢望。

这组诗歌是杜甫七言绝句中的精品，七言绝句创作的一大难点在于篇幅太短，很难将复杂的情感浓缩进去，这组《江畔独步寻花》除了像其六一样追求 "一字千金" 的表现力之外，最大的开创性在于联章体的创作模式——就是在七篇之中贯穿起连贯的故事线索或抒情脉络，使得它们浑然一体，共同反映一个主题，这就解决了篇幅和表现内容之间的矛盾。这组诗歌有明暗两条线索，一是 "独步寻花" 的游踪，一是情绪的起伏波动，而且组诗中很好地安置了 "酒" 这样一个对比性的意象，就使得杜甫对"花"的态度变化显得更加明显。

无论春雨还是春花，都是杜甫美好田园生活的侧面，但这份快乐和美好，没过多久就真的随繁花凋谢，随春光远去了，取而代之的是一场萧瑟、凛冽的秋风。

三、茅屋与"广厦"

上元二年秋八月，一场大风席卷成都，酿成了灾害，更给杜甫的草堂带来了惨痛的破坏。堂前一棵二百多年的高大楠树被大风拔去，杜甫平日很喜欢这棵树，他曾写了一首《高楠》来歌咏它：

楠树色冥冥，江边一盖青。

近根开药圃，接叶制茅亭。

落景阴犹合，微风韵可听。

寻常绝醉困，卧此片时醒。

这棵楠树根深冠大，亭亭如盖，杜甫的草堂正是依托它而修建，它树叶四垂，浓荫铺地，微风吹拂下还能发出悦耳的响声。最为神奇的是，每当杜甫喝得酩酊大醉，只要在树下小睡片刻，便能清醒过来，看起来是一棵神木啊！ 然而正是这样一棵高大、神奇、颇得杜甫喜爱的楠木，却突然被天灾夺走，杜甫心中当然非常痛惜，于是他写下了一首《楠树为风雨所拔叹》：

倚江楠树草堂前，故老相传二百年。

诛茅卜居总为此，五月仿佛闻寒蝉。

东南飘风动地至，江翻石走流云气。

干排雷雨犹力争，根断泉源岂天意！

沧波老树性所爱，浦上童童一青盖。

野客频留惧雪霜，行人不过听竽籁。

虎倒龙颠委榛棘，泪痕血点垂胸臆。

我有新诗何处吟？　草堂自此无颜色！

　　全诗以四句为一个单元，今夕交错展开：开头四句是对《高楠》这首诗的重复，写自己对这棵楠树的喜爱；其下四句则讲述了暴风骤雨将其连根卷走的经过，"江翻石走""干排雷雨"的气势，的确难以抵挡；紧接着四句又回顾昔日楠木带给自己和游人们的清凉与天籁；篇末四句写诗人面对老树残躯内心的悲凉情绪和对草堂失色的无限叹惋。

　　然而天灾还没有结束，在楠树被风雨拔走后不久，草堂的茅屋也受到了侵袭，这就不只是失不失色的问题了，而是更为艰辛的冻饿之苦。对此，杜甫写下了更为震撼人心的绝世名篇《茅屋为秋风所破歌》，这首诗也是他在成都时期诗歌创作的巅峰。全诗分为四层，第一层交代茅屋受灾的景况：

八月秋高风怒号，卷我屋上三重茅。

茅飞渡江洒江郊，高者挂罥长林梢，下者飘转沉塘坳。

　　这五句以刚劲有力的笔锋，简括而生动地写出了秋风的狂暴，"江郊""林梢""塘坳"，一远、一高、一低，将秋空写得极为辽阔，因此也就越能反映狂风来势之猛，并由此反衬出巨大空间中渺小个体的惊悸。且这五句，句句押韵，接连不断的韵脚就产生了急剧的节奏，有助于烘托诗中紧张的气氛；"萧"韵的选择，则以极为萧瑟的听感，象出秋风怒号之态，极大地渲染了情境。这样的天地环境已经足以让人绝望，而发生在人间的事则更让杜甫感慨：

南村群童欺我老无力，忍能对面为盗贼。

公然抱茅入竹去，唇焦口燥呼不得，归来倚杖自叹息。

散落的茅草被南村群童抢掠式地抱走，衰病缠身的杜甫对此无能为力，唇焦口燥地呼喊当然无济于事，只能空手而归，倚杖叹息——我们可以设想杜甫在叹息什么。首先当然是自己的衰老无力，任由邻村的顽童和漫天大风欺凌；与此同时，多少也有对顽童们的同情，他们为什么要抢夺茅草？ 恐怕也是自家的茅屋受了灾祸吧？杜甫作为退休老臣、一代文豪、"市长"的朋友，尚且受灾如此，何况那些寻常百姓人家呢？所谓"仓廪实而知礼节"，群童甘心为盗，欺凌老弱，想来也是被逼无奈吧！这恐怕是杜甫心中更为深沉的忧思。接下来，杜甫回忆了自己丧乱以来的心路历程：

俄顷风定云墨色，秋天漠漠向昏黑。

布衾多年冷似铁，娇儿恶卧踏里裂。

床头屋漏无干处，雨脚如麻未断绝。

自经丧乱少睡眠，长夜沾湿何由彻！

狂暴的大风停息了，但灾祸没有结束，继之而来的是连绵秋雨和漫漫长夜。缺少了茅草遮盖的房屋，既不能挡雨，也不能御寒，一家人避开滴雨的屋顶，挤在破棉被中，还是冻得瑟瑟发抖。棉被像铁一样，又硬又冷，这真是奇绝的比喻。儿子在床上还不安分地蹬来蹬去，把那条破棉被踢得越发残破，更加让人难以入睡。自从安史之乱以来，杜甫就没有过上太多好日子，本来到成都找到了难得的悠闲，而今却重新遁入了痛苦的长夜。杜甫就在这长夜中畅想、思索，由目前的痛苦想到过去的悲惨遭遇，由个人的悲惨遭遇想到天下黎民的苦难生活，再进而产生了甘愿为天下大众的幸福而牺牲自身的强烈愿望：

安得广厦千万间，大庇天下寒士俱欢颜，风雨不动安如山。

呜呼！何时眼前突兀见此屋，吾庐独破受冻死亦足！

这是杜甫的人格精神的一次回归与觉醒：这次天灾让他认识到了安闲生活的脆弱，所以他才渴求"风雨不动安如山"的广厦；也让他反思了自己在乱世中求取一身安逸的自私，所以他要"大庇天下寒士俱欢颜"；但同时，他也知道，逝去的理想终究不能再回来，所以他才会追问"何时眼前突兀见此屋"，所谓"何时"，其实也就是"永远不会"。这里多说一句，一度有人将这首诗中的"寒士"解释为贫寒读书人，并批评杜甫的阶级立场，这是不正确的，这里的"寒士"其实与《自京赴奉先县咏怀五百字》中的"失业徒""远戍卒"，与"三吏""三别"中的那些苦难人民是一致的，都是杜甫深切同情与关切着的广大人民群众。

这首诗语言朴素生动，带有强烈的感情色彩，前半部分注重描写、叙述，但紧扣主题，充满感情，过渡到后半部分的抒情就显得水到渠成，十分自然，且将理想的具象呈现为"广厦千万间"，就更加有针对性，能打动人。

　　一场大风过后，我们所熟知的那个忧国忧民的杜甫回来了，这种转变不知道是好事还是坏事，但它确确实实发生了，而且很快，杜甫在这个残破的茅屋里也住不下去了，于是他的田园村居生活也就画上了句号。

第十八讲

流寓两川

——从南走到北，从西走到东

一、"不堪人事日萧条"

杜甫近两年安闲悠然的田园生活美梦，随着上元二年（761）秋日一场大风的到来，而被吹落凡尘，消散风中。忧国忧民、百感交集重新成为杜甫生活和诗歌创作的主色调。

写下《茅屋为秋风所破歌》之后不久，杜甫又怀着复杂的心情，写下了一首《百忧集行》：

> 忆年十五心尚孩，健如黄犊走复来。
>
> 庭前八月梨枣熟，一日上树能千回。
>
> 即今倏忽已五十，坐卧只多少行立。
>
> 强将笑语供主人，悲见生涯百忧集。
>
> 入门依旧四壁空，老妻睹我颜色同。

痴儿不知父子礼，叫怒索饭啼门东。

　　开篇四句追忆少年旧事，写得很有童真童趣：十五岁的杜甫尚且有孩子般的天真，身手像小黄牛一样矫健，在梨枣成熟的时节，不断地爬树采摘，不知疲倦。转眼之间，却已到了知天命的年纪，如今连行走和站立都已经不是那么顺心，更不必说爬树了，况且每天强颜欢笑与人结交，心境也远不比童年时的无忧无虑。自身已是这样衰朽可怜，却还要承担家庭生活的重担，对于身无长物、家徒四壁的处境，妻子尚可以与他同甘共苦、一起承担，幼小的孩子却没那么懂事，一个劲儿地在门口发着脾气索要食物。这首诗仍然胜在浓郁的生活气息和生动的画面感，以及诗中所传递的避免不了、推卸不掉、让人感同身受的那份"中年危机"。

　　从诗中也不难看出，杜甫一家此时的生计的确不比往日了。接济杜甫来到成都并协助他营建草堂的那位裴冕"市长"，在上元元年（760）三月被调离了成都；继任的是李若幽，他原是朔方军的将领，与杜甫政见比较接近，关系也不错，裴冕走后也一直关心和接济着草堂中的杜甫；一年后，李若幽也调离成都，取而代之的是崔光远。这个崔光远早年曾和杨国忠交好，后来又与郭子仪不睦，所以从政治立场来看，和杜甫大体是相悖的，加之他性格傲慢，任气无学，更是与杜甫不相和，《百忧集行》中"强将笑语供主人"的"主人"正是指崔光远，在他治下，杜甫的生活水准大幅下降，情绪的起伏波动当然也就比较多了。

　　国家的局势此时也有一些动荡，一方面段子璋、花惊定先后在东川作乱，残杀军民，大肆掳掠，另一方面吐蕃步步紧逼，对川西的松、维、保三州虎视眈眈，当时的蜀中可谓内忧外患。一天，杜甫骑马来到成都西郊骋望，写下了一首题为《野望》的七律，表露了此时的心境：

> 西山白雪三城戍，南浦清江万里桥。
>
> 海内风尘诸弟隔，天涯涕泪一身遥。
>
> 唯将迟暮供多病，未有涓埃答圣朝。
>
> 跨马出郊时极目，不堪人事日萧条。

"西山"是成都西边的西岭雪山，终年积雪，山的那头便是吐蕃威胁下的松、维、保三州，"清江"则是锦江，江畔的"万里桥"边是杜甫的草堂，二者对举，反映出杜甫内心无论对国还是对家，都怀着深沉的忧虑。于国而言，四海战乱不休，天下音书断绝；于家而言，远走他乡，孤身思念故土。思念故土，就该返乡，却因迟暮多病而不能成行；四海战乱，就应出仕，却没有能力报效祖国。杜甫骑着马出郊远眺，原本想荡涤不快的心情，日益萧条的天下却加重了心中的愁苦。这首诗运用了精巧的回环结构，八句分别写国、家、国、家、家、国、家、国所蕴含的愁思，如同一张以愁情织就的密闭的天罗地网，将杜甫笼罩其中，难以挣脱。"不堪人事日萧条"正是杜甫此时心境最贴切的表述。

二、一个月死了俩皇帝

上元二年（761）五月，崔光远与高适合力击破了段子璋的叛乱；不久，崔光远的部将花惊定又趁机作乱，崔光远因为用人不察的缘故被罢免、下狱；十一月，崔光远忧愤而死，高适以蜀州刺史的身份代理成都尹，杜甫的生活处境算是又有了一些改善，高适也曾亲自去往草堂与杜甫饮酒相会，两人有一些诗歌往来；很快，十二月，新的成都尹就走马上任了，不是别人，正是杜甫的老朋友严武。

严、杜两家是世交，严武的父亲严挺之曾任中书侍郎、尚书左丞，与杜甫的祖父杜审言有过一些交往，且晚年在洛阳生活，与杜家很近，往来十分方便。严武生于开元十四年（726），比杜甫小十四岁，虽然年龄相差有些大，但二人的志趣却很相近。严武年少时，正是杜甫意气风发、"出游翰墨场"的年纪，想必他也去过临近的严家高谈阔论，吸引了年少的严武的目光。后来，严武去了哥舒翰的幕府，安史之乱后即投奔肃宗，从此步入仕途，在朝为官期间，严武任给事中，杜甫为左拾遗，都在门下省当差，二人是名副其实的同事，又都与房琯相友善，故而越走越近。直到乾元元年夏房琯案发，二人各自被贬，历经三年，至此才得以重逢。

严武的到来无疑让杜甫的生活色彩重新变得明亮，因为一来二人的关系足以给杜甫带来充裕的物质和精神享受，二来严武是杜甫十分看重的名臣，他的到来必将给内忧外患的蜀地时局带来新的希望，这让杜甫感到十分欣慰。

于是，杜甫又重新回归了田园生活，时而与友人往来，时而思念故交，时而外出游赏，时而下地躬耕，但最主要的精力还是放在了对诗歌艺术的钻研上。这一阶段，杜甫写作了大量"以诗论诗"的作品，来表达他的文学理念、艺术思想，这些作品我们将在后文集中解读。

这里值得着重讲的诗有一首《不见》，是怀念李白的：

> 不见李生久，佯狂真可哀。
>
> 世人皆欲杀，吾意独怜才。
>
> 敏捷诗千首，飘零酒一杯。

匡山读书处，头白好归来。

这首诗题下有杜甫自己的小注："近无李白消息。"说明在此之前，李白与杜甫之间是有消息往来的，诗仙与诗圣的友谊绝不是好事者一句"单相思"的调侃可以抹杀的。李白乾元二年在长流夜郎途中遇赦而还，在长江中下游四处游历，而杜甫则来到了上游的四川，真可谓是"君住长江头，我住长江尾，日日思君不见君，共饮一江水"了。在皇权争斗中站错了队伍的李白，算是背上了一生的政治污点，子孙十八代的政治前途基本上都葬送了，这是所谓的"世人皆欲杀"，但只有知己杜甫知道李白内心对功名、理想的那份执着渴望，所以独怜其才，他没有为李白辩驳，因为在杜甫看来，李白的选择就是错了，但这丝毫不影响他作为一个超世之才本身的伟大，这是超越政治立场和思想信仰的由衷赞许！"敏捷诗千首，飘零酒一杯"，这是对李白诗酒人生的浪漫刻画，也是盖棺论定——这首诗写成的第二年，也就是宝应元年（762），李白病逝当涂，自此化作诗歌的精魂，实现了杜甫"匡山读书处，白头好归来"的殷殷嘱托。

严武镇蜀给杜甫带来的这段安闲岁月并没有能够持续太久，宝应元年四月，朝中突然风云变幻：初五日，七十八岁的太上皇玄宗崩逝于神龙殿；肃宗此时也已病重在床，听闻玄宗晏驾的消息，可能也是为自己近年来对父皇的所作所为感到愧疚，病情骤然加重，于是命太子监国，这位太子就是收复两京的大功臣、广平王李俶，如今已经改名叫李豫；而对皇权素有觊觎的张皇后和李辅国此时也在暗中有所动作，前者意图扶植越王李系，发动政变夺位，后者则向太子李豫告发了这一阴谋；十六日，张皇后与越王李系发动宫变，李辅国一举将宫变粉碎；两天后的十八日，肃宗驾崩，享年五十二岁；又过了两天，二十日，太子李豫即位，就是历史上的唐代宗；李辅国因为拥立有功，进一步大权独揽，日益骄横，就连代宗也对他无可奈何。

六月，朝廷召严武返京，杜甫的心情十分复杂，当然不舍得与这位久别重逢的好友分离，也舍不得严武给蜀中带来的安定局势；但另一方面，所谓"一朝天子一朝臣"，杜甫昔日离开长安是对肃宗的政治路线感到失望，如今改换了新的天子，还是杜甫十分信服的收京平叛功臣，他心中那股入仕报国的念头便又不自觉重新躁动起来，严武的入朝对杜甫来说未必不是一次隐藏的机遇。于是他一路奉送严武，直到绵州，还写了一首《奉送严公入朝十韵》的排律送别，表达了殷切的送别之情和对严武的期望，而诗歌的最后四句很有意味：

此生那老蜀？不死会归秦！
公若登台辅，临危莫爱身！

意思很明确：中原已经变了天，我杜甫迟早是要回去的，严武老哥，关键时候你可得多帮衬我点儿！

就这样，杜甫送走了严武。谁知严武刚刚走到秦蜀交界的巴山，剑南兵马使徐知道就造了反，占据各处要害，阻断交通，蜀中就此大乱，杜甫也就被困在了绵州，回不去成都了。

三、"终古立忠义，感遇有遗篇"

既然一时回不去成都，杜甫就姑且先留在绵州游览。绵州就是如今的绵阳，这里是李白的故乡，杜甫在这里观人打鱼，看人画鹰，各有诗作，还登上了绵州城标志性的越王楼，写下了《越王楼歌》：

绵州州府何磊落，显庆年中越王作。

孤城西北起高楼，碧瓦朱甍照城郭。

楼下长江百丈清，山头落日半轮明。

君王旧迹今人赏，转见千秋万古情。

　　这首诗看似七律，其实是歌行体，无论从境界还是立意上来看，都在有意模仿王勃的《滕王阁诗》，尤其后四句，君王旧迹与赏景的今人，象征着人世一代代的更迭，唯有楼下长江和山头落日，虽然一刻不停地奔流、升降，却能永存世间，这种对人生短暂与宇宙无穷的感慨，便是所谓的"千秋万古情"。

　　在绵州待了不多久，杜甫就往梓州去了，这里一来离成都近一些，二来有一位故人可以接济他，这位故人是汉中王李瑀。从名字大概也能看出来，他是"饮中八仙"之一的汝阳王李琎的同胞兄弟，安史之乱前在长安时就与杜甫有很深的交情，杜甫来到梓州之后与他也有很多宴会、游览的经历和相互赠答的诗作。

　　来到梓州的杜甫，先是寓居在山寺之中，刚一落脚，便十分挂念身在成都的家人，毕竟是动荡的年代，片刻的分离都会造成巨大的担忧，他很快寄了一封家书回去，告诉妻子稽留绵州、浪迹梓州的始末，不久也收到了家人平安的音信，这才安下心来。后来，他几经辗转，终于把家人从成都接了出来，一家老小又在梓州团聚。

　　说起梓州的历史文化名人，排在第一位的毫无疑问是陈子昂。陈子昂是梓州射洪县人，初唐著名的文学家。关于陈子昂，大家最熟悉的莫过于那首《登幽州台歌》，其实他更是一个传奇的人物，在唐代诗歌史上有着非凡的地位。首先，陈子昂是初盛唐诗歌革新的旗手，他的《修竹篇序》更是诗歌革新的纲领和宣言，他标举"风雅"，反对齐梁以来的华靡诗风，倡导复古来实现诗歌内容的革新，使得唐代诗歌真正走出了自己的一片天地，从张说、张九龄到李白、杜甫，无不受到他诗歌理论的感召。同时，陈子昂还是一位奇才。他出身富豪之家，少年任侠使气，因为误入学堂受到了震撼，便立志读书，最终成才。传说他来到长安后为了扬名，花重金买了一把绝世好琴，广散英雄帖，请京城名流都来听他弹琴，等到大家都云集门前听琴的时候，他却抱起这把好琴砸了个粉碎，并且告诉大家，这琴没什么好听的，我这有更好的东西，于是掏出自己的文集，向众人分发，由此得以名动京师；后来，武则天称帝，他又上《大周受命颂》以示恭贺，在士人中掀起了不小的风波。有人认为他媚武取荣，缺少气节，但他认定五百年有王者兴，将武后的称帝当作是自己飞腾的契机。古来大才皆是如此，总有些不为常人所理解的新奇脑回路，这一点上，陈子昂和李白有些像，杜甫对此也十分推崇。

于是杜甫特地从梓州跋涉前往射洪县，拜访了位于金华山上的陈子昂故居，同时写下了名作《陈拾遗故宅》：

拾遗平昔居，大屋尚修椽。

悠扬荒山日，惨淡故园烟。

位下曷足伤，所贵者圣贤。

有才继骚雅，哲匠不比肩。

公生扬马后，名与日月悬。

同游英俊人，多秉辅佐权。

彦昭超玉价，郭振起通泉。

到今素壁滑，洒翰银钩连。

盛事会一时，此堂岂千年。

终古立忠义，感遇有遗编。

  陈子昂曾任拾遗，巧的是杜甫也曾任拾遗，自己与先哲当过同样的官，说出来还是足以自豪的。他昔日居住的房子，如今已经有些残破了，在荒山故园之中，只与落日孤烟相伴——陈子昂于长安二年（702）被县令段简害死，至宝应元年杜甫来游故居，仅仅过去了一个甲子，这样快速的人事变迁实在令人唏嘘。虽然陈子昂一生地位不显达，却堪称一代圣贤，不但文学成就追继《诗经》《楚辞》等经典，哲学思想也足以与先秦诸子比肩，声名远在历代文人才士之上，这是杜甫对陈子昂的由衷赞美，其实又何尝不是一种精神上的自我排遣。故居的墙壁上，有陈子昂同时代人赵彦召、郭元振的题字，他们虽位高权重，却都拜服于陈子昂的才名之下。篇终，杜甫再次发出了人事更迭的感慨：这一时英雄聚会终究很短暂，见证一代风流的这座故宅也很难延续千年，那么到底什么才能超越时空成为永恒的记忆呢？ 想必只有那一腔忠义的精神气概以及承载和传递这种精神的文学作品了！

  《感遇》三十八首是陈子昂的代表作。 杜甫认为它们才是真正使陈子昂的忠义之气得以立于终古的伟大纪念，体现了杜甫对文学作品价值的认识，不能不说这也是他晚年精研诗歌创作的一大重要动力。

四、阆山阆水阆州城

  杜甫将家人安置在梓州，自己便以梓州为中心，开始了在四周的多方游览，比如：到玄武县的玄武庙观赏壁画，让他追忆起了早年在吴越观赏顾恺之壁画的经历；凭吊过陈子昂故居之后，他又到通泉县游览了那里的幽美山水，还观赏了唐初著名书画家薛稷的真迹。但历时最长，也最令杜甫难忘的，还当数阆州之游。

阆州就是今四川阆中，离梓州不远，在嘉陵江边，顺江可达重庆，进而入长江，是出峡的中介之地。随着肃宗崩逝、代宗即位，杜甫重新萌生了回归中原的想法，此行可能也与打探去路有关。杜甫是应阆州王姓刺史的邀请去的，所以一路上宴饮接送，算是非常逍遥自在。 作为回报，他帮王刺史写了一篇《为阆州王使君进论巴蜀安危表》的文章，所谓"表"是呈递给皇帝的公文。杜甫此举一是报答王刺史，二来恐怕也是为自己重出江湖练练身手、做做准备，试想若天子仍是肃宗而非代宗，杜甫怕是也很难写作这样一篇文章了。

杜甫在阆州的代表作品是《阆山歌》和《阆水歌》，我们先来看前者：

> 阆州城东灵山白，阆州城北玉台碧。
>
> 松浮欲尽不尽云，江动将崩未崩石。
>
> 那知根无鬼神会？ 已觉气与嵩华敌。
>
> 中原格斗且未归，应结茅斋著青壁。

阆州城东是白色的灵山，因为沿江有大量危倚的巨石堆积，城北是碧绿的玉台山，上面高耸着直入云霄的青松，无论是诗歌的句式还是篇式都很新颖，营造的意境也十分新奇——这样奇异的山林之中想必是住着自然的精灵的，它的生气足以与中原的嵩山、华山相比。可惜中原的纷争还没有平息，不能回去，故而暂且在这山林中小住，也足以吸取天地的灵气。再来看看《阆水歌》：

> 嘉陵江色何所似？　石黛碧玉相因依。
> 正怜日破浪花出，更复春从沙际归。
> 巴童荡桨歌侧过，水鸡衔鱼来去飞。
> 阆中胜事可肠断，阆州城南天下稀！

阆水就是嘉陵江，发源于秦岭南麓，流经阆中，至重庆汇入长江。诗歌开篇将江水比作石黛与碧玉相互堆叠，既写出了其碧绿的色彩，也状出了波涛一层层推进的模样。一望无际的碧绿之中，一轮红日升起，在两岸白沙的映衬下，红色与绿色便更加鲜明，好似一幅浓墨重彩的油画。所不同的是，眼前的景色比油画更多一分生气，游鱼、飞鸟、轻舟、孩童使鲜明的景色流动起来。见到阆中这般美景，自然令杜甫沉醉其间。

阆州的景色十分美好，但杜甫却无心久留，因为他是来谋划如何返回中原的，很快，一个振奋人心的消息从远方传来，杜甫回乡的心情更急迫了。

第十九讲

殊方之喜

——三个大礼包，是惊喜还是意外？

一、"剑外忽传收蓟北"

宝应元年（762）四月，玄宗、肃宗相继崩逝，代宗即位，严武奉诏还京，徐知道据蜀为乱，杜甫被迫流寓梓州，在东川四处游历。转眼来到广德元年（763）的春天，这一日，杜甫正在梓州的草堂读书，突然一个消息传来，打破了他内心的平静。听闻这一消息的杜甫即刻将堆满一桌的书卷推到一边，拽着一家妻儿老小，发疯似的手舞足蹈起来，时而因激动放声高歌，时而为感怀泪流满面。给他和大唐王朝带来无尽痛苦的那场巨大浩劫——安史之乱，历经八年，终于彻底平定了！

时间回到宝应元年九月，代宗对内剪除了李辅国在朝中的势力，强化对朔方军的控制，基本坐稳了皇位，对外则与回纥重新修好，意图十分明确，就是要集中力量与安史叛军决一死战，一举扫平叛军的大本营。此时，叛军的首领已经变成了史朝义，他于上元二年（761）弑父自立，而今占据洛阳。十月，代宗以其子雍王李适为天下兵马元帅，朔方节度使仆固怀恩为副元帅，起胡汉兵马十余万进讨河南，一举收复东都洛阳及河南全境，史朝义渡黄河北逃。官军继续进逼，至广德元年正月，将史朝义追至范阳城下，范阳即如今的北京地区，是安禄山当年的起兵之所，也是叛军的大本营。然而此时，范阳守将李怀仙已举州归降，史朝义无家可归，本想要继续北逃，投奔奚、契丹，却又被李怀仙追截，走投无路之下，于树林中自缢，旋即传首京师。自此，河北全境也被朝廷收复，安史之乱随着史朝义的伏法，最终落下了帷幕。

初春取得的胜利，当喜报辗转传入蜀地，已到了春光灿烂的时节。杜甫听闻捷报，便写下了被称为他的"生平第一快诗"的《闻官军收河南河北》：

剑外忽传收蓟北，初闻涕泪满衣裳。

却看妻子愁何在，漫卷诗书喜欲狂。

白日放歌须纵酒，青春作伴好还乡。

即从巴峡穿巫峡，便下襄阳向洛阳。

诗的前半部分正是本讲开篇所描绘的那番情景，杜甫好久没有这么开心过了，这是儿童般的激烈而纯粹的快乐！此外，首句中的"忽"字值得玩味：平定河南、河北的战役从上一年冬天开打，历时近三个月，时刻关心国事的杜甫自然不可能对前线的战局一无所知，官军的节节推进，预示着这场胜利本就是囊中取物，可即便如此，当这一刻真的来临，杜甫还是感受到了无尽的喜悦，我们不难从中品味出他如释重负般的解脱——当年九节度围困邺城，也是"日夕望其平"，结果等来的却是官军的惨败和百姓更深的苦难，随着年龄越来越大，杜甫也变得越来越谨慎，一次次失望的记忆告诉他，只有实实在在到手的胜利才是真正靠得住的。

后半部分，杜甫开始规划他的返乡之旅了，前面说过，早在二圣驾崩、代宗即位之后，他就萌生了这个念头，如今战乱平定，这个想法终于可以付诸实践了。按照他规划的线路：先去阆州，走水路穿行嘉陵江，也就是巴江，到达重庆，再顺长江东下，出巫峡而至江陵，而后经由襄阳北上，最终到达洛阳老家。最后一联看似平铺直叙，仔细品读却大有文章，它集中体现了杜甫在音韵要素排布上的功力："即从巴峡穿巫峡"为峡中行程，密集的塞音和入声字营造出重重关山阻隔的路途环境，而"从""穿"两个擦音穿插而过，则表现出破除障碍、一往无前的坚定决心；"便下襄阳向洛阳"是出峡后的平坦路途，连用六个平和流转的声母，写出对悠然回乡之路的期许，四个简单地名勾连出的，其实是一幅关山迢递、起伏有致的山水图卷。

然而计划终究赶不上变化，杜甫回乡的梦想很快又破灭了。安史之乱平定仅仅过了大半年，广德元年十月，长安又一次沦陷，皇帝又一次出逃了，这次进犯的敌人是吐蕃，虽然很快长安收复、代宗回归，但这让杜甫意识到，中原的局势并未彻底平静，到底要不要回去，恐怕还应再做思量。

二、"殊方又喜故人来"

中原打得不可开交，蜀中的局势也不太平。吐蕃进犯川西的松、维、保三州，时任剑南节度使兼成都尹的高适，难以抵挡来势汹汹的敌兵，致使三州陷落，成都也面临着来自西方的威胁。很快，广德二年

（764）春，高适被召回朝廷，转任刑部侍郎、散骑常侍，杜甫又写了一首《奉寄高常侍》，送别这位故友：

> 汶上相逢年颇多，飞腾无那故人何。
>
> 总戎楚蜀应全未，方驾曹刘不啻过。
>
> 今日朝廷须汲黯，中原将帅忆廉颇。
>
> 天涯春色催迟暮，别泪遥添锦水波。

杜甫与高适于开元末年在汶水之滨相逢，彼时二人都是意气风发的壮志青年，而今高适已经飞黄腾达，成为封疆大吏，而杜甫兜了一圈却还是一介布衣，这让这对老朋友之间不免有些许尴尬。剑南节度使掌管四川和湖北部分地区的军务，故称"总戎楚蜀"，这是夸赞高适的军功；而文学方面自不必说，拿建安时期的曹植、刘桢相比，也并不为过。高适有如此的文武之才，却还被召回朝廷，不是为了别的，而是因为朝廷确实需要他这样的耿直帅才。这年，杜甫五十三岁，高适六十一岁，都已是迟暮之年，临别落泪，泪水流入锦江微微泛起涟漪，可锦江水的奔流却片刻不息，催促着两个日渐衰朽的生命各自踏上了人生的归途。第二年，高适在长安去世，这首诗歌也成为二人的诀别之作。

在杜甫犹豫着到底是否出峡还乡的时候，又一个喜讯传来，这一次则彻底打消了他离开的念头，那就是他的好朋友严武回来了，重新担任剑南节度使兼成都尹。严武回朝干了一件大事，那就是为刚刚崩逝的玄宗、肃宗修造山陵，如今任务圆满完成，加之西南战事吃紧，朝廷对"内战内行，外战外行"的高适颇有些失望，就派更加年轻有为的严武来替他收拾残局。杜甫听闻这一消息时，身在阆州，随即去诗一首《奉

是严武。

杜甫回到草堂不久，严武就如约前来登门拜访，而且不是空手而来，他带了两个邀约，作为久别重逢的见面礼。其中一份来自朝廷，依严武所请，拜杜甫为检校工部员外郎，级别是从六品上，比杜甫心心念念的那个左拾遗的职位还高出好几级，实在算是一个大惊喜了。这里提醒一下，第一是后世称杜甫为"杜工部"，他的文集题为《杜工部集》，就是从这个官职而来；第二呢，就是要注意"检校"这两个字，它就表明这一官职仅仅体现级别，并不用行使具体职权，更不用到朝廷去上任，所以我们前面说，杜甫真正在朝中当过的最大的官还是左拾遗。

另一份邀约来自严武自己，身为剑南节度使兼成都尹的他，邀请杜甫进入自己的幕府，担任节度参谋，为他出谋划策，共同尽忠救国。杜甫接受了这一邀约，而早在一年多前，当杜甫还在东川漂泊的时候，朝廷就曾征召他为正七品的京兆府功曹参军，当时他选择了拒绝，没有入京应诏。如今，杜甫的生活处境比当时更好，严武提供的官职也并不比朝廷的征召更具吸引力，那么杜甫为何又应允了严武呢？

第一，相对于朝廷的政治实绩，杜甫更认可严武的治蜀成果。虽然代宗在平定安史之乱方面立有不世之功，比起肃宗高度强化的集权政治也有了很多改变，但其仍然宠任宦官、放任方镇势力，这令杜甫感到非常失望，对朝廷中的政治环境缺乏信心；相对而言，严武治蜀的成果有目共睹，他对内严格约束部将，整肃吏治，使得巴蜀社会太平安定，对外则治军备战，抵御吐蕃，力图收复三州。对此，杜甫自然有着明确的观察与判断，他写了多篇诗作对严武的军容、政绩予以称赞。比如《扬旗》一诗，记载了与严武一同阅兵的经历与感受，其中写军旗飞扬的几句十分有感染力：

回回偃飞盖，熠熠逆流星。

来缠风飙急，去擘山岳倾。

材归俯身尽，妙取略地平。

虹霓就掌握，舒卷随人轻。

军旗回转时如飞盖仰偃，飘忽处似流星逆落，乍来如风驰之疾，倏倒如山势之倾，马上俯身则旗尾略地，虹霓在握而舒卷随人——军旗是军队的灵魂与象征，军旗的萧飒昂扬，意味着军队战斗力的高昂雄健。雄兵在握，将遇良才，自然让人对巴蜀的太平充满了信心。

第二，杜甫很难割舍对田园生活的眷恋，进入幕府却可以过"吏隐"生活。所谓"吏隐"是一种"大隐隐于朝"的生活状态，这在唐代尤其是盛唐的士人群体中尤为盛行，王维便是"吏隐"的典范，有事便在朝议政，无事便居家清闲，可谓进退自如，十分自在。杜甫始终忘不了在长安求仕时"朝扣富儿门，暮随肥马尘。残杯与冷炙，到处潜悲辛"的苦难经历，也对华州时期"束带发狂欲大叫，簿书何急来相仍"的工作经历深恶痛绝，若是回到朝廷，他又难免回到这样的生活和工作节奏当中。在成都的幕府，他却完全没有这样的担忧，严武首先是一位好尚文学的幕主，时常与杜甫唱和，即便军务十分繁忙也不例外，比如与吐蕃交战时，他身处西山前线还不忘写下一首《军城早秋》寄给杜甫：

昨夜秋风入汉关，朔云边月满西山。

更催飞将追骄虏，莫遣沙场匹马还。

以前线特有的铁马秋风、战地黄花、楼船夜雪、边关冷月绘就了一幅极具特色的"风花雪月"图景，体现了宏大的气魄与高昂的浪漫情怀。杜甫很快回应了一首《奉和严郑公军城早秋》：

秋风袅袅动高旌，玉帐分弓射虏营。

已收滴博云间戍，更夺蓬婆雪外城。

风吹旗动，矢落如雨，杜甫虽身处成都，却能想象出前线战事的激烈，"滴博""蓬婆"皆山岭名，杜甫以此称颂严武乘胜直追，收复失地的功绩。就诗作本身而论，杜甫的这首和诗不及严武原作，但可以反映其在幕府生活的一个侧面，知己间的吟诗答对，总能给他带来很多乐趣。当然，杜甫还有很多时间可以回到草堂去照料那些池苑草木，与妻儿共享天伦之乐。

第三点，也是最重要的一点是，杜甫对于人生理想的追求与定位——如果回到长安，杜甫还要从基层官吏做起，他已经五十三岁了，深知自己的体力、精力和能力，在剩余的有限生命里，已经不可能将人生高度推进到一个很高的上限。但在成都却截然不同，严武小杜甫十四岁，二人且有通家之好，严武对杜甫十分礼遇，二人的政治立场和观点又基本相同，名为故友、主从，杜甫却在某种程度上有一种为师的心理角色认同，这与他所追求的"致君尧舜上，再使风俗淳"的理想是吻合的，虽不能成为帝王师，退而求其次，做诸侯师亦不失为一个理想的选择。杜甫刚刚进入严武幕府就写了一篇洋洋洒洒的政论文《东西两川说》，为严武纵论西南大计提了五条建议，都很中肯，严武也非常重视，可见杜甫在幕府中的地位以及二人政见的相合。

第二十一讲

长夜孤舟

——山一程，水一程，身向三峡那畔行

一、"束缚求知己"

广德二年春夏之际，杜甫在回到成都草堂后不久就应邀进入了严武的幕府，担任节度参谋，一方面退而求其次地追求"为诸侯师，安一方天地"的政治理想，一方面仍然心系草堂，过着吏隐的生活，说起来也算得上是事业家庭双丰收了。但很快，杜甫就发现一切并没有想象中那样美好，渐渐开始对幕府生活表现出了不适应，这种不适应主要体现在三个方面。

首先是一种无事可做的空虚与寂寞。杜甫当官确实很挑剔，工作要是太忙了，逼得他"束带发狂欲大叫"，那不行；但要是太闲了，闲得没事干，那也不行。因为既然来做官，就还是想给国家出一份力的，要是什么事都不干，那还不如回到田园里去种花种草，毕竟幕府的风景和环境比起浣花溪草堂来，那可差得太远了。入秋以后杜甫的很多诗作都表现了这种情绪，比如最有名的《宿府》：

清秋幕府井梧寒，独宿江城蜡炬残。

永夜角声悲自语，中天月色好谁看。

风尘荏苒音书绝，关塞萧条行路难。

已忍伶俜十年事，强移栖息一枝安。

诗歌前四句写景，后四句抒情，触景生情，情景交融，颇为感人：一个清秋的夜晚，诗人独自住宿在江城的幕府中，暗淡的烛光下，井栏边的梧桐越发阴森清寒——此时，军营的画角声在耳边响起，在长夜之中显得格外悲凉，抬头望向中天，一轮明月皎洁当空，杜甫却不得不低下头来自言自语：如此月色，不知可与谁同赏。由此，他对月思乡，想到了故园亲人，关塞萧条的时节，想要回去自不可能，而音书久绝，则更令人痛断肝肠。安史之乱爆发至今已经十年，杜甫遭受了太多的苦难，默默忍受至今，到头来也只能当个幕僚，苟求一时之安——这一切都与他的追求相差太远。再来看一首《院中晚晴怀西郭茅舍》：

幕府秋风日夜清，澹云疏雨过高城。

叶心朱实看时落，阶面青苔先自生。

复有楼台衔暮景，不劳钟鼓报新晴。

浣花溪里花饶笑，肯信吾兼吏隐名。

秋高气爽，幕府中不论白日还是黑夜，都十分清静，偶尔有淡云疏雨飘过高高的城墙，吹洒进来；秋天又是丰收的季节，树上枝叶间熟透了的红果不时掉落下来，掉落在生长了青苔的石阶上，青绿与朱红相映呈鲜；天边同样有一抹红色，夕阳照耀出晚霞，映带着楼台，便不必劳烦响亮的钟鼓声报道新晴了；这样美好的夕阳下，想必浣花溪旁的那些正在盛开的菊花也都露出了灿烂的笑容，不过它们会笑话杜甫进退失据，空有"吏隐"之名了。如此美好的景色中，杜甫还是不能开心，其内心的苦闷可见一斑。

杜甫的第二个不适应，便是来自同僚的奚落和排挤。杜甫比严武大十四岁，比起严武帐下的那些书记、主簿、祭酒、裨将来说，更是差不多大了一代人，彼此难免存在代沟与隔阂；加之严武选任的都是蜀中官吏，杜甫一个外乡人，又是靠着和主将的关系进的幕府，这些幕僚抱团排挤杜甫，恐怕也不是什么稀罕事。况且一个巴掌拍不响，再说杜甫，官三代出身，文坛大腕儿，以"诸侯之师"自居，平日又喜欢吹牛，时而摆摆架子，不把这些小辈幕僚放在眼里，也并不奇怪。他有一首《莫相疑行》便反映了这样的矛盾：

> 男儿生无所成头皓白，牙齿欲落真可惜。
> 忆献三赋蓬莱宫，自怪一日声烜赫。
> 集贤学士如堵墙，观我落笔中书堂。
> 往时文采动人主，此日饥寒趋路旁。
> 晚将末契托年少，当面输心背面笑。
> 寄谢悠悠世上儿，不争好恶莫相疑。

开篇两句是对自己衰老之状的描绘，头白齿落，老得不成样子，而这个看似一事无成的老头，其实曾有过辉煌的经历，接下来便是对这段辉煌经历的追述——天宝十载（751）正月，玄宗行三大礼祭祀，身在长安求索的杜甫通过延恩匦献上了"三大礼赋"，颇得玄宗赏识，令他待诏集贤殿，命宰相试以文章，具体的过程大家可以回顾前文。虽然当时没能就此做官，却也博得了"文采动人主"这一值得炫耀一生的荣誉，只可惜如今混得潦倒了，使得大多数人都忘了那段曾经的辉煌。诗的最后四句既是对世俗衰颓之风的感叹，也是对幕府中尔虞我诈、人事纠葛的实录，这群年少后辈们当面一套，背后一套，非要为了些许利益算计得过于精明，排挤贤才，令杜甫十分不悦。

第三个不适应，便是杜甫与严武之间也出现了隔阂。虽说两人有通家之好，政治主张和立场都很一致，也都互相敬重彼此的才能，但当知己成了上下级，矛盾也就随之而来。

严武毕竟是主将，不免要时刻维护自己的威严，而杜甫又以长者、师者自居，难免会显得轻慢，或是心有不甘。比如他就对幕府中的进谒、点名等繁文缛节颇为不屑，相互之间的酬答诗作又不得不写得十分拘谨，不再有草堂中那份率性洒脱了。况且二人的性格都有急躁的一面，严武毕竟年轻气盛，杜甫虽然不年轻，但也很气盛，两个气盛的人在一起待久了，随着一些小分歧积聚成大矛盾，也就难免炸锅。这种小分歧是常有的，比如杜甫好尚节俭，而严武用度十分奢靡，杜甫主张宽仁为政，严武治下则以严峻著称，在这些分歧面前，二人发生些口角冲突也是在所难免。其中最激烈的一次，杜甫竟气得跳上桌子指着严武的鼻子大骂："严挺之怎么生出了你这么个儿子！"严武也不甘示弱，提着刀就要杀了杜甫，幸好严武的母亲出面制止，才避免酿成悲剧。

最终，杜甫和严武也都认识到，这样的相处对彼此都是束缚，于是，在永泰元年（765）暮春，经过了一年的彼此折磨后，杜甫和严武选择了和平分手，杜甫离开幕府回到草堂去当那个隐居的野老，严武也照旧供给他衣食，二人还是朋友和知己。

二、去蜀出峡

令杜甫始料未及的是，就在他从幕府告归草堂仅仅一个月后，传来了严武暴卒的消息。杜甫心中的这位世交、知己、西南重臣、江山柱石骤然而逝，年仅四十岁，这给杜甫带来了巨大的打击，以至于都没有心情写出一首悼念的诗作。

严武的死，让杜甫首先失去了最牢固的生活依靠，又要开始为衣食饱暖而忧虑了；同时也使得蜀中局势日益变得动荡和严峻起来，毕竟巴蜀地区远离中原控制，地形又十分封闭，"所守或匪亲，化为狼与豺"，极易形成割据，严武这位重臣去世之后，其幕下诸将争权夺利的争斗在所难免。正是考虑到这两个原因，在心情勉强平复之后，杜甫于永泰元年初夏毅然决定，舍弃心心念念的草堂，携家离开蜀地。临行前，他作了《去蜀》一诗，作为留别纪念：

五载客蜀郡，一年居梓州。

如何关塞阻，转作潇湘游。

世事已黄发，残生随白鸥。

安危大臣在，不必泪长流。

自乾元二年年底来到成都，至永泰元年离开，前后经历六年，其中有一年流寓东川，对杜甫来说，这里虽不是故土，但六年中大多时光都算得上安逸闲适，也让他充满了归属感。所以等到真要离开，多少还是有些舍不得，即便前路出峡去往潇湘，最终的归宿是回到关塞阻隔的中原老家。世事萧条，已生华发，残生飘零，空随白鸥，在人生的暮年还要漂泊在遍地烽烟的国土上，的确令人愁情难以自抑——唯一值得欣慰的是，国家尚有维系安危的大臣，不必过于忧虑，为之泪流。

杜甫出峡的路线是走水路，在门前的万里桥即可上船，计划先沿着锦江，也就是岷江南下，经过嘉州、犍为，至戎州，也就是四川宜宾，汇入长江，再顺长江一路东下，出三峡至荆楚，而后北上中原。起初走得还算顺畅，杜甫一家大概于四月底五月初离开草堂，端午节前后到达嘉州，也就是乐山，又过了十天来到犍为，也就是《峨眉山月歌》中"夜发清溪向三峡"的那个"清溪"驿，五月底六月初就到了戎州，进入长江水程，这一路都有诗作。

进入长江之后，因为水势和落差的原因，船行的速度快了起来，很快就到了渝州、忠州，也就是如今的重庆一带。在忠州，有两件值得关注的事，一是杜甫参观了大禹庙，并写诗纪念，这首《禹庙》写得不错：

禹庙空山里，秋风落日斜。

荒庭垂橘柚，古屋画龙蛇。

云气嘘青壁，江声走白沙。

早知乘四载，疏凿控三巴。

杜甫在秋风日落之时深入空山，探寻禹庙，荒凉的庭院中，橘和柚的果实都已经成熟而垂落下来，古老的房屋墙壁廊柱上画满了龙蛇的图案；山间的云气吹拂着青翠的峭壁，浪涛冲击着白沙岸发出喧闹的江声。关于大禹乘舟、车、辇、檋四种运载工具，疏江凿山，控制三巴洪水的故事，杜甫早就了然于胸，如今身临其境，方才真正感受到大禹功绩的伟大。颈联对水涯古庙雄壮之景的表现，是五律中值得称道的佳句。

在忠州的另一件事，则是杜甫与老朋友严武重逢了，不过，这一次是阴阳相隔——严武的灵柩运回华阴安葬，经水路路过忠州与杜甫相遇。杜甫又为之大哭一场，并作《哭严仆射归榇》一诗感怀：

素幔随流水，归舟返旧京。

老亲如宿昔，部曲异平生。

风送蛟龙雨，天长骠骑营。

一哀三峡暮，遗后见君情。

严武的灵柩覆盖着素白的纱幔，用舟船载着向中原旧都归去，杜甫与严武曾约定"不死会归秦"，如今却一个死去，一个不能归秦，纷纷食言，想来是何等令人痛心。严武英年早逝，故而母亲尚在，老夫人仁慈宽厚，甚至救过杜甫的命，杜甫见之而思想起往日时光，自然觉得十分亲切，一如宿昔；而那些部下将领、士卒却早已不复当年在帐下毕恭毕敬的模样，看得出各自离心离德，杜甫原本与他们在幕府中有过节，至此还没有和解。严武的死，使得天地都为之惋叹，神鬼也因而动容，降下风雨表达他们的痛惜，随之三峡日暮，天地一片漆黑，面对此情此景，杜甫也不禁发出一声长长的哀叹，此次别离，便也真成了永诀。

严武的死，对杜甫而言，带来的痛苦绝不仅仅是失去了稳定的生活来源和安稳的生活环境，而是有着更深层的悲哀。前面讲过，杜甫一生都在为了"致君尧舜上，再使风俗淳"的政治理想而不懈追求，早期他自己奋斗拼搏，上下求索，几经碰壁之后也蹉跎了岁月，渐渐地放下了以身许国的念头，转而寄希望于"安危大臣"们可以"砥柱中流""手挽天河"，严武正是杜甫最为看重的一位。杜甫不仅看好严武能安定蜀中，更是早晚能入阁拜相，重振大唐江山，替他实现人生理想！因而严武的去世，无异于折断了杜甫心中的"擎天白玉柱，架海紫金梁"，抽去了他心目中唐王朝复兴的最后一丝希望。所以，这份悲哀才会像日暮的三峡天地一样，昏昏暗暗，将杜甫包裹在其中，让他丝毫看不到光明，也毫无出路。

三、滞病云安

送走严武的灵柩，杜甫的小船也继续前进，前方即将到达的是云安，也就是如今的重庆云阳县。这里有一样闻名天下的特产，那就是当地的米酒，叫做云安麴米春。这让杜甫来了精神，就打算快快前去喝上几壶，以拨开心头苦闷的愁云：

闻道云安麴米春，才倾一盏即醺人。

乘舟取醉非难事，下峡销愁定几巡。

长年三老遥怜汝，捩舵开头捷有神。

已办青钱防雇直，当令美味入吾唇。

听说云安县（今云安区）的麴米春酒浓郁醇厚，只要喝上一盏就足以陶醉，坐船前去寻求美酒喝并不是难事，等到下峡经过那里时，定要好好地饮上几巡。"长年三老"是指艄翁们，他们和杜甫一样，爱着那浓郁的酒香，因而行船使舵越发显得麻利，如有神助一般。杜甫也察觉了他们的心思，早备好了船钱，一起朝着云安美酒进发，盼着那香醇浓郁的甘醴早些入口，满足舌尖上的欲望。

杜甫好酒人所共知，途经云安这一米酒产地，他自然不会轻易放过。他原本打算在这里美美喝上几顿，接着就扬帆东下，谁知这一待却是大半年，原来他病倒了，他的《别常征君》一诗中交代了一些细节：

儿扶犹杖策，卧病一秋强。

白发少新洗，寒衣宽总长。

儿女搀扶着都不行，自己还要拄个拐棍才能勉强活动。杜甫大多数时间都得躺着养病，这样度过了整个秋天，头发越来越白，一洗就变得更少，人也越来越瘦，本来合身的衣服已经变得又宽又长。看起来杜甫的确病得不轻，没法继续赶路，于是一家人就在云安住了下来。

云安在长江之滨，杜甫终日面对滔滔江水，心中自然有很多感慨，他写了《长江二首》表现江水的磅礴之势以及对世乱道阻的忧虑；想起成都草堂的一草一木和那些岁月静好，也十分不舍，写作了《怀锦水居止二首》作为怀念；这段时间，又先后爆发了蜀中崔旰叛乱、仆固怀恩引胡兵入寇中原等重大事件，杜甫有感于此，也分别作了《三绝句》《青丝》加以讽刺，这些诗作各具特点。但在云安，杜甫写得最好的作品还当数一组七律——《十二月一日三首》。其一写道：

今朝腊月春意动，云安县前江可怜。

一声何处送书雁，百丈谁家上水船。

未将梅蕊惊愁眼，要取楸花媚远天。

明光起草人所美，肺病几时朝日边。

腊月是冬春相交的节令，云安地暖，于是杜甫早早感受到了春意萌动，也就对眼前的春江产生了怜爱之心；春动则大雁北翔，听闻雁鸣，自然想到寄雁传书故园，而江上溯游而上的船只，又让人想到了上游蜀中的草堂，颇为引人怀念。腊月的梅花还没有开放，元旦眼看就要到了，按当地习俗，应当取花椒歌颂新岁，以此作为旅途中的自娱。而想到送岁祈福，就不禁又想起当年在长安写下的"三大礼赋"，同是写作歌颂文字，不知这位肺病缠身的旧臣何时才能回到朝堂，吸引众人的目光。本篇前后情绪递进，依靠一连串的联想铺开，以意象的勾连为线索，环环相扣，十分紧密巧妙。再来看其二：

寒轻市上山烟碧，日满楼前江雾黄。

负盐出井此溪女，打鼓发船何郡郎。

新亭举目风景切，茂陵著书消渴长。

春花不愁不烂漫，楚客唯听棹相将。

开篇一句色彩十分鲜明，冬渐去而春渐归，故而寒意略轻，同时绿意生发，使得山烟呈现碧色，峡中到正午前后才会有日光，但一经照耀便是日满江头，就连雾气都笼罩上一层金黄，这一联还是回扣了前一首中的"今朝腊月春意动"。云安有两大特色产业，一是出井盐，二是江水航运，此间男女皆各司其业，令杜甫欣慰，也更羡慕，因为与他们相比，自己流落他乡又失足无业，内心十分苦闷。颈联用了两个典故，"新亭风景"出自《世说新语》，东晋周顗与士大夫在新亭赏景，伤其异于中原，座中堕泪，杜甫引以表现思归之情；"茂陵著书"则指司马相如，他和杜甫一样患有消渴症，也就是糖尿病，杜甫借之自况。最后，杜甫感慨春花之烂漫，是靠着愁情点缀色彩，自己无心观赏，只盼能够早日出峡，以慰心中愁苦。其三写得很清丽：

> 即看燕子入山扉，岂有黄鹂历翠微。
> 短短桃花临水岸，轻轻柳絮点人衣。
> 春来准拟开怀久，老去亲知见面稀。
> 他日一杯难强进，重嗟筋力故山违。

上四句还是就"春意动"而发，只不过更多的是想象，由一丝春意即幻想出燕子纷飞、黄莺啼啭、桃红夹岸、柳絮飘飞的烂漫春光，可见杜甫对春天抱有多么大的期盼！但转念想到，春天一来，自己就五十五岁了，相知相伴的知己渐次凋零，身体越来越差，故乡却并没有越来越近，便又难以抑制地悲从中来，就是想要借酒消愁，都不敢敞开怀抱痛快地喝了，毕竟是在养病，酒肯定不能多喝。

就在这种期待与忧虑交错的心情中，杜甫与家人在云安辞别了旧岁，迎来了新年。随着春气日暖，身体也渐渐康复，于是又做了一段时间的准备之后，在永泰二年的晚春，杜甫就带着家人离开云安，移居夔州，也就是白帝城，在那里开启了自己诗歌创作的巅峰岁月。

介绍杜甫在夔州的生活和创作之前，我们先要回过头来，对杜甫的蜀中生活进行另一个角度的回顾。我们前面说到，成都相对安稳的生活环境，使得杜甫有更多的经历去精研文学创作，他对文学地位、功能、目标的认识也有了更深的理解，这对杜甫后期的人生态度和创作实践产生了重要的影响。 所以，接下来我们就来专门讲讲杜甫来到成都以后对于文学思想和理论的探讨。

第二十二讲

文章经国

——诗圣教你怎么写诗

一、"名岂文章著，官应老病休"

永泰元年夏天，杜甫离开成都草堂，沿岷江、长江水路，经嘉州、戎州、渝州、忠州等地，来到三峡中的云安卧病停留，可以说是羁旅漂泊。我们也介绍了他此行中所作的很多诗歌，但要说起这一时期成就最高的作品，当数五律名篇《旅夜书怀》：

> 细草微风岸，危樯独夜舟。
>
> 星垂平野阔，月涌大江流。
>
> 名岂文章著，官应老病休。
>
> 飘飘何所似，天地一沙鸥。

长夜之中，杜甫坐在一叶孤舟里，漂泊在长江的波涛上，高高的樯杆是他唯一可以感受到的依靠——他就这样望向江岸,微风吹拂着细草,天地之大,生命之渺小,尽在这片安静的夜景中展现无余,漂泊无依的自己又何尝不像是被风浪席卷着的衰草。颔联境界宏大,堪称绝笔:黑夜中,无垠的江岸与无限的天际相接,视线尽头那些低垂的星斗让这无尽的黑暗显得更加广阔,告诉漂泊的人,归处远在天外;明亮的只有那奔流不息的江水,裹挟着皎洁的月光,翻涌着波涛滚滚东下,日复一日,年复一年,片刻也不停歇,催促着年华随之而去——这是时间与空间的无限延展。杜甫于一叶小舟之中既静观着天地宇宙的发展变迁,也身处其中,经受着岁月沧桑的洗礼。有人喜欢拿这一联与李白《渡荆门送别》中的"山随平野尽,江入大荒流"做对比,乍看起来两首诗确实很像,都是境界宏大的名句,但细细品味,壮年李白与晚年杜甫在视野、情绪、心态、人生境遇上,其实代表了两个极端,一个是初入天地的满怀期待、豁然开朗,一个是看破凡尘的古井无波、喟然叹息。

因为前四句景中有情的铺垫,颈联很自然地由写景转入抒情议论,说是议论,其实一眼就能看出自嘲、自伤的意味:一个人岂能仅仅因为文章写得好而获得名声? 但他自己恰恰是凭文章得名的典型。那杜甫认为应该靠什么获得名声呢? 当官,当个"致君尧舜上,再使风俗淳"的治世能臣,政绩卓著,政治生涯长久,坚持到年老多病,才最终停下来休息。而杜甫虽然此时也是年老多病,但这官儿好多年前就被自己折腾丢掉了,任内也并没有取得什么了不起的成就。如今孤零零地在这苍茫天地间漂泊,就如同一只沙鸥,虽无拘无束,但也无依无靠,不知何处才是自己的归宿。杜甫早年也曾自比鸥鸟,笑称"白鸥没浩荡,万里谁能驯",而今,随着世事沧桑、人生浮沉,终究没有了那份青春洋溢的豁达。

说回"名岂文章著"，这其实是大多数中国传统文人士子的共识，文章在他们心中只是工具，是言志传道的载体，或是明心见性的闲务，经世济国才是他们的目的和理想的归宿。早在文学自觉的建安时期，曹丕《典论·论文》就奠定了这一基调："文章，经国之大业，不朽之盛事"，赋予了文章独立的地位，也明确了它服务于政治的身份。所以自建安以后，除南朝士族以外的历代文人钻研和从事文学的目的都是追求更高的政治理想；南朝士族文人之所以不这样，是因为政治理想天生就能实现，不用他们追求。所以李白会不甘心做唐玄宗的文学侍从之臣，因为他觉得这样下去自己的政治理想没有实现的机会；所以高适当了大官之后的文学创作成就一落千丈，因为他的心本不在此；所以中国诗歌中要么是建功立业的抱负，要么是怀才不遇的慨叹，因为这是中国传统文学的一大母题。

对杜甫而言也不例外，尽管他为祖父杜审言的文学成就感到十分自豪，尽管他骄傲地对儿子宣称"诗是吾家事"——写诗作文是我们老杜家的看家本事，但他心中最高的理想仍然是"致君尧舜上，再使风俗淳"，而写诗作文是他为实现这一理想所凭借的"核心竞争力"。那么这种核心竞争力主要体现在哪些方面呢？

首先，诗赋在盛唐时代已经成为科举考试的内容，也是与科举相关的行卷、投刺、干谒等活动的主要依凭，因而写好诗、作好文是进入仕途的敲门砖；其次，因为文学历来服务于政治，诗文之中就浓缩着历代的兴衰成败，也是文人士子积累政治知识的重要来源和表达政治观念的主要途径；最后，对于文人士子而言，中书舍人、知制诰的官职是他们梦寐以求的差事，说白了就是给皇帝起草诏书、发布政令，那么在这一过程中，自己凭政治理想、观念、意见，就可以与皇帝产生实时的交流，也就使得写诗作文这一"核心竞争力"直接转化为行动力、生产力和政治影响力。

顺带说一句，中书省也叫凤凰池，杜甫的好朋友贾至就曾做到中书舍人，杜甫在那首著名的大明宫唱和诗中称赞他"池上于今有凤毛"，可见对他无比艳羡，由此我们再来回想杜甫的"七龄思即壮，开口咏凤凰"，幼小的杜甫在歌颂太平盛世的同时，是否也流露出一分自己将来能够入主中书省、高涉凤凰池的期许呢？ 我想是有的。

二、"浑漫与"与"诗律细"

众所周知，进入成都的杜甫，个人政治理想完全破灭了，自此他的文学创作不再有服务于政治追求的现实需要，这种情况下创作的文学作品，往往更容易变得纯粹，尤其少了诸多现实的考量和约束，文学创新就有了更为鲜活的土壤。加之前面提到的，杜甫入川之后在生活条件上相对优裕，有充足的条件、精力和动机去展开诗歌艺术的钻研。杜甫有两首诗明确地提到了他此时对于诗歌艺术的追求，一首是《江上值水如海势聊短述》，一首是《遣闷戏呈路十九曹长》，两首诗都不算出名，但里面却是佳句迭出，我们分别来看。

从题目来看，《江上值水如海势聊短述》，就是锦江春日涨水，水势大得像海一样，杜甫有感于此而作了这首诗，诗歌说：

> 为人性僻耽佳句，语不惊人死不休。
>
> 老去诗篇浑漫与，春来花鸟莫深愁。
>
> 新添水槛供垂钓，故着浮槎替入舟。

焉得思如陶谢手，令渠述作与同游。

开篇两句十分率真：我老杜这个人性格非常孤僻，就沉醉于写作好的诗句，写出诗来要是不让人觉得惊艳，那到死也不肯罢休！ 作为一首律诗，开篇就发这样的狂言，本身已经算得上是语出惊人了。我们之前讲过，七言律诗从诞生之初就是服务于朝堂唱和的，主张平淡之美、冲和之态，而杜甫却非要出新出奇，新奇到吓人一跳，的确是孤僻的另类。于是，越到了老年，杜甫的诗歌写得越随心所欲，也不再像过去一样过多地因春日的花鸟而感到忧愁。后四句是生活情调的表现：在草堂边新修了水槛用来垂钓，又购置了一个木筏用以放舟，这样生活的自己只求得到陶渊明、谢灵运这样的妙手，能够记录下游玩的欢愉。陶渊明是影响最大的田园诗人，谢灵运是第一位山水诗人，他们的诗歌都以"自然"称绝，杜甫这里说"思如陶谢手"其实是给前面的"浑漫与"立下了一个典范，要将诗歌写得自然成趣，不拘于审美风格与声调格律的束缚，也就能因之生新，进而语出惊人了。

另一首诗，《遣闷戏呈路十九曹长》则是与友人的题赠述怀之作，作于大历二年（767）的夔州，诗歌写道：

江浦雷声喧昨夜，春城雨色动微寒。

黄鹂并坐交愁湿，白鹭群飞太剧干。

晚节渐于诗律细，谁家数去酒杯宽。

惟吾最爱清狂客，百遍相看意未阑。

这是一个刚刚经历了雷雨之夜的清晨，虽然已是春日，因为下雨的缘故，气候还有些寒冷。黄鹂鸟并排而坐，为羽毛沾湿而感到愁苦，生性喜水的白鹭则成群飞过，很快就让水分风干，也许万事万物都不能轻易遂愿，人当然也不例外。以上四句扣应了题中的"遣闷"，杜甫久居峡中，老病思归，内心郁结了诸多愁苦，但好在可以写诗，闷了就写上几首遣怀，久而久之，对诗歌的格律也就运用得得心应手，越发细致。无奈的是，相邀喝酒的知己越来越少，纵是诗写得越来越好，却也少了可以欣赏的人。结尾申明赠答之意，好在有你路十九这位"清狂客"，不嫌弃我老杜，把我的诗看了多遍也意兴不减，就是为了你，我老杜也得一直认真地写下去！

读到这里，不知道大家有没有发现一个问题：前一首说"老去诗篇浑漫与"，越老诗越写得随意，不拘格律的束缚，后一首又说"晚节渐于诗律细"，晚年的诗格律越发精细，这不是自相矛盾吗？当然不是这样，其实这两句很好理解："浑漫与"说的是过程，杜甫无所顾忌地将所思所感形之于诗，不是为了生凑格律、遵循所谓的章法而妨害表情达意的率性与自然；而"诗律细"是一种结果，因为长期的创作实践，杜甫率尔而作的诗篇仍然能够合于平仄，音韵调和，甚至"戴着镣铐跳舞"，巧妙地运用格律规则，调动起每一个音节乃至音素的表现力，为不同风格表情达意服务，从而达到出神入化、运用自如的境界。

"浑漫与"是古诗的写作经验，"诗律细"是近体的创作方向，而杜甫正是这样一个能够将二者统一于一体，总结前代经验、开创未来局面的集大成者。

三、"别裁伪体亲风雅"

早年间，在长安求仕时，杜甫曾自夸"读书破万卷，下笔如有神"，在第二讲中我们也谈到了杜甫读书学习的经历，他"熟精《文选》理"，又深谙《左传》的文章道义，打下了坚实的基础，后来又经历了漫长而丰富的创作活动，对前代文学成就可以说是了如指掌，运用得得心应手，但在来到成都之前，这种对前代文学成就的吸收和借鉴尚停留在经验阶段，熟练于心而未能形之于言。作为最伟大的诗人，只管写诗，而不谈谈应该怎么写诗，对于诗坛、对于中华文明而言，多少是一种遗憾，所幸的是，这个遗憾随着《戏为六绝句》的写就，而终于被弥补了。

《戏为六绝句》创作于上元二年的成都，正是杜甫生活最为安逸、闲适的时候，他在闲居中总结了对前代文学的看法，并用绝句诗的形式加以论述，开创了"以诗论诗"的先河，后世如晚唐司空图的《二十四诗品》，金人元好问、清人赵翼的《论诗》皆取法于此，所以说杜甫不仅在诗歌创作上承上启下，在诗歌理论上也是重要的开创者和领路人。

我们具体来看看这组《戏为六绝句》，其一写道：

庾信文章老更成，凌云健笔意纵横。

今人嗤点流传赋，不觉前贤畏后生。

庾信是南朝梁代的大诗人、文学家，出身世家大族，早年曾是太子萧纲的文学侍从，与他的父亲庾肩吾，还有徐摛、徐陵父子在宫廷中往来唱和，多写作雕琢华丽、柔媚浮艳的"宫体诗"，世称"徐庾体"。然而在庾信三十六岁这年，爆发了著名的"侯景之乱"，庾信作为梁国都城的前线抗敌统帅，不战而逃，致使台城失陷，侯景篡权，梁国从此一蹶不振。六年之后，他又奉命出使北周，就在他抵达长安后不久，北周出兵攻陷江陵，灭了梁国，庾信自此稽留北周，虽然受到北周统治者的礼遇和重用，却终究不能消遣心中的亡国之痛、乡关之思，诗歌创作风格终于告别了"宫体"，而转为老成深沉、雄健有力、纵横开阖。杜甫对于庾信的文学成就非常赞许，因为他生长于南朝，深得南方文学清新、绮丽、灵秀、隽美的传统，尔后又成就于北朝，吸收了北方特有的刚健气概和宏大格局，加之人生经历与国运的紧密关联，使他的文学具有独特的深沉性，所以成就了庾信"南北朝文学第一位集大成者"的突出地位。可惜的是，庾信早年的"宫体诗"流传甚广、影响太大，使得后人常常拿着这些作品来嗤笑他的轻薄，这使得杜甫因这位前贤所得到的评价颇感不平。其实杜甫与庾信是跨时代的知己，他以自己的努力颠覆了诗歌史对庾信的评价，这源于他们过于相似的人生，这一点在解读组诗《咏怀古迹》时还会细讲。紧接着看其二、其三：

> 王杨卢骆当时体，轻薄为文哂未休。
> 尔曹身与名俱灭，不废江河万古流。
>
> 纵使卢王操翰墨，劣于汉魏近风骚。
> 龙文虎脊皆君驭，历块过都见尔曹。

这两首诗评价了"初唐四杰"，王勃、杨炯、卢照邻、骆宾王，他们是初唐诗坛的代表，也是扭转齐梁风气、引领唐诗改革的先锋。"四杰"皆是颇具文采，年少成名，后来又都在仕途上经历挫折：王勃因参与皇子斗鸡和私杀官奴而两次遭贬；卢照邻先因触怒权贵下狱，后又身染重疾；杨炯和骆宾王则各自卷入徐敬业发动的对武后的军事行动，一个被贬官巴蜀，一个不知所终。他们将在宫廷、朝堂生活中积累下的文学才能，广泛地应用到对市井生活、边塞风光的表现中，大大扩展了唐诗的境界和表现力，赋予了诗歌新的生命力，为诗风走出齐梁、走向盛唐，迈出了重要的一大步。然而，由于时代的局限性，他们毕竟没能彻底革除六朝诗歌绮丽、雕琢、婉媚的余弊，被一些刁钻的评论者讥笑为"轻薄为文"。杜甫对此也十分不满，他认为"四杰"的诗歌即便不及"汉魏"风骨卓绝，也足以比肩"风骚"，哀婉动人，这样的成就和地位终究会被历史铭记，回击所有的批评与质疑。

这里还有一个问题值得思考，那就是"劣于汉魏近风骚"这一句。在我们常规的认识中，在古诗的体系中，地位最高的是《诗经》《楚辞》，其次才轮到"建安风骨"，可这里杜甫都说了"劣于汉魏"，怎么还能"近风骚"呢？那不是"汉魏"的地位比"风骚"还高了吗？事实确实是这样的，因为其实我们在这个问题中混淆了一个概念，就是"风"和《诗经》，这二者其实不完全对等。文学史上《诗经》作为经的地位，在历朝历代当然都是无可动摇的，但是文人们更看重的是《诗经》中的"雅"，尤其是"大雅"，这是王者之诗、盛世之音，至于"小雅""国风"的地位，那就低了很多，而以《离骚》为代表的楚辞，就更是哀怨之语了。于是，在标榜风骨的盛唐，将以"建安风骨"为代表的"汉魏"的地位放得比"风骚"还高，也就并不意外了。

再来看后三首，是对眼前一些诗歌创作现状的批评，以及对此提出的建议：

才力应难跨数公，凡今谁是出群雄？

或看翡翠兰苕上，未掣鲸鱼碧海中。

不薄今人爱古人，清词丽句必为邻。

窃攀屈宋宜方驾，恐与齐梁作后尘。

未及前贤更勿疑，递相祖述复先谁？

别裁伪体亲风雅，转益多师是汝师！

当今的诗人，比起庾信、"初唐四杰"，无论是才能还是学力都相去甚远，大多只能做些浓丽纤巧的诗文，像兰苕上的翡翠一样华而不实，并没有在碧海中搏击长鲸一样的宏大格局与骨力。所以在写诗的时候，不要一味地是古非今，对于那些写作清辞丽句的近代名家要懂得选择性地吸收借鉴，心中既然以屈原、宋玉为追求的目标，那就应该有相应的学力去支撑，否则学不好，也只能步齐梁宫体诗人的后尘了。那么，面对如此众多的文学前贤和创作成就，到底应该如何学习和取舍呢？那就是以"风雅"为最高的标准，来区别看待不同的文学形式和文学风格，既要努力去向"风雅"的标准靠拢，也要多方学习，取其精华而用之。其实杜甫的诗就是中国古诗的一把标尺，杜甫心目中的标尺就是"风雅"，有了标尺，他对于诗歌史的认识就是有体系的，学习起来也是有层次、有逻辑的。

杜甫的《戏为六绝句》不但开了"以诗论诗"的先河，对于七言绝句这种体裁来说，本身也是一大创新。这是第一组完全以议论展开的七绝组诗，此前的七绝都是以叙述、描写和抒情为主，杜甫发挥了七言诗长于议论的特点，为这一体裁扩展出新的功能，也是一大创举。虽然杜甫的绝句成就整体不高，但仅就议论式的七言绝句而言，仍是唐人之冠。

除了《戏为六绝句》之外，杜甫在成都还有一组《解闷十二首》，作于流寓两川，重回草堂之后，主要表现田园生活的情趣，其中的其四至其八这五首，同样是论述前代诗人创作成就的篇章，提供给大家赏读：

> 沈范早知何水部，曹刘不待薛郎中。
> 独当省署开文苑，兼泛沧浪学钓翁。
>
> 李陵苏武是吾师，孟子论文更不疑。
> 一饭未曾留俗客，数篇今见古人诗。
>
> 复忆襄阳孟浩然，清诗句句尽堪传。
> 即今耆旧无新语，漫钓槎头缩颈鳊。
>
> 陶冶性灵存底物，新诗改罢自长吟。
> 孰知二谢将能事，颇学阴何苦用心。
>
> 不见高人王右丞，蓝田丘壑漫寒藤。
> 最传秀句寰区满，未绝风流相国能。

这些作品论及的对象主要是当代作者，包括薛据、孟云卿、孟浩然、王维等，他们或多或少都与杜甫有过交集，杜甫对他们的评价与怀念，主要体现了自己标举风雅、好尚自然、别裁伪体、转益多师的文学主张。

上述论诗作品的出现，意味着杜甫对前代文学成果的吸收和借鉴提升到了理论化的高度，自然地，他的诗歌创作成就也将朝着更加蔚为大观的方向发展——大历元年(766)到三年(768)，杜甫在夔州迎来了诗歌创作生涯中黄金般的三年，对于中国诗歌史而言，也是意义非凡的三年。

第二十三讲

白帝城高

——三峡的最高峰，是诗国的巅峰

一、"形胜有余风土恶"

杜甫离开成都后，走水路先后经过嘉州、戎州、渝州、忠州，又在云安滞病稽留了大半年，身体稍微恢复之后，便继续起程往下游去了，到大历元年晚春来到夔州，也就是白帝城，自此迎来了他一生创作的最高峰。

说夔州是杜甫诗歌创作的最高峰主要基于三点：一是这一时期杜甫的诗歌极为高产，杜甫前前后后在夔州生活了一年零九个月，流传下诗篇近四百四十首，这个数字几乎占到他现存诗歌总量的三分之一；二是这一时期杜甫诗歌佳作迭出，其成就最高的一首诗《登高》和成就最高的一组诗《秋兴八首》都诞生于夔州，其他名篇佳作更是不胜枚举；三是这一时期杜甫的诗歌创作影响巨大，他彻底成就了七律这一诗歌体裁，使得七律的创作艺术完全成熟，且自此以后牢牢占据了中国古典诗歌第一体裁的地位。

说回杜甫的行踪，他从云安离开去往夔州时，作了一首《移居白帝城》纪行：

> 伏枕云安县，迁居白帝城。
> 春知催柳别，江与放船清。
> 农事闻人说，山光见鸟情。
> 禹功饶断石，且就土微平。

诗歌很浅白，先记述卧病云安，病愈后迁居白帝城的背景。中间二、三联写离别情事和沿途风光：唐人有折柳送别的习俗，杜甫在云安没有什么亲朋故旧，自然也没人送别，但他浪漫地把沿江的绿柳当作是春天在与他送行，同时，江水为了增添他放舟漂游的逸兴，也格外清澈。沿岸的村民都在讨论春耕农事，满山的鸟雀也在歌唱秀美春光。杜甫大病初愈，又还家心切，因而给所见的一切景物都投射上了喜悦的情感。舟行长江三峡，两岸的断石相传都是大禹凿山留下的遗迹，土地稍微平旷之处便是下一个目的地夔州了。

夔州得名于"夔门"，也就是三峡中的瞿塘峡口，这里江面骤然变窄，江流汹涌澎湃，两岸绝壁相对，宛若一扇天然的大门，控制着巴蜀与荆楚交通的咽喉。如果还想象不出这个画面，只需要拿出一张十元纸币，背面的风景图案就是"夔门"。"夔门"的"北门柱"叫白帝山，山势陡峭，有石阶从江边通向山顶。山腰有白帝城，山顶有白帝庙，皆得名于汉代公孙述，此人在王莽篡汉时割据巴蜀，后自立为帝，又被东汉所灭，世称"白帝"，此城为他所建，故而得名。

杜甫乘船来到夔门，在北岸下船，步行沿石阶往山顶攀登，山路陡峭崎岖，杜甫年迈且大病初愈，这一路走得无比艰辛，他写了一首《白帝城最高楼》来表现路途的不易和登临后所见：

> 城尖径仄旌旆愁，独立缥缈之飞楼。
>
> 峡坼云霾龙虎卧，江清日抱鼋鼍游。
>
> 扶桑西枝对断石，弱水东影随长流。
>
> 杖藜叹世者谁子？泣血迸空回白头。

这首作品是杜甫拗体律诗的经典之作，所谓拗体律诗，是有意打破近体诗的格律，来追求一种奇巧、生涩的表达效果的律诗。首句七个字中，有六个是尖音、擦音，大家如果会粤语、吴语或者京剧的韵白，可以读着感受一下"城尖径仄旌旆愁"，更接近于杜甫当时的语音，听觉上十分尖厉刺耳，就是为了营造出白帝城山石陡峭、道路崎岖、绝壁孤高、疾风呼啸的环境形象。杜甫经过这样漫长而艰难的攀登，来到最高楼，俯瞰三峡，视野中出现的是江、山、水、石、天、地的激烈碰撞。颔联之中，"峡坼"以入声的阻滞写山峦的闭塞，"云霾"以鼻音的共鸣写云气的拥滞，"龙虎卧"以沉重的上去之声展现出峡中暗藏的艰难险阻，"江清"以昂扬的阳声韵写江流的澎湃，"日抱"又以入声写出太阳低垂的压迫之感，"鼋鼍游"则以平缓的音调写出表面所见的一派安定情状，诗境随着音响效果的变化三起三落，可谓曲尽其意。

颈联展现了视野的交错变化，"扶桑"是东极之木，枝头伸展向西，达于"断石"；"弱水"是西天之水，随江水"长流"东去，营造出东西错杂、天地浑然一体的感觉，而"对断石"属"三仄尾"，"随长流"属

"三平调"，皆是律诗中应当规避的声病，杜甫有意为之，前者写出了巨石错落堆叠，后者写出了水势绵延深远，不但不觉为病，反而要惊叹其妙手天成！ 最后一联是杜甫的自况，"杖藜叹世者"当然是他自己，面对眼前的茫茫天地，他的点点血泪抛洒空中，回转过须发尽白的头颅，深情眺望远方。前面所述的一切积压三峡天地间的矛盾、碰撞、错杂、张力此刻都浓缩到杜甫深深的眼眸之中，催动着他脑海中忧国伤时、老病思归的细弱神经，这强烈的画面感，拥有直击人心的力量。

白帝城坐拥三峡最为壮美的自然景观，又是著名的历史文化名城，让杜甫一来到这里就不禁写了很多篇登临览胜的诗作，除了《白帝城最高楼》之外，还有一首《峡中揽物》也值得一观：

> 曾为掾吏趋三辅，忆在潼关诗兴多。
> 巫峡忽如瞻华岳，蜀江犹似见黄河。
> 舟中得病移衾枕，洞口经春长薜萝。
> 形胜有余风土恶，几时回首一高歌。

"三辅""潼关"皆是关中、朝廷的代称，杜甫身处峡中，回忆起当年在中原诗兴颇多的岁月，形态相似的山水景色，在思乡之情的催化下，产生了奇妙的致幻效果：眼前的峡中景物与脑海里的中原景物穿插，营造出时空交错之感——巫山与华山、长江与黄河，都具有阳刚之美，又能发人壮思。在音韵上，"巫峡忽如瞻华岳"多入声字，顿挫的音节表现出恍惚的情绪，引人入胜；"蜀江犹似见黄河"则以宽平的音调喻示情绪逐渐归于清醒、平静。声韵的贴合，昭示了诗境在想象与现实之间的转换。老病的身躯、漂泊的舟船和经春生长出的南国草木，提醒着浮想联翩的杜甫，他此刻身处的仍是边塞他乡，虽然壮阔的景色与中原近似，但风衰俗恶远非王化之地，只能回首高歌，长抒思乡之情。

关于夔州的"风土恶"，杜甫在《负薪行》和《最能行》两首诗中有所论述，前者反映峡中民俗刁恶，致使女子粗丑不堪，后者则批评当地的男子轻生逐利、气量狭窄。杜甫以拯时救世的士大夫眼光审视当地民风，固然有其忧国伤乱、体恤民生的苦衷和深情，但其对当地普通劳动人民的疾苦确有体察不深之处，我们也不必为其回护。

二、西阁的夜

杜甫在夔州住了下来，主要是因为夏季将至，长江流域多雨且水位上涨，杜甫携家轻舟而下面临着很大的安全隐患，于是想要等到秋天再出峡。白帝城"土地微平"且"形胜有余"，是个可以短暂留居的所在，于是他把家暂时安在了山腰的西阁。

杜甫原以为夏天可以到峡中的名胜古迹到处走走看看，入了秋就该起程离开了，谁知天不遂人愿。这年的夏天格外干旱、闷热，热得杜甫两三个月都没有睡好觉，于是整天无精打采，没有心情四处游玩。他一连写了好几首"苦热诗"，苦恼"火云洗月露，绝壁上朝暾""老少多暍死，汗逾水浆翻"。更糟糕的是，炎热的天气和峡中的瘴疠，把杜甫刚好不久的疾病又勾起来了。杜甫有严重的消渴症，发病的时候需要大量饮水，然而白帝城在半山腰上，虽然紧邻长江，日常饮用水水源却只有山顶的一条小溪。当地的人们为了生活便利，用竹竿搭起了简易的自来水管道，平日都去那里抢着打水，资源十分紧缺。这天夜里，杜甫渴得实在难受，取水管道前却还排着长龙，于是他手下一个叫阿段的仆从就只身顺着管道摸到了山顶的溪流源头，连夜为杜甫专开了一条新的引水管道，使消渴难耐的杜甫顿时如获新生。杜甫既欣喜又感动，便写了首诗称赞他，这就是《示獠奴阿段》这首作品的由来：

> 山木苍苍落日曛，竹竿袅袅细泉分。
> 郡人入夜争余沥，竖子寻源独不闻。
> 病渴三更回白首，传声一注湿青云。
> 曾惊陶侃胡奴异，怪尔常穿虎豹群。

我们再从艺术的角度来看这首诗，尤其看他的音韵与诗境营造：首联之中，"苍苍"以强大的共鸣状出境界之广大，擦音声母又描绘出树木萧森的景象，"袅袅"则因其介音的影响而显得细弱，符合水流的样态，鼻音声母则增强了水流连绵不尽的意味；颔联上句多爆破音和入声字，激烈的音感与人们争夺水流的喧闹之态相呼应，下句则全为细微的字音，写出阿段独自探寻水源的轻幽身影；颈联上句多牙喉音，表现出诗人病中对饮水的迫切渴望，下句在鼻音之间插入两个塞音，既写出了水流乍来的惊喜，也渲染出了得到水流后的滋润之感。最后两句，引前代典故作比，来称颂阿段的智谋和胆略，这是传统士大夫文学中少有的对一个普通底层劳动人民智慧的由衷赞美，有独到的思想价值，对中唐以后的文学思想产生了深远的影响。

过了立秋，天气终于渐渐凉快下来，杜甫在夔州的游览活动也就渐渐增多，他游览了很多名胜古迹，写作了很多名篇，比如《咏怀古迹五首》《秋兴八首》，等等，因为这些作品体量大、地位重、成就高，我们会在接下来单独重点介绍。还有一件事不得不提，那就是他原本秋日出峡的打算又取消了，原因除了他想要在夔州附近多游赏一段时间之外，更重要的是这年八月，他收到了蜀中故友柏茂林将都督夔州的消息。柏茂林许诺给杜甫生活上以援助，留他住在夔州，于是杜甫便留在这里，等待柏都督的到来。

由于蜀中接连变故，崔旰、郭英乂、杨子琳等军阀持续混战，关山道路阻隔，柏都督迟迟没能前来赴任，杜甫这一等就等了四个多月。转眼到了年底，在一个冬夜里，杜甫看着眼前的峡中景象，思想着天地间的烽烟动荡，写下了著名的《阁夜》：

> 岁暮阴阳催短景，天涯霜雪霁寒宵。
>
> 五更鼓角声悲壮，三峡星河影动摇。
>
> 野哭千家闻战伐，夷歌数处起渔樵。
>
> 卧龙跃马终黄土，人事音书漫寂寥。

"阴"是月，"阳"是日，日月的频繁交替，催促着岁暮所剩无多的光景飞速奔驰。跨进新的年头，杜甫就该五十六岁了，他仍然在西南的天地漂泊，独守长夜。虽然霜雪初歇，天已放晴，但寒意丝毫没有消退。远处军营中悲壮的鼓角争鸣打破了寒夜的冷寂，窗外的三峡天地，星空映在江水上，江流奔腾翻滚，星河亦随之动摇——这幅画面雄浑壮阔又富有动感，迭起的"鼓角"声有着铿锵的节奏，使天地充满律动。"三峡星河影动摇"，到底是"峡"动、"星"动、"河"动还是"影"动，这是见仁见智的问题，然而归根结底，是诗人的"心"在动，一颗拳拳赤子之心被国家和人民的命运所牵动。有鼓角处便有征战，战乱使得千家受害，惨痛的哭声响彻四野，胡汉的混杂也让渔樵闲话之中都充满了夷人的歌唱，更刺激着杜甫对中原故土的思念之情。然而转念一想，历史上无论成如"卧龙"诸葛亮还是败如"跃马"公孙述，都不免归为一抔黄土，只在白帝城留下自己的些许遗迹，供人凭吊，那眼前这些人事的不顺、音书的隔绝又算得了什么，且自寂寥去吧。这里，杜甫看似自我开解，实则陷入了更深的悲痛，他感叹于个人终究不能跳脱世事的兴亡轮回，便只好顺应天命和自然的安排，除了"漫寂寥"，他又能做得了什么呢?

三、瀼西与东屯

大历元年十二月，杜甫终于等来了盼望已久的赴任夔州都督柏茂林，柏都督对杜甫也很仗义，出手非常大方，一开春就先帮杜甫搬了家，安置他住在了环境更宜居的瀼西，这是一个"桃红客若至，定似昔人迷"的如同桃花源一般的佳处。柏茂林不但帮杜甫营建了新的草堂，还将屋旁的四十亩果园和东屯的一百顷公田交给杜甫管理，这样一来杜甫的生计就完全不愁了。

住在瀼西的杜甫差不多又找回了蜀中田园生活的感觉，平日里出游漫步、闲居饮酒、读书赋诗、关心国家大事、教导孩子读书，生活平静而且滋润。与成都生活不同的是，年岁越来越老，身体差了很多，能交情达意的知己也越来越少。这期间倒是有件大喜事令杜甫格外开心，他的三弟杜观寄来家书，说自己从长安到了江陵，即将来夔州与长兄一家团聚，为此杜甫激动地写下了《得舍弟观书》一诗：

尔过江陵府，何时到峡州?

乱离生有别，聚集病应瘳。

飒飒开啼眼，朝朝上水楼。

老身须托付，白骨更何忧。

诗歌就是对家书的一封回信，写得情真意切，朴实无华，处处可以见出杜甫内心对团圆的迫切期待。其实杜观的家书中写明了暮春月末到达，杜甫却还要问一声"何日到峡州"；自战乱之后离别十余载，他无时无刻不思念着骨肉至亲，眼看相聚在即，仿佛一身疾病都要痊愈一般轻快，流泪的双眼露出期盼的目光，朝朝暮暮守候在水边的高楼之上，眺望着东来的船帆，盼望着第一时间看见三弟的身影。这些画面很容易让我们想到，每逢佳节，父母总是关切地一遍遍询问我们回家的日期，也总是站在阳台或路口，盼望着第一时间看到我们归来的身影。联系生活，我们便能体察到杜甫内心那份激动与期盼。更何况，对于垂暮之年的杜甫而言，兄弟团聚有着更深沉的意味，乱世中总要将自己的妻儿们托付给可靠的人，才能不再为身后之事时时担忧。

这年秋天，杜甫在瀼西度过重阳这天，写下了被称为"古今七律第一"的《登高》，标志着七言律诗的写作艺术成熟到了极致，这首诗将在后面细致解读。秋后，为了更好地照料那一百顷公田，杜甫又搬家到了东屯，将瀼西草堂借给了年轻的亲戚吴郎居住，由他代为看管。这年，草堂边果园里的枣树收成很好，邻居家有个老太太常来偷枣取食。吴郎为了防备，竖起了栅栏。杜甫听闻后有些不满，给他去诗一首：

堂前扑枣任西邻，无食无儿一妇人。

不为困穷宁有此？只缘恐惧转须亲。

即防远客虽多事，便插疏篱却甚真。

已诉征求贫到骨，正思戎马泪盈巾。

这首《又呈吴郎》中说：任凭西边那个邻居去采摘门前树上的枣吧，她是个生计无着的孤寡老人，若非贫穷困厄无可奈何，想必也不会做出这样的事情。你要体谅她，且要对她更亲近些，不要让她恐惧。尽管为了加强安全防范，的确应该有些措施，但插上篱笆确实过于较真了。她曾对我诉说过官府的剥削使人们的贫困深入骨髓，我想到这战乱之下尚有千千万万这样的苦难群众，更是热泪沾巾。吴郎啊！勿以善小而不为，得饶人处且饶人吧！

四、"日夕思朝廷"

杜甫对黎民的关切不只体现在对待邻家妇人这一个小细节中，更多的还是对天下局势的忧虑，但自严武去世之后，杜甫一直没有找到那个可以托付情感的人，那个在他心目中能够重振大唐盛世雄风的中流砥柱。何况自李白、高适去世以来，能够同他纵论天下的知己也越来越少了，这使他十分迷茫、绝望。

这时，道州刺史元结寄来两首诗——《春陵行》和《贼退示官吏》，却让杜甫眼前一亮，甚至重燃了心中的希望之火。说来，元结与杜甫还有些缘分，他们一同参加了天宝六载李林甫操纵的那场制举考试，是"破胆遭前政"的患难之友，如今因为抗击史思明有功，元结得以主政道州。他与杜甫无论政治立场还是文学主张都十分相近，尤其注重反映社会现实和民生疾苦，《春陵行》和《贼退示官吏》便是这样的典范。

杜甫读罢，怀着激动和赞美的心情回了他一首《和元使君春陵行》：

遭乱发尽白，转衰病相婴。

沈绵盗贼际，狼狈江汉行。

叹时药力薄，为客赢瘵成。

吾人诗家秀，博采世上名。

粲粲元道州，前圣畏后生。

观乎舂陵作，欻见俊哲情。

复览贼退篇，结也实国桢。

贾谊昔流恸，匡衡常引经。

道州忧黎庶，词气浩纵横。

两章对秋月，一字偕华星。

致君唐虞际，淳朴忆大庭。

何时降玺书，用尔为丹青。

狱讼永衰息，岂惟偃甲兵。

凄恻念诛求，薄敛近休明。

乃知正人意，不苟飞长缨。

凉飙振南岳，之子宠若惊。

色沮金印大，兴含沧浪清。

我多长卿病，日夕思朝廷。

肺枯渴太甚，漂泊公孙城。

呼儿具纸笔，隐几临轩楹。

作诗呻吟内，墨淡字欹倾。

感彼危苦词，庶几知者听。

诗歌虽然很长，但条理、层次非常清晰。前八句慨叹自己年老力衰，遭逢乱世，漂泊异乡，徒以诗文传名；紧接着十二句称颂元结堪比贾谊、匡衡，寄来的两首诗作，既忧国忧民，又"词气纵横"，令自己这位"诗坛前辈"也感叹后生可畏；再下十四句，表达了对元结的期许。杜甫时隔二十年，再度喊出了"致君唐虞际，淳朴忆大庭"的口号，这是一份莫大的荣耀与责任，他盼望元结能够早日入主朝廷，平复战乱、减少狱讼、轻薄税收、休养生息，给人民一个太平盛世；最后十句，杜甫申述自己的拳拳之心，虽然卧病日久，却无时无刻不在思念朝廷，难得与元结知己投缘，便将满腔心事和盘托出，渴求其能够体察。

　　我们能够想象元结收到杜甫的和诗时，尤其看到他将"致君唐虞际，淳朴忆大庭"的重任托付给自己时，内心的那份使命与激荡，他也的确努力遵照杜甫的嘱托，干出了很大成绩，可惜的是，由于被权臣猜忌，元结终究在杜甫去世两年后的大历七年（772）辞官回乡，抑郁病逝。当然，这都是后话了。

　　其实历史就是这样，盛世一旦过去，留给历史的便只剩下美好的追忆，杜甫不是不懂得这个道理，只是作为"盛世同龄人"的他不甘承认罢了。于是，对历史的思考和对盛世的怀念，构成了杜甫晚年生活的主调。

第二十四讲

追昔抚今

——逝去的往往才最美好

一、"忆昔开元全盛日"

来到夔州之后，对历史的思考和对盛世的怀念，构成了杜甫生活的主调。一是因为这时与蜀中一样，有着相对稳定的生活条件与创作环境，让他能够回望既往，安心创作；二是杜甫越发感受到岁月催逼，对人生和时代的回望迫在眉睫。

其实杜甫的"追昔抚今"，早在流寓阆州的时候就已经开始了，彼时他写下了著名的怀旧篇什《忆昔二首》。这是在广德二年（764），两年前，杜甫亲身服侍过的两位皇帝玄宗、肃宗相继崩逝，这两首诗分别是对他们统治时代的追忆，其一写肃宗平定安史之乱：

忆昔先皇巡朔方，千乘万骑入咸阳。

阴山骄子汗血马，长驱东胡胡走藏。

邺城反覆不足怪，关中小儿坏纪纲。

张后不乐上为忙，至令今上犹拨乱，劳心焦思补四方。

我昔近侍叨奉引，出兵整肃不可当。

为留猛士守未央，致使岐雍防西羌。

犬戎直来坐御床，百官跣足随天王。

愿见北地傅介子，老儒不用尚书郎。

　　"先皇巡朔方"是指安史之乱中长安沦陷，肃宗即位于朔方军所辖的灵武，领导官兵平叛之事，用"巡"字而不用"奔"，是借鉴《左传》中"为尊者讳"的笔法，表明四海共主的正统思想。"千乘万骑入咸阳"则是说长安收复，这是肃宗统治下最大的功绩。肃宗借助"阴山骄子"回纥骑兵的力量，赶跑了东方的叛军，使之亡命躲藏——这里其实语中含有讥刺，赶走东胡却引来北夷，人民仍然遭受着苦难，暗示两京收复后放任回纥大肆掠夺民财的旧事。于是才会有接下来的"邺城反复"，因为大唐王朝的内忧外患并没有彻底解决，九节度在前线力战反贼，身处关中的乱臣李辅国和后宫的张皇后却在后方掣肘，败坏纲纪，扰乱政局，其形成的危害遗留至今，以至于代宗即位后还在为拨乱反正而奔忙。

　　这样的一个时代有什么可追忆呢？　还真有，首先杜甫那个时候在朝为官，多多少少是有一份眷恋之情的，何况那时的军队也很有战斗力，收复两京势不可挡。可是如今呢？　西域防线已经收缩到了京畿地区，吐蕃再度攻陷了长安，致使天子率百官出逃，实在是奇耻大辱！　这是对去年吐蕃入寇一事的惋叹。傅介子是西汉时的北地豪侠，曾斩楼兰王头，悬于北阙。杜甫渴求当代出现这样一位英雄，那么自己也就别无他求了。这样寄希望于英雄救世的心愿，与杜甫晚年不断呼求"安得壮士挽天河"的悲剧心态是高度契合的，是他心有不甘却深知力不从心的切实反映。

其二比其一写得更好，更为人们熟知，其追忆盛世的意味也更浓：

> 忆昔开元全盛日，小邑犹藏万家室。
> 稻米流脂粟米白，公私仓廪俱丰实。
> 九州道路无豺虎，远行不劳吉日出。
> 齐纨鲁缟车班班，男耕女桑不相失。
> 宫中圣人奏云门，天下朋友皆胶漆。
> 百余年间未灾变，叔孙礼乐萧何律。
> 岂闻一绢直万钱，有田种谷今流血。
> 洛阳宫殿烧焚尽，宗庙新除狐兔穴。
> 伤心不忍问耆旧，复恐初从乱离说。
> 小臣鲁钝无所能，朝廷记识蒙禄秩。
> 周宣中兴望我皇，洒泪江汉身衰疾。

前十二句是对开元盛世的全景描绘，如数家珍之时，充满了作为"盛世同龄人"青春洋溢的自豪感：城市发达，人口众多，农业丰收，仓廪充实，治安太平，交通便捷，商业繁荣，社会有序，礼乐昭明，民风淳朴，无灾无变，人才辈出！ 这十二项美好愿景，做到任意一条都称得上是一段黄金时代，而在开元年间，它们全都成了现实，这样的盛世，在中国古代史上空前绝后！

然而，盛世有多么美好，心中的落差就有多大：安史之乱一起，丰盈的物资变得匮乏，先进的生产全然搁置，生灵涂炭，城邑凋敝，就连宫殿宗庙都化为丘墟，更不论田舍民宅了。对盛世怀有深切眷恋的人都不忍提起这段往事，生怕一次次勾起伤心的回忆。这年，朝廷征召杜甫入京，担任京兆府功曹，但被杜甫拒绝，具体原因我们已在前文中做过分析，主要是他已经认识到自己无力扭转天下大势，因而只好怀着一颗赤诚忠心，拖着老病的身躯在西南洒泪述怀，盼望着新即位的代宗能够像周宣王一样整理乱政、励精图治，进而中兴大唐！

西方学者福柯有一句很有名的话，叫："重要的不是故事讲述的年代，而是讲述故事的年代。"其实从杜甫早年的创作和开元年间诗人们的诗歌中我们不难看出，盛世往往更多地存在于人们的追忆中，且有着夸大的成分，因为对现实有太多的不满，便诉诸回忆，并将其不断美化。对于杜甫而言，有着"盛世同龄人"的身份加持，"开元盛世"更多的是一种理想与青春的信仰，理想已破灭，青春回不去，他能做的只有美化自己的回忆了，回忆越美，衬出的现实反而越悲凉。

二、眼下的"诸将"

"追昔"的目的是"抚今"，对于眼前的诸多社会弊端，杜甫多喜欢以新题歌行的形式加以讽刺，如早年的《兵车行》《丽人行》，因为新题歌行灵活自由，且朗朗上口，可以极大地发挥七言句善发议论的特长，但它也有一个弊端，那就是容易失于戏谑、浅俗，不适合严肃地纵论深刻的朝政大事。于是，杜甫来到夔州之后，经过长久的积淀和酝酿，创造性地开拓出了七律政论诗的先河，那就是《诸将五首》。

这一组诗作于大历元年秋，是杜甫的第一组七律联章组诗，以前后连缀的组诗形式解决了单篇律诗篇幅有限、难以展开全面深入的论述的问题。这组诗以"将领"为切入点，展现了杜甫对时弊的洞见与思虑的深广。其一斥责诸将不能抵御吐蕃入侵：

> 汉朝陵墓对南山，胡虏千秋尚入关。
> 昨日玉鱼蒙葬地，早时金碗出人间。
> 见愁汗马西戎逼，曾闪朱旗北斗殷。
> 多少材官守泾渭，将军且莫破愁颜。

　　陵墓、宗庙是王朝统治的象征，广德元年，吐蕃侵袭入关，使南山陵墓失陷，昔日陪葬的玉鱼、金碗竟被挖掘出来流落人间，这是唐王朝的奇耻大辱。西方来的汗血宝马披着戎装步步逼近，鲜红的旗帜浸染了北斗——这颗象征正统与皇权的明星，这是多么令人愁苦的处境。中原被不少有才能的将领守卫着，你们万不可因为安史之乱平定就放松了戒备，解去了愁颜，新的敌人已经来到了面前啊！　其二又斥责诸将不能抵御回纥南下：

> 韩公本意筑三城，拟绝天骄拔汉旌。
> 岂谓尽烦回纥马，翻然远救朔方兵。
> 胡来不觉潼关隘，龙起犹闻晋水清。
> 独使至尊忧社稷，诸君何以答升平。

　　"韩公"是中宗朝的名将张仁愿，他在河北修筑了三座受降城，完善北方防线，阻断了北方游牧民族南下侵扰的威胁。然而安史之乱后，天子竟主动引回纥骑兵南下，救援朔方军，先收复两京，后抵御吐蕃，自此失去了关河险阻，让游牧民族在渭水滨自由驰骋，以致酿成大患。大唐立国之初，高祖也曾借兵突厥，后赖太宗之力才将其驱逐，如今的诸将也当替君主分忧，早做打算，方能使国家恢复升平之世。其三伤叹黎民之困，力主诸将屯田：

> 洛阳宫殿化为烽，休道秦关百二重。
> 沧海未全归禹贡，蓟门何处尽尧封。
> 朝廷衮职虽多预，天下军储不自供。
> 稍喜临边王相国，肯销金甲事春农。

安史之乱中，繁华的洛阳城化为灰烬，秦关的险阻也被叛军踏平，如今虽然战乱平定，天下疆土却没有完全收复，尤其河北的方镇割据，更是朝廷最大的威胁。河北地区平原广阔、农业发达、历史悠久、人口众多，是大唐兵源、赋税、粮储的重要根基，它的割据直接造成了国库的空虚，朝中济济多士也对此无可奈何。满朝文武之中，唯有出将河南的王相国懂得经营之道，领导将士卸甲务农，从事春耕，解民生之苦、燃眉之急，稍稍可以令人感到高兴。这位王相国名叫王缙，他的哥哥大家更熟悉，叫王维。其四斥责诸将不能为天子行征伐、护威权：

> 回首扶桑铜柱标，冥冥氛祲未全销。
> 越裳翡翠无消息，南海明珠久寂寥。
> 殊锡曾为大司马，总戎皆插侍中貂。
> 炎风朔雪天王地，只在忠臣翊圣朝。

开篇四句选择各地有代表性的风物以阐明四海分离、朝贡不修的现状,中央朝廷的暗弱,使得对边境地方的控制力大为减弱。天子对于诸将颇为礼遇,恩宠有加的,晋了大司马的官衔,类似于当今的元帅,一般的将领也都官居侍中,级别上与朝中的宰相相当。可是这些人身蒙厚恩,又有什么贡献呢? 看来保卫圣朝还是要靠忠心而不是荣宠啊! 最后一首单就西蜀形势而论,追思严武,叹眼下镇蜀失人:

锦江春色逐人来,巫峡清秋万壑哀。

正忆往时严仆射,共迎中使望乡台。

主恩前后三持节,军令分明数举杯。

西蜀地形天下险,安危须仗出群材。

杜甫身处清秋的三峡,而思念起春日的成都,那时曾与严武一起在望乡台迎接朝廷的使臣。严武前后三次节制西南,军令政令严明,使得蜀中大治,而且与杜甫关系交好,二人时常在一起举杯同乐。然而这一切都随着严武的去世化为了泡影,其后的蜀将交相攻伐,背弃朝廷,如此险要的江山,非要出群之才方能使其太平。

这组诗歌深浑苍郁,纵横捭阖,五首诗分别从西线战事、北部边防、军需保障、将帅赏罚、人才拣选五个方面论述了眼前国家政略上的种种失当,体现了杜甫对国事的深切忧思和卓然见识。诗歌极大地发挥了七律典正肃雅的风格和长于议论的特点,并且以"诸将"为题统摄所有观点,既强化了议论的广度,也让它们相互为证,加深了论证的深度。

三、秋天的"时光旅行"

大历元年秋，杜甫除了"抚今"伤时，写下了深浑苍郁的《诸将五首》之外，也有一场"追昔"的旅行。这一次他没有缅怀和歌颂盛唐，而是将追溯的目光向前延伸到更远，通过神游庾信旧迹、宋玉故宅、昭君村、永安宫、武侯祠等峡中古迹，展开了一场与先贤做伴的"时光之旅"，也留下了另一组七律联章组诗绝唱——《咏怀古迹五首》。

五首诗表面上以游览足迹的顺序展开，实则暗含着一条连贯的抒情脉络。其一写庾信旧迹：

> 支离东北风尘际，漂泊西南天地间。
>
> 三峡楼台淹日月，五溪衣服共云山。
>
> 羯胡事主终无赖，词客哀时且未还。
>
> 庾信平生最萧瑟，暮年诗赋动江关。

杜甫在这首诗中将自己的生活经历与庾信的生平交错展开，前四句其实是自述身世：自从东北安禄山乱起，杜甫就开始了流浪生涯，如今漂泊到了西南天地，在三峡之中滞留了不少时日，与衣着鲜艳的五溪胡人共同生活在一方云下、一片山中。杜甫游庾信旧迹，为什么要叙自己的身世？只有一个解释，那就是庾信的生平与他太过相似，以至于使他产生了强烈的代入感。前文中，我们简单介绍过庾信的生平，与杜甫的确有太多的相似之处：他出生于南朝士族，像极了杜甫的"官三代"出身；他自小出入禁苑，写作宫体诗，像极了杜甫"往昔十四五，出游翰墨场"；他生活的时代，是南朝最长的太平盛世，"五十年间，江表无事"，像极了杜甫笔下的"百余年间未灾变"；庾信遭逢侯景之乱、亡国之痛，四十二岁稽留北周，杜甫则遭遇安史之乱、国家丧乱，垂暮之年漂流江上……杜甫一边为庾信的遭际感伤，一边也在为自身的经历嗟叹：胡人政权与朝廷交往，终究会暴露他们的野心与无赖，可怜词客们只能哀时伤世，却终究故园难还——这里的"词客"，自然也兼指两人。最后，杜甫发出一声长叹：萧瑟的生平经历造就了庾信暮年动人的诗赋。言下之意是，自己恐怕也终不免庾信一样客死他乡的结局，只能将满怀悲怆诉诸诗篇了！ 其二写宋玉故宅，表达了一种历史兴亡的感慨：

摇落深知宋玉悲，风流儒雅亦吾师。

怅望千秋一洒泪，萧条异代不同时。

江山故宅空文藻，云雨荒台岂梦思。

最是楚宫俱泯灭，舟人指点到今疑。

宋玉曾在《九辩》中写道："悲哉秋之为气也！ 萧瑟兮草木摇落而变衰。"如今，杜甫在时隔千载的这个秋日，感受到了异代之中相同的萧条之感，深深地理解了宋玉的悲哀，不禁为之洒下了泪水，感叹这样风流儒雅的文士真是自己的老师。宋玉的悲哀是什么？ 这要从楚襄王的巫山云雨说起。襄王好色误国，宋玉先后作《高唐赋》《神女赋》《登徒子好色赋》加以讽谏，以高洁怀德的巫山神女为喻，盼望能唤起楚襄王的励精图治之心，然而终究没能挽回楚国败亡的结局。彼时的文藻、故宅，乃至宫殿、江山，如今都已经泯灭不存，只留下一段段传闻供给渔樵闲话。在历史的兴亡规律面前，一切大才都过于渺小，终不能抵挡逝者如斯的无情岁月。其实杜甫何尝不是想着以自己的诗歌为工具讽喻现实，唤醒天子重振大唐的盛世，但当他遭遇人生的萧瑟秋光，嗅到"摇落变衰"的气息，也就明白了"俱泯灭"的宿命与悲凉。其三写昭君村，这一首广为人知：

群山万壑赴荆门，生长明妃尚有村。

一去紫台连朔漠，独留青冢向黄昏。

画图省识春风面，环佩空归夜月魂。

千载琵琶作胡语，分明怨恨曲中论。

首句写"群山万壑"，诗境宏大深广，一个"赴"字状出了争先恐后的急迫感。这些山峦为什么宁愿化为平地也要争相赶赴荆门呢？因为这里有一个小村庄，将诞生一位绝世美人！这前后的落差造就了巨大的冲击力，明妃正是在这样的激烈碰撞中登场，如同汲取了天地精华，承载了古今使命。这样一位女子的人生注定不凡：先是从小村落被选入了禁苑台阁，又从庙堂出走到边疆大漠，转而又化作一方青冢融入大地，香气长留黄昏、碧空，她从天地中来，又终归天地中去。"昭君出塞"的故事大家都耳熟能详，杜甫只用了十四个字便已将其韵味写尽。颈联是对昭君生平的哀叹：因为小人作祟而没能与皇帝相见，客死他乡后，只有魂魄随着月光回归故里——那以画图谋取私利的毛延寿与操控制举使杜甫落榜的奸臣李林甫何其相似。怪不得透过传唱千年的琵琶曲声，杜甫依然能从中听出怨恨，原来这怨恨本就在他心中啊！

后两首分别写永安宫、武侯祠，实则同写刘备与诸葛亮的君臣际会。其四曰：

蜀主窥吴幸三峡，崩年亦在永安宫。

翠华想像空山里，玉殿虚无野寺中。

古庙杉松巢水鹤，岁时伏腊走村翁。

武侯祠堂常邻近，一体君臣祭祀同。

夷陵之战，刘备战败，退守白帝城，不久崩逝于此，临终向诸葛亮托孤。如今杜甫身处白帝城，脑海中仿佛还有当年蜀汉君主的翠华仪仗在空山招摇飘荡，眼前的永安宫玉殿却只剩下残垣断壁，与野寺为临。寺庙外长着杉树与松树，水鸟们飞来这里筑巢架窝，可见已经荒废许久，只有伏天、腊月和年末时节，才会有老人走动的身影，因为诸葛亮的祠堂与之邻近，人们就将他们君臣一并祭祀了。刘备与诸葛亮是文人心中的君臣典范，后世多颂扬诸葛亮的隆中对策、治蜀功劳、鞠躬尽瘁、品性清高，却往往忽略了恰是刘备的三顾茅庐、礼贤下士、临终托孤，才使他得以成就大名。杜甫在这里感叹永安宫的破败沦落，其实也是在哀叹刘备这样的识才英主早已不存。最后来看其五：

诸葛大名垂宇宙，宗臣遗像肃清高。

三分割据纡筹策，万古云霄一羽毛。

伯仲之间见伊吕，指挥若定失萧曹。

运移汉祚终难复，志决身歼军务劳。

"宇"是无限空间，"宙"是无尽时间，在杜甫看来，诸葛亮的大名彪炳天地古今，白帝城武侯祠中这位忠臣的遗像正如他的大名一样肃穆清高。他为三分天下的局面用心谋划，就好比鸾凤高翔独步云霄，其功绩不亚于伊尹、吕尚，其才能更是远胜萧何、曹参。之所以没能兴复汉室，是因为天命已经转移，不可以人力改易，尽管他志向坚决、用尽一生劳碌，也终究无奈殒身。言下之意也很明白，大唐的天命或许也终将改易，杜甫之才不及诸葛，又将如之奈何呢？

这五首诗，其一借庾信半生遭难、稽留北国，哀自身仕途坎壈、漂泊他乡，是整组诗的出发点和抒情总纲。其后四首则分别是人生悲剧的缘由：其二借宋玉之悲，叹文士建言不被采用；其三借昭君之怨，诉小人当道迫害忠良；其四思刘备之贤，伤君臣相得之道今已不存；其五伤诸葛壮志难成，悲天命不可以人力扭转。《咏怀古迹五首》题为怀古，实则抒发当下情思，古事用得贴切、写得感人，今情思得深刻、发得真诚，不愧为仅次于《秋兴八首》的千古名篇。

追昔抚今，追的是家国天下，抚的是山河浮沉，而杜甫作为"盛世同龄人"，自己一生的成长本就高度浓缩了时代的脉络，到了晚年，他不但常常对国事"抚今追昔"，对自己人生的回忆和追述也渐渐多了起来。

第二十五讲

人无再少

——多想再回到那些年的时光

一、《壮游》的背后

杜甫来到夔州后，由于意识到生命旅程已近尾声，又抱有"以诗存史""以诗传世"的文学思想，回望历史、追思盛世的作品逐渐多了起来，而作为"盛世同龄人"，杜甫的人生轨迹本就与大唐的国运浮沉紧密交错，于是，缅怀自己的青春时代，也成为回望盛世的重要内容。

大历元年秋，杜甫以类似自传的笔法写下了长篇五言古诗《壮游》，回顾了自己从少壮学诗到稽留夔州的人生历程：

往昔十四五，出游翰墨场。

斯文崔魏徒，以我似班扬。

七龄思即壮，开口咏凤凰。

九龄书大字，有作成一囊。

性豪业嗜酒，嫉恶怀刚肠。

脱略小时辈，结交皆老苍。

饮酣视八极，俗物都茫茫。

东下姑苏台，已具浮海航。

到今有遗恨，不得穷扶桑。

王谢风流远，阖庐丘墓荒。

剑池石壁仄，长洲荷芰香。

嵯峨阊门北，清庙映回塘。

每趋吴太伯，抚事泪浪浪。

枕戈忆勾践，渡浙想秦皇。

蒸鱼闻匕首，除道哂要章。

越女天下白，镜湖五月凉。

剡溪蕴秀异，欲罢不能忘。

归帆拂天姥，中岁贡旧乡。

气劘屈贾垒，目短曹刘墙。

忤下考功第，独辞京尹堂。

放荡齐赵间，裘马颇清狂。

春歌丛台上，冬猎青丘旁。

呼鹰皂枥林，逐兽云雪冈。

射飞曾纵鞚，引臂落鹙鸧。

苏侯据鞍喜，忽如携葛强。

快意八九年，西归到咸阳。

这段文字讲述了他的童年时代和少壮漫游岁月。由于杜甫早期诗作大量散失，这一段回忆也成为我们探索其早年成长经历的重要线索，在前文中，我们已经结合杜甫的那段生活对以上诗句进行了解读，大家可以回顾，这里不再赘述。接下来二十句写的是困守长安的经历：

> 许与必词伯，赏游实贤王。
>
> 曳裾置醴地，奏赋入明光。
>
> 天子废食召，群公会轩裳。
>
> 脱身无所爱，痛饮信行藏。
>
> 黑貂不免敝，斑鬓兀称觞。
>
> 杜曲晚耆旧，四郊多白杨。
>
> 坐深乡党敬，日觉死生忙。
>
> 朱门任倾夺，赤族迭罹殃。
>
> 国马竭粟豆，官鸡输稻粱。
>
> 举隅见烦费，引古惜兴亡。

杜甫在长安虽然结交王侯，出入文坛，积累了不小的名声，也曾写出"三大礼赋"，博得玄宗赏识，得以出入官掖，但终究没能以此换取仕途的通达。坎坷浮沉近十年，才得了一个微末小官。不过这十年里，正是因为官场失意、沉沦下僚，杜甫有了更多机会以平民和底层视角去观察社会，他的视野更加开阔，对国运的思虑也更为深沉，从而看出盛世表象下潜藏的深深隐忧。紧接着，安史之乱爆发了：

> 河朔风尘起，岷山行幸长。
>
> 两宫各警跸，万里遥相望。

崆峒杀气黑，少海旌旗黄。

禹功亦命子，涿鹿亲戎行。

翠华拥英岳，螭虎啖豺狼。

爪牙一不中，胡兵更陆梁。

大军载草草，凋瘵满膏肓。

备员窃补衮，忧愤心飞扬。

上感九庙焚，下悯万民疮。

斯时伏青蒲，廷争守御床。

君辱敢爱死，赫怒幸无伤。

圣哲体仁恕，宇县复小康。

哭庙灰烬中，鼻酸朝未央。

　　河朔的风尘席卷中原，两京沦陷，天子出奔，杜甫则甘冒风险，投奔肃宗，得以拜官左拾遗，达到了仕途的巅峰。他在任上既一心思虑为国平叛，也终日忧心为民谋福，却不想因疏救房琯，触怒了肃宗，被日渐冷落，直至逐出朝廷。一腔衷肠却不被体察，崇高的政治理想也就此断送，回想起来实在是满心辛酸。最后，他写到了西南的漂泊：

小臣议论绝，老病客殊方。

郁郁苦不展，羽翮困低昂。

秋风动哀壑，碧蕙捐微芳。

之推避赏从，渔父濯沧浪。

荣华敌勋业，岁暮有严霜。

吾观鸱夷子，才格出寻常。

群凶逆未定，侧伫英俊翔。

来到成都之后，杜甫基本抱定了归隐田园的念头，想要听从渔父的教诲，却像屈原一样，难以割舍对国家的牵挂，想要像"鸱夷子"范蠡一样退隐湖山，却还没能平定天下、建立功名。说来也是巧合，杜甫早年壮游吴越，一定寻访过范蠡的旧迹，谁承想到了晚年，真的踏上了相同的路途。

这首《壮游》诗写得大气磅礴，诗人以专注的深情驾驭纯熟的文字，一气呵成又韵味深远，青年时代的豪雄气概、官场生涯的坎坷蹉跎、战乱中的热血慷慨、年迈时的平淡深沉，各阶段的内容风格统摄在同一主题之下，表现得各得其宜，宛如一首多变的乐章。这首诗是第一首全景勾画大唐由盛转衰的长篇史诗，杜甫也只是无数个飘零的"盛世同龄人"中普通而特殊的一个，在他的笔下，时代风气与人生格局交错相生、互为表里，以微小的生命和弦奏出宏大的时代交响。

二、单父台下的三个"壮年"

杜甫的青春岁月中，除了那些记忆犹新的事，自然也少不了念念不忘的人，比如李白与高适。他们在杜甫人格养成的时代走进他的生活，伴随着他走过了最美好而又难忘的岁月，其人格精神与理想也在短暂的相处中，潜移默化进入了杜甫的性格，深深地影响了杜甫的一生。与《壮游》前后而作的《昔游》和《遣怀》就讲述了与李白、高适的交游经历。先来看《昔游》：

昔者与高李，晚登单父台。

寒芜际碣石，万里风云来。

桑柘叶如雨，飞藿共徘徊。

清霜大泽冻，禽兽有余哀。

　　前八句是追忆三人同登单父台的情景，苍茫天地之中，三个壮怀激烈的读书人登高一呼，洋溢着青春理想，激荡着九州风云，是那样风华正茂、气贯长虹！是怎样的时代与环境才能造就这样昂扬向上的士气：

是时仓廪实，洞达寰区开。

猛士思灭胡，将帅望三台。

君王无所惜，驾驭英雄材。

幽燕盛用武，供给亦劳哉！

吴门转粟帛，泛海陵蓬莱。

肉食三十万，猎射起黄埃。

　　青春的生命幸逢盛世的大唐，经济繁荣、仓廪丰实，政治昌明、社会开放，在圣明天子的任用和领导下，上至王侯将帅，下至文人士卒，无不慷慨激昂、志在奋进，这是孕育盛唐之音的土壤！然而，一着之误，天下尽失，玄宗宠信安禄山，终究酿成祸患，击碎了盛世迷梦，也断送了青春理想。紧接着，杜甫回忆了乱后经历：

隔河忆长眺，青岁已摧颓。

不及少年日，无复故人杯。

赋诗独流涕，乱世想贤才。

有能市骏骨，莫恨少龙媒。

商山议得失，蜀主脱嫌猜。

吕尚封国邑，傅说已盐梅。

景晏楚山深，水鹤去低回。

庞公任本性，携子卧苍苔。

我们可以设想，倘若杜甫以年轻的身躯面对衰乱的时代，是否也能高唱着"捐躯赴国难，视死忽如归"，爆发出"建安风骨"一样的慷慨悲歌？ 然而，对于"盛世同龄人"来说，与动荡一同到来的是年岁的衰老，左手是逝去的盛世，右手是流淌的青春，杜甫一个也抓不住，只能任由它们抛弃自己而去，想起青春年少昂扬着的盛世理想，独自赋诗流涕，黯然神伤。

另一首诗《遣怀》则这样写道：

昔我游宋中，惟梁孝王都。

名今陈留亚，剧则贝魏俱。

邑中九万家，高栋照通衢。

舟车半天下，主客多欢娱。

白刃雠不义，黄金倾有无。

杀人红尘里，报答在斯须。

开篇是对梁宋之地的赞美：论文艺，这里曾有梁孝王的梁园，集结了西汉满朝名士在此宴集，诞生了汉赋这一华丽的文体；论勇武，这里自古是游侠之窟，仗义之士层出不穷。当然，最难得的是，这里是中原，临近杜甫的故乡，曾见证了他难忘的青春岁月，也见证了他与李白、高适的旷世情谊：

> 忆与高李辈，论交入酒垆。
>
> 两公壮藻思，得我色敷腴。
>
> 气酣登吹台，怀古视平芜。
>
> 芒砀云一去，雁鹜空相呼。

这一段写的是他们同登单父台的情景，杜甫抱着对盛世的坚定信心，怀着对两位兄长的崇拜和赞许，在心中许下了文名、政名兼善的太平宏愿。说的李白与高适的人格精神和理想深深地影响了杜甫一生，这是毫不夸张的。在杜甫心中，人生有两件大事，一是做官，一是写诗，而在这两方面，高适与李白恰恰是盛唐士子的典范：论做官，高适是盛唐大诗人中最成功的一位，不仅做到了节度使，主政一方，还官终散骑常侍，是从三品的"副国级领导人"，也是盛唐诗人中唯一封侯的人生赢家；而李白在诗坛的地位则更不必说，早早就名动天下，四海称善，就连天子都慕名召用，恩宠备至。这二人代表了两条人生路线，各自走出了自己的卓然成就，虽然因人生选择不同而晚年交恶，可杜甫却在他们中不偏不倚，取其所长，既维系了这段伟大的友谊，也成就了更为丰富和完善的自己。诗歌接下来还回忆了玄宗朝的穷兵黩武和由盛转衰：

> 先帝正好武，寰海未凋枯。
>
> 猛将收西域，长戟破林胡。
>
> 百万攻一城，献捷不云输。

组练弃如泥，尺土负百夫。

拓境功未已，元和辞大炉。

诗中的"猛将"指哥舒翰，他领导的石堡城之战，以巨大的官军伤亡为代价，从吐蕃手中夺取了一座空城。然而"武皇开边"的扩张欲求还没有得到满足，起于萧墙之内的祸乱就带走了人间的安定祥和。这一段感慨是为了通过转折，引发眼下的愁思：

乱离朋友尽，合沓岁月徂。

吾衰将焉托，存殁再呜呼。

萧条益堪愧，独在天一隅。

乘黄已去矣，凡马徒区区。

不复见颜鲍，系舟卧荆巫。

临餐吐更食，常恐违抚孤。

命运与三人开了一个大大的玩笑，以他们的旷世之才，这些理想若在盛世，实现起来都不是难事，然而随着乱世到来：李白做了逍遥的诗仙，却在政治上走错了路，断送了仕宦前景；高适仕途通达，拜官封侯，却也自此从一流诗人的名单中隐退，疏远了身后的千古诗名；而杜甫，本想要在政坛和诗坛都成就大业，却接连碰壁，近乎一事无成。当杜甫写下这首《遣怀》时，高适已在永泰元年（765）病逝，李白更是已辞世四年了。虽然这些年坎坷蹉跎，但与他们写诗赠答，也常常能有所宽慰，而今纵有再多的愁肠，也无处倾诉了，正是"吾衰将焉托，存殁再呜呼"的无限悲情。

三、"重阳独酌杯中酒"

在《易经》中，阳爻被称为"九"，故而九月九日为重阳，同时九也是最大、最尊的数字，故而重阳节又有着"老人节"的寓意。每逢重阳节，诗人们常常会有所感叹，毕竟人生有限、宇宙无穷的矛盾是古今诗歌第一大母题。

比如杜甫自己就曾多次重阳赋诗。天宝十二载（753）那年重阳，杜甫四十二岁，他在曲江池畔宴罢，写下"百年秋已半，九日意兼悲"，只是迎合时宜地兼有一丝坎坷的哀愁，彼时的他对年华老去还体会不深；一年之后，在长安的秋霖里，他寄书岑参"采采黄金花，何由满衣袖"，多是对知己的思念和大病初愈的欢欣；乾元元年（758）重阳，杜甫四十七岁，半年前被贬官华州的他，来到蓝田与友人共度，宴中写下了"明年此会知谁健，醉把茱萸仔细看"，真正开始因为理想的破灭而流露出穷老之悲；又过了四年，五十一岁的杜甫在梓州城楼上写下"弟妹悲歌里，乾坤醉眼中"，背井离乡、骨肉离散，为重阳的悲情加入了新的苦涩；大历元年，来到夔州的第一个重阳，他与友人在林中聚会，把着新摘的黄花，对着新生的白发，感慨"漫看年少乐，忍泪已沾衣"，才真正承认，岁月的催逼，胜过人世间一切愁苦，因为它不可避免、不可阻拦和不可延缓。

时间转眼来到大历二年，杜甫五十六岁了，人生还剩下最后三年。也许是意识到自己已经时日无多，在追思往事，感叹"人无再少"之后，这个重阳节，他有格外多的话想说。这天，他原本约了那位住他房子的吴郎一起登高饮酒，可惜这位年轻的后生却爽了杜甫之约，杜甫也并不介怀，毕竟两代人之间的代沟不可弥合，而真正能听他诉说衷肠的知己已经零落殆尽，九年前他在蓝田崔氏庄一语成谶——"明年此会知谁健"，杜甫早该适应了这种孤独。于是，他强拖着还未完全康复的病体，迎着凛冽的秋风，登上夔州江台，感慨万千之中，独自饮罢菊花酒，将一腔情愫化作诗篇，写下了《九日五首》。其一是一首七律：

> 重阳独酌杯中酒，抱病起登江上台。
>
> 竹叶于人既无分，菊花从此不须开。
>
> 殊方日落玄猿哭，旧国霜前白雁来。
>
> 弟妹萧条各何往，干戈衰谢两相催。

　　同为大诗人的王维在青春得志的年纪，与家乡仅一山之隔，尚且会因重阳节独自登高，少人陪伴而发出"每逢佳节倍思亲"的感慨。如今杜甫老病交加，去国千里，人生理想彻底破灭，茕茕登高，独酌无伴，个中凄苦不知要更甚几筹！　竹叶、菊花皆酒名，杜甫原本想借酒浇除心中块垒，谁知愁绪却随着酒意越发浓烈。峡中的猿猴接连发出啼鸣，其声凄厉，如同哭泣，既催人心酸、引人泪下，又时刻提醒着杜甫这位将醉的游子，此刻正身处异乡；北方飞来几只大雁，它们来自故乡，却没有带来团圆的书信，只预示着霜降将近，寒意陡增。在这团圆的时节，兄弟姐妹们流离各地，杜甫却不能静静地期待团聚，因为天下兵戈、人事衰谢的两相催逼，让他深觉此生重逢无望。于是，眼前的竹叶、菊花、玄猿、白雁都成了无情之物，既然"于人无分"，便"不须再开"，何苦要来给这脆弱的心灵增加更大的伤痛呢？　其二、其三是两首五律，其二写对朝廷的思念：

旧日重阳日，传杯不放杯。

即今蓬鬓改，但愧菊花开。

北阙心长恋，西江首独回。

茱萸赐朝士，难得一枝来。

旧时重阳有传杯共饮的习俗，就是所有宾客只用一个杯子，一人饮罢传与下家再饮，取福祚绵延、长长久久之意，在盛唐朝廷的重阳宴会上，还保留着这一礼仪习俗。考杜甫生平，应当只有天宝十四载（755）这年的重阳是在朝廷度过，彼时他刚刚结束了蹉跎的求官之路，得到了右卫率府兵曹参军的职位，按照制度享受到了重阳公宴及赏赐茱萸的福利待遇，福利虽然不多，却是圣恩垂怜，令他至今留恋、感激。如今，自己已是蓬鬓白头，卧病西江，虽忠心眷恋朝廷，回首北望中原，却关山阻隔，河川难渡，再也体会不到浩荡的皇恩。何况当年施恩的玄宗、肃宗都已驾鹤仙去，自己恐离追随他们的时间不远了。其三怀念的是昔日故友：

旧与苏司业，兼随郑广文。

采花香泛泛，坐客醉纷纷。

野树歌还倚，秋砧醒却闻。

欢娱两冥漠，西北有孤云。

苏司业即苏源明，与杜甫相识于齐赵，后又重逢于长安。杜甫在长安求仕期间，常常与他往来。苏司业在天宝后期任国子司业，对杜甫的生活多有扶持；而在安史叛军攻陷长安后，更是立志不受伪官，与杜甫串联搞"敌后工作",二人建立起了深厚的友谊。郑广文大家应该很熟悉了,是杜甫在长安的那位忘年交,广文博士郑虔。他们曾一起在长安度过了难忘的重阳佳节,花香、酒香浓郁得引人沉醉,醉中靠着大树高声欢唱,入夜之后才各自回家,那样忘情的场景和时光是多么让人怀念! 如今这个重阳,苏源明已在四年前饿死在了长安街头,距离郑虔贬死台州更是已经过去了九年。苍茫天地之间,杜甫望向西北天空的浮云,只能与云端的故友共叙这份曾经的欢娱之情了。其四是一首五言古诗:

故里樊川菊,登高素浐源。

他时一笑后,今日几人存。

巫峡蟠江路,终南对国门。

系舟身万里,伏枕泪双痕。

为客裁乌帽,从儿具绿尊。

佳辰对群盗,愁绝更谁论。

前四句写樊川故里的重阳。 樊川在长安杜陵,是杜甫的祖籍,杜甫也曾长期在这里居住,那时登高都要去城东的素浐之源,一同登高作乐的好友,多已零落不在了。其下四句则写眼前的夔州重阳,巫峡之中江路曲折,远隔故乡万里,又听闻中原战乱,只能突然落泪,满腔愤恨。最后四句,居夔州而思中原故土,抒发无限愁情。

这组诗体裁不一,主旨多元,可见是杜甫急迫地将心中无限所思一一诉诸笔端,因为情之所至,不可约束,便也就无暇顾及体例的整齐。四首作品,其一重在思骨肉,其二重在念朝廷,其三重在怀故友,其四重在忧国运，虽各有侧重，其愁绪的根源却十分统一，都源于岁月无情、人生迟暮，而自己无力挽救家国危难，也难以追寻知己相伴。

读到这里，大家可能发现了一个问题：这组诗题为《九日五首》，为什么这里只讲了四首呢？ 其实在杜甫集中，这个题下的确只收了四首诗，但杜甫在大历二年的重阳节这天的确写了五首，只是因为其中一首的成就太高，于是就被单独列了出来。那么，这首诗到底是哪一首？它的成就高到了什么地步？ 还有没有可以和它媲美的诗篇呢？

第二十六讲

万里悲秋

——杜甫最好的一首诗和一组诗

一、毋庸置疑的"古今七律第一"

大历二年重阳节，五十六岁的杜甫拖着病体独自登上夔州江台，饮罢菊花酒，迎着凛冽的秋风，北望中原，回首人生，将一腔衷肠化作诗篇，写下了《九日五首》。然而题为"五首"，其下却只收录了四篇作品，那么还有一首去了哪里呢？只因为剩下的这一首诗，实在写得太好，就连杜甫自己都没有其他诗能够与它媲美，若还放在《九日五首》题下，大家可以想象，《九日五首·其五》这样一个题目，实在是太过于埋没珠玉了。于是这首诗就被单列出来，另标了一个更为响亮的题目，这就是被后世赞誉为"古今七律第一"的《登高》。

让我们怀着敬畏之心来品读这首冠绝宇宙的千古绝唱：

风急天高猿啸哀，渚清沙白鸟飞回。

无边落木萧萧下，不尽长江滚滚来。

万里悲秋常作客，百年多病独登台。

艰难苦恨繁霜鬓，潦倒新停浊酒杯。

　　首联写景十分细腻，而又浑然一体：杜甫秋日临江而立，感受到风力急劲、天空高远，声声凄厉、引人泪下的猿啼哀鸣此起彼伏，在"风急"的裹挟下充斥"天高"的环境，由远而近地直击诗人的心灵。由"风急"便可知气寒、浪险——风急、气寒、浪险则步步逼人，令人感到居之不易、行之弥艰；因"天高"则更显得野旷、峡深——天高、野旷、峡深则绵延无尽，非但不可抗拒，甚至无所遁逃。诗人抬眼望去，冷静的视线打量着这被悲伤包裹得密不透风的环境。白沙清渚之中，一只鸥鸟格外醒目，仿佛与这天地格格不入，它奋翅飞去，企图冲破一切封锁，达于无忧无虑的彼岸，却注定中途折翼、气力不济，只能无奈地飞回。渺小个体应对广阔天地，本就是这样无助，鸟犹如此，人何以堪？当那一声声哀伤的"天籁"渗入灵魂，在诗人的心海里又将掀起何等的波涛汹涌。

　　颔联则进一步将空间变得辽阔，时间变得绵延，化悲凉而为悲壮：头顶上，山峡中夹岸的落叶，伴着秋风的吹拂，自北向南，漫天而下，干枯的黄叶和光秃秃的枝丫像一把把小刀，在天空中描摹岁月的痕迹；而脚下，滚滚长江翻越崇山峻岭，自西而来，在大地上卷挟着历史的尘沙，拍打起时光的巨浪，奔流东去，直入大海。"落木""长江"两个流动意象的运行轨迹，将天地、四野再一次巧妙地连缀起来，且因其无限的延展性将诗境扩展至于"无边"。在时间上，树叶年复一年，遇秋而落，江水日复一日，川流不息，自古及今，从未改变，也永远不会改变，诗境在纵线的延伸上也就随之达于"不尽"。自然而然，诗人临江而产生的那份悲情，也随着诗境的壮大，而变得"无边"又"不尽"了。

颈联最为警策称绝，后人评价说"十四字之间含有八意"，具体是哪八重含义呢？用他的原话说是："万里，地之远也。秋，时之惨也。作客，羁旅也。常作客，久旅也。百年，暮齿也。多病，衰疾也。台，高迥处也。独登台，无亲朋也。"自古文人登高而遣怀，感天地之大，而伤一身之悲，这是普遍的第一重悲情；在此基础上，杜甫身处夔州，"作客"而思乡，客中之愁与登台之愁叠加，便是二重的悲情。以此类推，"万里作客""悲秋作客""常作客"，分别从距离、时序和频率上将悲情又叠加了三重；而"百年登台""多病登台""独登台"则又因为自身的年老、衰病和孤独，最终将悲情定格在了八重。这两句对内心情感的剖析和抒发，真正将七律"一字千金"的特点发挥到了极致。

最后一联收结全篇，语终而意未完：人生之"艰"、世事之"难"、思归之"苦"、忧国之"恨"，重重交织，如天地宇宙般厚重广大，而又将这万钧之力集于杜甫这位"潦倒"之客的心头，纵想借酒消愁，身为"霜鬓"老人的他也不敢过于放浪，只得适可而止、停杯长叹。出于一重忧愁的顾虑，阻碍了另一份忧愁的排遣，这循环无尽的交错，将杜甫禁锢于痛苦的深渊，不能自拔。

七律创作中，诗人常常会苦于格律的约束，而有"以辞害意"的顾虑，而这首《登高》则成了运用格律，强化诗境的典型。首先从韵字的选择来看，八句之中，五个韵字同在细微的"灰"韵基调上，随着表现内容与情感特点的变易，产生了"开—合—开—开—合"的相应变化，与诗境的大开大合形成了很好的搭配。

而在声母的选用方面，对爆破音和牙喉音声母的使用尤其体现了杜甫的匠心独运。语言学家的研究表明：爆破音的听感相对阻滞、凝重，易于形成顿挫的吟咏节奏，烘托出厚重、沉郁的诗歌境界。《登高》通篇五十六字之中，有多达三十二个爆破音，且多处在篇中、句中重读的位置上，这就使得全诗在听觉上掷地有声，与诗境中浑融的孤城秋景和厚重的满腹愁情相得益彰。而在具体的排列上，还能配合情感变化形成相应的节奏，如"万里悲秋常作客，百年多病独登台"一句，愁情最为浓烈，爆破音也最为密集，而且前疏后密，正与层层加深的愁绪形成双线的呼应，将愁情一步步推向顶峰。相对而言，牙喉音的听感则比较低沉、细微，适合表现低调、苦闷的情绪。首联使用"哀""回"两个喉音韵字，为全诗奠定了哀愁悲伤的感情基调；结尾处的"艰难苦恨"，更是集中出现牙喉音字，使得诗人心中的苦痛形象化为可感的音节，令读者感同身受。再与上一联集中出现的爆破音相对比，则愁绪之大、苦痛之深与诗人之无奈都表现得淋漓尽致，声韵上的反差与情感上的冲突再一次产生了契合。

再看叠音词的使用，在有限的篇幅中重复音节，若不能高度贴合物态、强化情感表达，则很容易陷入浅俗，因而叠音词的使用极见功力。本篇中的叠词"萧萧"和"滚滚"，就丝毫不影响律诗的凝练，反而是点睛之笔。"萧萧"为心母字，听感尖锐锋利，正像枝叶枯落之态，与"落木"这样的炼字技巧相配合，强化了萧瑟之感，使得秋林肃杀的景象如在眼前；而"滚滚"则为合口阳声韵字，听感圆转浑厚，像长江奔流之状，同时句末"来"字为"来"母，更添周旋流转之感，同时也通过鼻音共鸣营造出时空的沧桑感和厚重感。两个叠词处在相对的位置上，尖利与圆浑的听感也在对比中更加鲜明，使得相应的诗境更为突出。

前文述及的《白帝城最高楼》，同样是运用声韵技巧强化表达，但前篇是拗体律诗，以打破格律为基本手段，而《登高》则完美符合格律要求，又同样能巧妙地利用律诗凝练和追求意境的特点，在声韵技巧方面做出如此文章，其成就高于前者远矣。可以说，《登高》这首诗中的每一个字，乃至每一个声音要素，都将营造诗境、表情达意的功能发挥到了无以复加的地步，古今中外没有出其右者！

二、"沉实高华"的《秋兴》乐章

如果有人问我，杜甫成就最高的一首诗是哪首？ 我的答案毫无疑问会是《登高》。但倘若把问题中"一首"的限定去掉呢？ 那么答案就不同了，因为至少《秋兴八首》放在一起，它们的成就和地位是足以与《登高》相提并论的。

《秋兴八首》比《登高》早一年写就，完成于大历元年秋天，与《诸将五首》《咏怀古迹五首》前后而作，是七律联章组诗中的巅峰。所谓"秋兴"就是"遇秋而遣兴"，比起"诸将""咏怀古迹"这样单一明确的主题，显得更为复杂多样，大体可以算是杜甫这一时期思想感情的集中升华，但作为七律联章组诗，《秋兴八首》在抒情脉络的贯穿和篇章结构的起承转合上，则比《诸将五首》《咏怀古迹五首》更进了一步，是对七律诗歌创作技艺的进一步发展提炼，具有"局部美"和"整体美"的双重审美特点。我们先来一首一首地解读，其一最为知名：

玉露凋伤枫树林，巫山巫峡气萧森。

江间波浪兼天涌，塞上风云接地阴。

丛菊两开他日泪，孤舟一系故园心。

寒衣处处催刀尺，白帝城高急暮砧。

　　诗歌开篇的境界由小及大：以一滴晶莹的露水铺展开对秋景的描绘，继而画面逐步拉大，漫山红遍的枫树林点染出浓烈的秋气，这股秋气又进一步弥漫，充斥了整个巫山、巫峡，在它的影响下，江间翻涌起滔天巨浪，塞上也风云卷地，一片阴沉。细细品味，波浪其实在地，而言其"兼天涌"，风云实出于天，而又说"接地阴"，实则是营造出天地的一片浑茫。紧接着，浑茫天地之中，杜甫登场了，自离开成都，行途之中已经两见菊花开放，与故园相隔千里，一片思念之心也仅有一叶小舟可以维系，面对着兼天的波浪和接地的风云，这种无力之感可想而知。尾联的声韵要素与诗境堪称绝配："寒衣处处催刀尺"用四个送气擦音强化撕裂的听觉效应，模拟出剪裁衣料的迫切之感，昭示着凛冬将至，"白帝城高急暮砧"则以五个不送气爆破音营造出强烈的节奏，像极了白帝城头石杵撞击捣衣砧的声响，这是家的声音，声声捣在了杜甫思归的心田。其二乘着"暮砧"之声，写夔州暮景：

夔府孤城落日斜，每依北斗望京华。

听猿实下三声泪，奉使虚随八月槎。

画省香炉违伏枕，山楼粉堞隐悲笳。

请看石上藤萝月，已映洲前芦荻花。

　　杜甫稽留的夔州是一座峡中孤城，每到落日时分，他总要抬头看天，顺着北斗星的方向远眺长安，寄托思归之情。峡中常有猿猴啼鸣，它们叫声凄厉，总能引人泪下，乘八月的浮槎北还中原的愿景，也因各种原因化为了虚空。而今抱病江头，眼中依稀见到了香烟缭绕的朝廷景象，突然又被山楼间隐隐响起的胡笳声惊醒——原来只是一场美好的想象。不知不觉间，自己已在江边伫立良久，原本初升照在藤萝上的月亮，如今已直挂中天，照耀着河滩里的芦荻花了。诗人的百感交集与神情恍惚，就在这月光的不经意流逝中展现在读者眼前。杜甫也许真的在江边望了、想了一夜，直到其三写清晨登楼的所见所感：

> 千家山郭静朝晖，日日江楼坐翠微。
> 信宿渔人还泛泛，清秋燕子故飞飞。
> 匡衡抗疏功名薄，刘向传经心事违。
> 同学少年多不贱，五陵衣马自轻肥。

朝阳静悄悄地照耀着夔州这座只有千户人家的山城，杜甫像往常一样登上这座群峰环抱、山色翠微的小楼。抬眼望去：江上彻夜工作的渔父还在悠然乘舟游荡，轻盈的燕子们也自由地上下纷飞，一片和谐宁静的氛围。他回望自己的一生，想到汉代那个"凿壁偷光"的匡衡，屡屡上书痛陈时弊，而得到了皇帝赏识，只可惜自己"命薄"，同样抗疏，却葬送了自己的功名；至于同样出身儒学世家的刘向，杜甫也想像他一样，继承祖辈功业做出一番成就，但最终事与愿违。想想儿时那些一同学习的伙伴，他们如今都衣马轻肥、志得意满，为何只有自己困守峡中，一无所成呢？想到此处，他深深地感慨命运的不公。其四由自身遭际的不平之叹，转而感慨世事的沧桑变化：

闻道长安似弈棋，百年世事不胜悲。

王侯第宅皆新主，文武衣冠异昔时。

直北关山金鼓振，征西车马羽书驰。

鱼龙寂寞秋江冷，故国平居有所思。

长安局势的发展，如同棋局一样瞬息万变，短短百年间就经历了发展鼎盛，又盛极而衰的巨变，尤其安史之乱造成的重创，令人难以抑制心中的悲情。昔日熟悉的那些王侯第宅，都换了新的主人，而殿中的满朝文武也更替了一批又一批；北边的回纥、西边的吐蕃相继入寇，金鼓振响，羽书飞驰，动荡与变迁依然没有停止。如今，正是鱼龙蛰伏、秋江寂寞的时候，杜甫也不禁想起昔日在长安的点点滴滴了。而后四首，视角就的确转入了对长安的追述。其五回忆了大明宫朝见的盛景：

蓬莱宫阙对南山，承露金茎霄汉间。

西望瑶池降王母，东来紫气满函关。

云移雉尾开宫扇，日绕龙鳞识圣颜。

一卧沧江惊岁晚，几回青琐点朝班。

蓬莱宫即大明宫，北据高原，南与终南山相望，殿前的承露盘直冲霄汉，彰显了皇家威仪与王朝气概。西王母自瑶池降下人间，太上老君从东方经过函谷关带来祥瑞紫气，这虽然都是神话传说，但皇宫景象亦如仙境一般，仿佛与此也不相上下。正陶醉中，孔雀尾做的宫扇如祥云般缓缓移开，阳光洒落宝座，一片光明中，杜甫与天子四目相对，感受到了无限荣光。这是玄宗？抑或是肃宗？正犹豫中，一切瑞气与光彩骤然消散，眼前剩下的只是遥远的江边孤城，原来刚刚经历的不过是因自己思念朝廷而想象的幻境罢了。其六写曲江池的君臣同乐：

> 瞿塘峡口曲江头，万里风烟接素秋。
> 花萼夹城通御气，芙蓉小苑入边愁。
> 珠帘绣柱围黄鹄，锦缆牙樯起白鸥。
> 回首可怜歌舞地，秦中自古帝王州。

高秋之日，杜甫身在瞿塘峡口而想起了同在水边的曲江池头。玄宗的芙蓉园就在那里，为了与民同乐，他曾修起一座"花萼相辉楼"，常常登上楼去，与百姓共度佳节，又曾修筑"夹城小道"，穿行于皇宫与曲江，与万民同享太平安乐。江头"珠帘绣户"的宫殿密集排布，水中更有无数"锦缆牙樯"的精美彩舟，黄鹄、白鸥时时飞舞，人与自然和谐共生。这样美好的歌舞之地、帝王之州，今却化为戎马之地、流血之场，怎能不令人感伤？ 其七写昆明池，而忆朝廷沦落：

> 昆明池水汉时功，武帝旌旗在眼中。
> 织女机丝虚夜月，石鲸鳞甲动秋风。
> 波漂菰米沉云黑，露冷莲房坠粉红。
> 关塞极天惟鸟道，江湖满地一渔翁。

昆明池为汉武帝开凿，原本用以操练水军，尽显帝国气象。而经过漫长的时间到了唐代，旧日的武备便只剩下了池边的石刻，颔联的声韵调遣也很贴合物态："织女机丝虚夜月" 全为细微韵字，营造出摇曳凄凉之悲，"石鲸鳞甲动秋风"则多响亮的阳声韵字，自有一片动荡不安之感。除此之外，池中漂浮着乌云般密布的水草植物，上面有几朵莲蓬，在寒露沾湿中已近凋零，哪有一丝往日生气与雄风。眼下，这沦落的土地也与自己关塞相隔，只有鸟儿可以飞渡，而自己身为一个飘零的渔翁，既欲归不得，更无力去拯救衰亡的朝廷了。最后一首，怀念长安渼陂，思念旧游而感叹衰老：

> 昆吾御宿自逶迤，紫阁峰阴入渼陂。
>
> 香稻啄余鹦鹉粒，碧梧栖老凤凰枝。
>
> 佳人拾翠春相问，仙侣同舟晚更移。
>
> 彩笔昔曾干气象，白头今望苦低垂。

"昆吾""御宿"是上林苑中的盛景，"渼陂"则是杜甫居长安时时常游览的胜地，"紫阁峰"就在渼陂之上。那里有鹦鹉啄余的香稻米，也有传说中凤凰才会栖息的碧梧树——鹦鹉啄余，意味着人无饥馑之忧，物产大大丰盈，而凤凰是太平盛世才会现于人间的神鸟，这一句看似写景，实则是对太平盛世的美好回忆和伟大愿景。"香稻啄余鹦鹉粒，碧梧栖老凤凰枝"这一联被历代解诗者奉为倒装句式的典范，认为杜甫这么写巧妙地突出了"香稻"之多，"碧梧"之秀，这是有见地的。颈联仍然是美好回忆与愿景：游春的佳人采拾鲜花翠羽，给心上人送来问候，而同游的神仙眷侣则移船相邀，直至天黑，人们在其中自得安乐，和谐无间。篇终，杜甫基于组诗发出最后的感叹：这盛世的山川气象，并非空想，确是杜甫曾亲历，也曾亲自用彩笔渲染和记录下的，何故这一生未完，就已经沦落得白头低垂，只能苦苦哀吟了呢？

回过头来看这八首诗篇，各自意境完整，思虑深沉，连贯在一起，却又宛如一首乐章，相信在前面的讲解中，大家也看出了八章之间，在内在逻辑和情感脉络上的"起承转合"。而各篇章的用韵同样揭示了组诗的整体性特征：其一从秋之所见写起，景、声、情结合，营造出悲凉萧索的气氛，微弱却急促的"侵"韵与之相得益彰；其二从夔府所见引发京华之思，"麻"韵相对平和，两章之间形成微小的波澜；其三感怀自身的落魄，辗转漂泊与仕途蹭蹬的双重悲哀通过极其细腻的"微"韵传达出来；其四哀叹世事之悲，愁情浓重，难以自胜，故而通过暗弱的"脂"韵来表达哀愁，且作为组诗的转折，也为后续篇章的气象铺排预留了充足的空间；其五、其六两首追忆曾经的太平盛世，韵部由"含蓄"转为"宏大"，在慨叹满目疮痍之余，更饱含着对国家复兴的期待，故而以较为昂扬的"山"韵、"尤"韵掀起了组诗中情绪的高潮；其七承接前篇，追叙汉武故事，情感高涨之中，又因为眼下的苍凉而瞬间回落，"东"韵既有宏大的气魄，又能营造沉雄的情绪；其八描绘了自己的理想盛世与苦难根源，平淡之中暗含无限烟波，以含蓄而乐观的"支"韵为全篇结尾，看似与"白头今望苦低垂"的情绪格格不入，然而却是诗人有心以积极的声调作结，留给未来一个向上的希望。

　　《登高》与《秋兴八首》代表了杜甫七言律诗创作的最高成就，也是中国古典诗歌巅峰中的巅峰，它们其实体现了杜甫对七律的两条拓展之路：一条向内，努力将每一个字乃至每一个语言要素的表现功能发挥到极致；一条向外，将诗篇内的章法结构应用到不同篇目之间，使之相互生发，成就更壮观的篇章。虽然内外方向不同，但本质都立足于对七律无尽表现力的深刻挖掘，正因如此才能声律、风骨、情韵、思虑兼备，做到"平淡而山高水深"。

秋天是丰收的时节，杜甫在夔州经历的两个秋天，分别创造出两组冠绝诗坛的千古佳作，对于中国诗坛来说，可谓最大的收获。然而，对诗圣本人而言，字字都是血与泪浇灌而成的。终于，杜甫没有再在夔州等来第三个秋天，大历三年（768）的元宵节刚过，杜甫就携家离开夔州，继续东下出峡的旅程了。

第二十七讲

江汉思归

——真的成了飘零人

一、大开七律之门

杜甫自大历元年晚春来到夔州，三年正月离开，前后在这里停居了一年零九个月。 前文反复讲过，夔州时期的诗歌是杜甫一生诗歌创作的最高峰，所以在讲到杜甫离开夔州之前，我们不妨先对杜甫这一时期的诗歌创作成就做一个回顾。

杜甫夔州时期的诗歌创作成就首先体现在作品数量之多上，近两年里，留下诗作四百三十余首，几乎占到了其现存诗歌总数的三分之一，而在诗歌的篇幅上，更不乏《八哀诗》《秋日夔府咏怀奉寄郑监李宾客一百韵》《夔府书怀四十韵》这样"大或千言，次犹数百"的鸿篇巨制，虽然数量和篇幅不足以说明太大的问题，但至少可以作为杜甫投入巨大精力专事诗歌创作的确凿铁证。

诗圣集中精力写起诗来，不用想，其艺术水平自然低不了，所以夔州时期杜甫诗歌创作成就极高的第二个体现就是，其创作的各种题材、体裁的诗歌百花齐放，且内容丰富多彩、手法变化多端——大到家国天下，小到村居琐事，上至古迹旧闻，下至时事新声，无论四海之大，还是峡中一隅，无不可入于杜甫之诗，又无不精彩绝伦。

而在他所有的诗歌体裁中，最引人瞩目的是七言律诗——中国诗歌史上无论如何也找不出第二个人，能像杜甫一样，以一己之力成就一种诗歌体裁，且让这一体裁自此成为诗歌领域中无可争议的第一体裁。

杜甫对七言律诗这一体裁的贡献主要体现在以下五个方面：第一是创作的篇目众多。杜甫现存的七言律诗共计一百五十一首，而杜甫以外的初盛唐诗人现存的七言律诗总计二百二十一首，换句话说，杜甫一个人的七言律诗总数与初盛唐一百余年间数十位大诗人的七律数量相当。而在杜甫的一百五十一首七律中，作于夔州的就有六十四首，一个人在不到两年的时间里写作了初盛唐六分之一的七律篇目，这是一个不可思议的数字！正是通过大量的创作，杜甫为七言律诗确立了标准和范式，使之有章可循、有据可依。

第二大贡献是对题材和审美境界的开拓。之前我们讲过，七律脱胎于南朝乐府歌行，诞生于朝堂，是典型的应制唱和文体，因而在杜甫之前，绝大多数的七言律诗都是用于朝会、应制等场合，以颂扬主恩、润色鸿业、流连光景为主旨，以平和冲淡、文雅典丽为审美追求，就连杜甫自己早期写作的七律也没有脱离这样的范畴。但自贬官华州开始，杜甫在七律创作中走出了新路，用它来自由地感怀世事、抒发不同类型的人生感慨，同时突破平和典丽的审美追求，甚至刻意以险涩乃至丑恶的意象作为审美对象，追求多元的情景效果，极大地扩展了七律的应用范围。

第三大贡献则是极大地发挥了七律长于议论的特性。杜甫之前，七律因为继承了南朝乐府歌行的传统，且多用于朝会应制的缘故，创作环境自然是以宫室、园囿或山林为主，因而在创作手法上也是以写景、咏物为主，并在此基础上抒发相对单一的情感。但相对于舒缓平和的五言诗而言，七言诗的节奏本身在写景、咏物方面是不具有优势的，其抒情、议论自由的长处又被压抑而得不到正常的体现，所以长期在诗歌体裁中处于边缘地位。而杜甫则恰恰把握住了这一特点，大大发挥了七言句长于自由抒情、议论的特点，又利用对仗结构和起承转合的章法，在观点和情感上纵横开阖、深入浅出、收放自如，激发了七律体裁所蕴含的巨大活力。

杜甫对七律的第四点贡献在于对格律的运用。众所周知，对声律的严格要求是七言律诗的重要特点，这使得很多诗人在创作中受到了极大的限制，难以自由地表情达意，同时，最高超的技巧往往也在最苛刻的限制中完成。杜甫一方面创造出一批"拗体律诗"，有意打破格律，寻求生涩、拗折、奇巧的听觉效果和意境，以贴合苦闷、抑郁或愤激的情绪；另一方面，则充分地调动汉语语音的象征性功能，通过押韵、双声叠韵和其他象征性音韵要素排布等声韵技巧，细致地描摹物态、营造意境、融入情感，从根本上解决"情"与"律"之间的矛盾，使之达于和谐统一。

杜甫对七律贡献的第五点便是突破篇幅的限制，将诗歌的表现力挖掘到极致。如何突破最基本的"七言八句"的篇幅束缚，以表达最为广泛、深刻的意义？正如上一讲中讲过的《登高》与《秋兴八首》，杜甫开辟了向内和向外的两条道路：向内极力地调动每一个字乃至每一个要素的表达功能，造成"言有尽而意无穷"的效果；向外则创造性地创制意脉贯通的联章组诗，使得整体与局部含义相互生发。

基于以上五点，可以说杜甫对于七言律诗的改造和成就是全方位的、革命性的，自此七言律诗成为后世应用最广泛，理论和实践最完善，也最能代表中国古典诗歌成就的体裁，杜甫的诗圣地位也因此不可动摇。

二、"足茧荒山转愁疾"

说回杜甫自身，在大历二年重阳节写罢《登高》，走下江台之后，杜甫仍然要面对日复一日的峡中生活，但心中的去意已经越来越坚决，而初冬观看的一场文艺演出，更加坚定了他出峡东下的念头。

十月十九日，在夔州别驾元持家中，一位名叫李十二娘的女子表演了一出技惊四座的剑器浑脱舞，这是峡中孤城里难得的文艺盛事，杜甫自然不会错过。他坐在席间，看着淋漓飞腾的舞姿和剑影，记忆瞬间被带回了五十一年前的河南郾城，那时那地，也有一位伟大的舞蹈家舞动着动人的剑器浑脱：

> 昔有佳人公孙氏，一舞剑器动四方。
>
> 观者如山色沮丧，天地为之久低昂。
>
> 耀如羿射九日落，矫如群帝骖龙翔。
>
> 来如雷霆收震怒，罢如江海凝清光。

那是被誉为"盛唐舞林第一人"的公孙大娘，她的剑器舞一出，便足以令四方轰动！ 不但围观的人山人海为其高超的舞技而颜色更变，似乎天地都为这精彩的人间绝艺而久久低昂。剑舞的流光闪烁犹如后羿射下的九个太阳一般耀眼，公孙大娘矫捷得又仿佛群仙驭龙般自在；舞势振起，好似雷霆逐渐收住震怒，一舞跳罢，又如同江海凝固顿时泛起清光。相传草圣张旭，正是因为多次观看这样腾动的舞蹈，书法才大为长进。而诗圣杜甫那时还只是一个四五岁的孩童，在"如山色沮丧"的人群之中有了这匆匆一面，居然就刻骨铭心了五十多年。时过境迁，当他在夔州看罢李十二娘的剑器舞，又与之攀谈一番之后，心中自然感慨万千：

> 绛唇珠袖两寂寞，晚有弟子传芬芳。
>
> 临颍美人在白帝，妙舞此曲神扬扬。
>
> 与余问答既有以，感时抚事增惋伤。
>
> 先帝侍女八千人，公孙剑器初第一。
>
> 五十年间似反掌，风尘澒动昏王室。
>
> 梨园弟子散如烟，女乐余姿映寒日。
>
> 金粟堆前木已拱，瞿塘石城草萧瑟。
>
> 玳筵急管曲复终，乐极哀来月东出。
>
> 老夫不知其所往，足茧荒山转愁疾。

公孙大娘的美好容颜与飘扬舞袖早已同归寂灭，但她的舞姿却因弟子们的流传而得以长存世间。其中一位叫李十二娘的弟子，来到白帝城舞动一曲，那飞扬的神态一如其师般引人入胜。杜甫与之攀谈，得知她来自临颍，与自己算半个老乡，同样流落天涯的遭际更让他感到亲切，也为这盛衰的变化而深深感伤。开元、天宝年间，国力鼎盛，唐玄宗兴修梨园、广增教坊，文艺事业大振，光是乐舞侍女就有八千多人，其中公孙大娘拔得头筹。反掌之间，五十年过去了，天下动荡，王室衰败，国家一蹶不振，就连玄宗的棺木都已经在土下衰朽变形，昔日的梨园弟子更是如云烟散去，乐师舞女也都渐次凋零，只剩下这位李十二娘在峡中荒草石城的寒日下孤独起舞。宴会上笙箫急促的乐曲终于奏完，杜甫的情感也已经悲欢起伏了多次，终究随着月上东山、曲终人散而乐极哀来。惆怅与恍惚中，杜甫一时竟不知该往何处去，满怀忧愁地走向荒山，因为脚上长了老茧而走得格外缓慢。

这首《观公孙大娘弟子舞剑器行》至此而终，篇末留给我们一个深深的背影。显然，荒山并不是杜甫心中的归宿，脚上越来越厚的茧，提示着他年岁已迟暮，更催促着他下定决心，如果再不动身，此生可能就真的离不开这峡中天地了。尽管不知道前方目的地是哪里，但至少也该朝着故乡的方向出发，离它越近越好。

三、千里江陵

冬日出行不便，杜甫权且在夔州又等待了近两个月，也度过了人生最后一个在自己家中过的新年。新年这天，照例是读书人家检查子女文章学业的日子，那时的士族小孩不像我们现在，盼着过年领压岁钱，他们更多的心思要用来思考如何应付长辈检查功课。杜甫向来标榜自己以儒术、诗书传家，自然在教育子女这件事上尤为上心。他有两个儿子，长子宗文、次子宗武，其中宗武更为聪颖，也更得杜甫的喜爱，在这个小儿子身上，杜甫像我们如今的很多家长一样，可没少花心思。

宗武十岁生日那年，身在梓州的慈父遥寄了一首诗给他作为生日礼物：

小子何时见，高秋此日生。

自从都邑语，已伴老夫名。

诗是吾家事，人传世上情。

熟精文选理，休觅彩衣轻。

凋瘵筵初秩，欹斜坐不成。

流霞分片片，涓滴就徐倾。

十年前的这天，宗武来到世上与父亲相见。他自小聪慧过人，杜甫也十分喜爱，甚至多次在诗中为他传名。杜甫告诫儿子说："宗武啊，从你太爷爷到为父我，可都是有名的大诗人，写诗就是我们自家的传家本事，世人都觉得你也能写好诗，那是理所应当！ 所以你要认真学习《文选》，熟练掌握其中的道理，不要像老莱子一样通过戏弄自己来博为父的欢欣，而要靠真才实学！"这番叮嘱虽然很严厉，却也能看出杜甫对宗武前程的器重。不过这天毕竟是爱子的生日，杜甫在严厉之余更多表现出的还是慈爱：他虽遥在异处，却也备下了酒宴，拖着病体也要为宗武的生日庆贺一番，愿这片片流霞能够传递父子深情，让儿子感知父亲真切的爱与关怀。从这首《宗武生日》中我们看出杜甫既是严父，又是慈父。

在夔州家中的最后一个新年里，杜甫又一次给宗武写了诗，这首《又示宗武》说：

觅句新知律，摊书解满床。

试吟青玉案，莫羡紫罗囊。

假日从时饮，明年共我长。

应须饱经术，已似爱文章。

十五男儿志，三千弟子行。

曾参与游夏，达者得升堂。

　　过了年，宗武已经十五岁了，早在父亲的熏陶和栽培下学会了写诗作文，而且近来钻研起了律诗，查阅的文献铺了整整一床，可以说是紧跟其父引领下的诗歌潮流。这时，作为"诗二代"的优势就体现出来了：杜甫稍加点拨，让他试着学写"青玉案"，少做那些紫萝香囊般绮艳的文章——这一句指点，就让年轻的宗武在学诗旅程中少走了不少弯路！　父子关系如今更加亲密无间，宗武已经成长为一个与父亲一般高的大孩子，时而还能陪老父喝上两杯，一同解闷，在经术和文章上更是没有让杜甫失望。十五岁在古代是男儿立志的年纪，孔子"十有五而志于学"，杜甫在这个年纪时，已经开始"出游翰墨场"了，他嘱托儿子做个合格的儒家弟子，将来更进一步，登堂入室，做个曾参、子游、子夏一样的贤良之才！　据说宗武后来也成为杰出的诗人，才名虽不能与杜甫相提并论，但也称得上一时之杰，可惜的是，由于种种缘故，他并没有作品传世，这多少是诗歌史上的一大遗憾。

　　总的来说，杜家在夔州这最后一个年过得还算和谐而温馨，转眼元宵节一过就出了年关，杜甫也毫不犹豫地带上家人离开夔州，沿江东下，开始了余生的跋涉。临行前，他大手一挥，将瀼西草堂的四十亩果园送给了朋友，对知己和朋友，杜甫从来都是这么大方。

　　春水方生的时节，三峡中的江流迅捷无比，比起故友李白当年的"千里江陵一日还"，杜甫的行程也不慢，只是因为杜甫的诗名和官品，沿途难免应酬颇多，杜甫当然是来者不拒，一边赴宴饮酒，一边写诗赠答，在巫山、峡州、宜都、松滋等地走走停停，总归耽误了不少时日，等到到达江陵时，已是三月三日上巳节前后了。

在江陵，与杜甫交游最密切的是吏部尚书、太子宾客李之芳。此人是李唐宗室，与杜甫相识于齐州，虽然算不上有太深的交情，但少年旧识老来重逢，多少还是令人激动。他们一起宴饮交游，留下了很多互相赠答的诗篇，不过整体成就都不高，多是席间应酬之作，没有什么能够深入人心的作品。除了李之芳外，杜甫也与当地很多士绅、官员有过往来，但大多是寻常应酬、逢场作戏，那些人既不真心结交杜甫，而杜甫也只为了混口饭吃，毕竟此时他已经没有了家，也没有稳定的生活来源了。在一首题为《秋日荆南述怀三十韵》的排律中，他这样描述自己在江陵的处境：

> 琴乌曲怨愤，庭鹤舞摧颓。
>
> 秋雨漫湘水，阴风过岭梅。
>
> 苦摇求食尾，常曝报恩腮。
>
> 结舌防谗柄，探肠有祸胎。
>
> 苍茫步兵哭，展转仲宣哀。
>
> 饥籍家家米，愁征处处杯。
>
> 休为贫士叹，任受众人咍。

秋日的湘水之上，风雨交加，杜甫的内心也很凄苦，一如乌栖琴曲与庭鹤之舞所表现的一般怨愤、摧颓。在江陵的这几个月里，自己就像一条摇尾乞怜的小鱼，哀求着获取食物，并表达报恩之心，不知道这里的人心好恶，故而隐瞒内心、紧闭口舌，处处小心防备，仿佛回到了过去阮籍哭穷途、王璨哀末路的悲惨时代。杜甫在江陵，饿了就挨家去讨饭吃，愁了就四处去找酒喝，当然不是像乞丐一样哀告，而是通过自己的诗名去打秋风。虽然杜甫在长安早已干过类似的事情，但终归对于读书人而言多少还是有辱斯文的，不过此刻以他的境遇已经顾及不了这些。

四、"乾坤一腐儒"

杜甫的江陵之行可以说是乘兴而来，败兴而归，三个多月的时间里几乎没有什么好诗作，唯有一首五律《江汉》艺术水平较高，且很能代表杜甫此时的心境：

> 江汉思归客，乾坤一腐儒。
> 片云天共远，永夜月同孤。
> 落日心犹壮，秋风病欲苏。
> 古来存老马，不必取长途。

杜甫身在江汉，内心却日日思归，既然如此又为何迟迟不动身北归呢？只因为自己是"乾坤一腐儒"。这句话有三个层面的含义：一是就距离来说，乾坤广大，神州路遥，自己的老病身躯难以逾越这关山阻隔，因而阻滞江滨。二是就时局来说，在杜甫出峡至江陵这段时间里，先是二月商州兵马使刘洽作乱，阻断了江汉通往关中的道路；接着是六月，朝廷数度讨伐河北不力；八月，吐蕃更是以十万大军进犯灵武，这些都阻挡住了杜甫北归的脚步，而他看在眼中却无能为力，深深地为自己"一介腐儒"的身份感到痛苦。三则是就人生态度而言，天地运行自有其规律，世上一切离合悲欢、兴衰更替都不以人的意志为转移，自己身为一个读书人更要懂得达生知命，不能逆天而为。在与命运抗争一生之后，杜甫看似是认输了。他抬头望去，一片孤云飘过天空，这多么像飘零的自己，远游不知所往，天渐渐暗了下来，只剩一轮明月还发出光亮与他做伴，然而象征团圆的月光，更显出了杜甫的孤独。但回想起那一轮落日，迫近西山，却依然在发光发热，秋风萧瑟，凋零万物，独独激荡了烈士暮年的一腔斗志，使人久病欲苏！　自古以来，老马难以长途奔驰，但也不必刻意追求，只要仍然奋蹄，总能体现拼搏的意义。他终究还是没有向命运低头！

　　写完这首《江汉》，杜甫的小船也驶离了江陵的岸边，因为前面所说的缘故，他没有按照原定的计划"便下襄阳向洛阳"，而是"转作潇湘游"，谁知这"南辕北辙"的一去，竟也成了诗圣的最后归宿。

第二十八讲

天地沙鸥

——诗圣人生最后的岁月

一、"转作潇湘游"

大历三年年初，杜甫一家辞别夔州，继续沿江东下，真正过上了居无定所的生活。他先是来到江陵住了一段时间，但在那里生活得并不如意，不愿意也没有条件久住下去，又因为时局动荡、年老多病等种种原因，迟迟看不到北归的希望，于是只好权且先去他处了。按照杜甫的计划，备选目的地乃是吴越。

且看《第五弟丰独在江左，近三四载寂无消息，觅使寄此二首》其二：

> 闻汝依山寺，杭州定越州。
>
> 风尘淹别日，江汉失清秋。
>
> 影着啼猿树，魂飘结蜃楼。

　　　　　　　明年下春水，东尽白云求。

　　题目中的"第五弟丰"是杜甫日思夜想的骨肉兄弟杜丰，与他已经三四年没有了联系，近来得知其在吴越的山寺中定居，便迫切地盼望着能与其相见。何况此时杜甫稽留江汉，过得并不顺心，中原故乡一时半会儿也回不去，加之早年漫游吴越又留下了美好的回忆，顺江东下的决心便更坚定了。

　　事实上，杜甫根本没有耐心等到"明年下春水"，写完这首诗后不久他就从江陵离开了。临行时，一位与杜甫交好的名叫郑审的江陵少尹前来送行，杜甫写下《舟出江陵南浦，奉寄郑少尹审》一诗作为留别：

　　　　　　　更欲投何处，飘然去此都。
　　　　　　　形骸元土木，舟楫复江湖。
　　　　　　　社稷缠妖气，干戈送老儒。
　　　　　　　百年同弃物，万国尽穷途。

　　离开江陵时，距离写下"万里悲秋常作客，百年多病独登台"的大历二年重阳又过去了一年，此时的他——离家"万里"的距离没有缩短，又逢"悲秋"时节，"作客"仍是"常"态；"百年"人生的第五十七个年头也快走完，"多病"之躯更显沉重，虽不再"登台"，孤"独"却又更添几分。已经半截身躯入土的老儒，还借一叶小舟漂流在干戈不尽的天地之间，如同被世界所抛弃，处处都是走不通的穷途。开篇这八句道尽了诗圣晚景的凄惨和人生的悲情。接下来八句是对送别情景的描绘：

> 雨洗平沙净，天衔阔岸纡。
>
> 鸣蜚随泛梗，别燕赴秋菰。
>
> 栖托难高卧，饥寒迫向隅。
>
> 寂寥相煦沫，浩荡报恩珠。

　　一场秋雨洗刷沙岸，平野格外清净，弯弯曲曲地与远方的长天衔接，显得无比广阔，增添了几分漂泊的寒意；江面的浮木上，寒蝉鸣叫，天空中南去的燕雀也掠过水草，原来万物也都居无定所。流寓他乡，本就难以安心高卧，饥寒交迫中伤心向隅恐怕才是常态。杜甫在江陵过得不顺心，郑审和前篇提到的李之芳是少有的对杜甫友善、关心的朋友，于是杜甫自比涸辙之鲋、伤路之蛇，临行之时，感激他们的"相濡以沫"。最后八句是对前路的畅想：

> 溟涨鲸波动，衡阳雁影徂。
>
> 南征问悬榻，东逝想乘桴。
>
> 滥窃商歌听，时忧下泣诛。
>
> 经过忆郑驿，斟酌旅情孤。

　　秋季，百川灌河，江水上涨，如同鲸翻波动，气势磅礴，往衡阳飞去的大雁也迅捷无比，又一次激发了杜甫以一己之力搏击苍穹的豪情壮志！这个老头还是那么不服老，还想要往南去，让太守为他下榻，往东边去，乘桴在海上漫游。他想到齐国的宁戚，能够因为一曲商歌被君主听到而得重用；又想起楚国的卞和怀玉，而不被楚王认可，反遭冤诬的结局。真诚地感慨知己实在难逢，既是对郑审的认可与留别，也是对前路的深切忧虑。

离开江陵之后，杜甫沿江放船九十余里，来到了三国故城公安，当地姓颜的县尉和一位才学不俗的后生学子卫钧对杜甫十分礼遇，先后摆酒设宴款待，杜甫也一一写诗答谢。杜甫出峡后的诗作主要是这一类的赠答应酬作品，既没有时间深入命意和构思，也没有这种必要，因而也就缺乏现实针对性和艺术创造力，所以其成就很难再现夔州时期的辉煌。 这是一种遗憾，也是不得不承认的事实。还值得一提的是，杜甫在公安见到了一位正要入蜀的年轻远亲，名叫李晋肃，也就是中唐大诗人李贺的父亲，杜甫留诗与之送别，虽然此时距李贺出生还有二十二年，但天意让唐诗的先锋火炬在不经意间完成了一次传承。

杜甫在公安写的一首比较好的作品是《公安县怀古》：

> 野旷吕蒙营，江深刘备城。
> 寒天催日短，风浪与云平。
> 洒落君臣契，飞腾战伐名。
> 维舟倚前浦，长啸一含情。

公安原本是刘备镇牧荆州的驻地，入蜀后交由关羽镇守，后被东吴袭取，又成为吕蒙的封地，四野开阔，江深浪险，控扼荆湘，古来英雄所必争。杜甫抱英雄之志，怀英雄之才，壮英雄之气，临英雄之地，却不能成英雄之业，故而怀古伤今，感兴颇深。杜甫在秋冬时节来到公安，天寒日短，更觉时间流逝；风吹浪涌，高入云天，使人豪气勃发——此情此景，他不禁更加感慨壮志难酬，英雄气短。刘备与关羽，名为君臣，情同手足；孙权与吕蒙，也是升堂拜母，约为兄弟。正是如此的"洒落君臣契"，成就了他们累世的"飞腾战伐名"！ 杜甫心中的苦没有明说，但谁都明白，哀叹自己不得与君契合，难骋济世大志，于是只好满怀深情地长啸一声，而后轻移舟船，继续前进，离开这催人泪下的英雄城。

二、"昔闻洞庭水，今上岳阳楼"

在公安居住没几日，一个清晨，杜甫再度起航，留下"舟楫眇然自此去，江湖远适无前期"的名句，向长江下游继续前进，朝洞庭湖边的重镇岳阳而去。这次跋涉的时间略长一点，途中经历了好几个夜晚。其中一天，杜甫听闻临近的舟船之中有人吹奏觱篥，凄厉的乐声弥漫江上，顿时生发旅愁，作了《夜闻觱篥》一诗：

> 夜闻觱篥沧江上，衰年侧耳情所向。
>
> 邻舟一听多感伤，塞曲三更欤悲壮。
>
> 积雪飞霜此夜寒，孤灯急管复风湍。
>
> 君知天地干戈满，不见江湖行路难。

觱篥是从西域传入的一种胡乐，形似喇叭，以芦苇做嘴，以竹做管，吹出的声音悲惨凄切，常常是旅人在客中所奏，催人泪下。衰暮之年的杜甫，在寒夜沧江之上听闻临舟用觱篥吹奏着塞上之曲，情感与之高度共鸣，更觉得天涯悲壮！ 眼下这个夜晚，积雪飞霜，寒冷异常，对着孤灯，听闻急管，加之满耳的风涛振响，给这景况又增添了几分凄凉。自古声能传情，杜甫是知音之人，从乐曲中听出了吹奏人表达的干戈离乱之苦，然而这种知音是单向的，吹奏之人却无从体察杜甫江湖行路的艰难。从这短短的一首诗中，我们便能体察到杜甫晚景的萧瑟凄惨。

大历三年年末，杜甫的小船终于抵达岳阳，比起在江陵和公安的待遇，杜甫在岳阳的生活境况更为凄凉，甚至没有像样的官员和士绅来主动接济他，他也因此深入体察了这里的民生疾苦，写下了晚年最具现实意义的一首诗《岁晏行》：

> 岁云暮矣多北风，潇湘洞庭白雪中。
>
> 渔父天寒网罟冻，莫徭射雁鸣桑弓。
>
> 去年米贵阙军食，今年米贱大伤农。
>
> 高马达官厌酒肉，此辈杼轴茅茨空。
>
> 楚人重鱼不重鸟，汝休枉杀南飞鸿。
>
> 况闻处处鬻男女，割慈忍爱还租庸。
>
> 往日用钱捉私铸，今许铅锡和青铜。
>
> 刻泥为之最易得，好恶不合长相蒙。
>
> 万国城头吹画角，此曲哀怨何时终？

岁暮的风雪带着北方的凛凛寒气，席卷了潇湘大地，整个浩荡的洞庭湖都被银白色覆盖，湖上的渔人、山林里的猎户都因为天寒地冻，难以生产，而生计窘迫；对于从事农桑的平民而言，无论收成是丰是歉，都将成为受害者，为了应对朝廷的租税，竟到了卖儿鬻女的地步；而达官贵人的生活却奢靡如故，甚至还通过私铸钱币，加大对百姓的剥削。

这就是大历初年长江中游地区的社会现状。杜甫的痛惜之情犹如那城头的画角声，厚重绵长而迟迟不尽。这首诗与《自京赴奉先县咏怀五百字》《北征》有相同的现实针对性，所不同的是，后两首诗发挥了五言古诗的叙述特长，以纪行为线索，通过具体情境的描绘和讲述，来表现国家离乱、人民疾苦和自己忧时伤世的思想；《岁晏行》则发挥了七言歌行自由洒脱、长于抒情议论的特点，以饱含感情的笔力纵论时事，表现对时衰世乱的思虑。

洞庭湖边有三国时期东吴鲁肃训练水师的阅兵高台，历经六朝增修，成为一座可以俯瞰洞庭、极目潇湘的楼宇，人称岳阳楼。杜甫登临此处，作了《登岳阳楼》：

> 昔闻洞庭水，今上岳阳楼。
> 吴楚东南坼，乾坤日夜浮。
> 亲朋无一字，老病有孤舟。
> 戎马关山北，凭轩涕泗流。

这首诗是杜甫出峡以后最有名、成就最高的作品，胜就胜在前四句的"境界阔大"、后四句的"生平落寞"以及前后八句之间"阔狭顿异"所形成的巨大反差。前四句中，有昔与今的对照、高与广的对照、水与山的对照、地与天的对照，所有一切关系都集合在一片洞庭烟波之中，冲突鲜明而又浑茫无间。"吴楚东南坼，乾坤日月浮"是千古名句，洞庭湖如同一个天然的裂口分离吴楚，也阻隔了在楚而思吴地的杜甫的去路，日月天地都如同在湖上运行，既让人感慨其壮阔，也对自己无论如何都走不出它的怀抱而感到悲壮。这一句像极了曹操在渤海之滨的高唱，"日月之行，若出其中；星汉灿烂，若出其里"，虽然一是湖、一是海，但对于胸襟同样博大的两位旷世奇才而言，这种气吞斗牛、胸怀天地的境界是一致的。所不同的是二者的心态，曹操是开创时代的帝王，在平定北方之后登临沧海，挥鞭南下，眼里是雄途进取的英雄壮志；而杜甫眼下，亲朋无问、孤舟做伴、老病缠身、理想破灭，对天下兵戈只能徒然泪流，多的是英雄末路的悲哀与凄凉。

三、船儿悠悠

杜甫和他的小船，停泊在洞庭湖畔的岳阳度过了年关，开年便是大历四年（769），杜甫五十八岁了。原本想顺江东下直达吴越的杜甫，由于身体状态每况愈下，不得不搁置了之前的计划，转而前往衡州去投奔担任刺史的好友韦之晋，希望能在那里过上安定的生活，以卒余年。于是，他经由洞庭湖、青草湖，从长江驶入湘江，一路溯江南下，经过白沙驿、乔口、铜关渚、新康镇、双枫浦等地，虽然身体抱恙，但一颗创作的诗心却从未停歇，一路都留下了诗作，直到潭州，也就是如今的长沙。

杜甫到达潭州时，已时近清明，他写作了《清明二首》，是这一时期较有代表性的作品。其一：

朝来新火起新烟，湖色春光净客船。

绣羽衔花他自得，红颜骑竹我无缘。

胡童结束还难有，楚女腰肢亦可怜。

不见定王城旧处，长怀贾傅井依然。

虚沾周举为寒食，实藉严君卖卜钱。

钟鼎山林各天性，浊醪粗饭任吾年。

　　潭州春色正好，天气晴朗，春水荡漾，杜甫住在舟中，晨起做饭便清晰地看到小舟在明澈的湘江上漂荡。抬眼望去，美丽的飞鸟口衔着春花在天上自在飞翔，娇美的少年骑着竹马，无忧无虑地嬉戏打闹，只是这般快意美好都与自己这个衰病的老头子无缘。楚地比起峡中，没有了胡汉杂居的环境，这里的女孩腰肢纤细，惹人怜惜，使人不禁想起春秋时好细腰的楚王和悠久的历史文化。汉代的长沙定王府而今已无踪迹，仅存的古井让人依稀想起太傅贾谊，他才华出众却被排挤出朝廷，贬谪至此，杜甫又从这位古人身上看到了自己的影子。清明的前一天是寒食，按照习俗要禁火，不能烧饭，以杜甫如今的身体哪里承受得了，好在东汉有个叫周举的刺史怜惜百姓身体，曾经停罢了这一风俗，这让杜甫庆幸有据可依，时隔千载竟虚沾此番美意，得以将卖卜告讨祈求来的食物做成温热的饭菜，以之度日。杜甫感慨无论是富足奢侈的生活，还是山林平淡的生活，都是天意，不能过分渴求，晚年的他有浊酒一杯、粗茶淡饭，也就满足于此，了结余生了。然而事实上，即便是"浊醪粗饭"，对漂泊湖湘的杜甫而言，都已经成了一种得来不易的奢求。再来看其二：

此身飘泊苦西东，右臂偏枯半耳聋。
寂寂系舟双下泪，悠悠伏枕左书空。
十年蹭蹬将雏远，万里秋千习俗同。
旅雁上云归紫塞，家人钻火用青枫。
秦城楼阁烟花里，汉主山河锦绣中。

春水春来洞庭阔，白蘋愁杀白头翁。

　　杜甫的一生苦于东西漂泊，居无定所，然而奔波并没有换来功名，反让他落下一身的病根儿，他的右臂已瘫，耳朵也一半变聋，还患有严重的消渴症。生涯寂寂，余年牵挂在一只小船上，想到这些，不禁使人双泪俱下；岁月悠悠，常年与病枕相伴，只能再用左手写出心中块垒，感怀世事多艰。安史之乱爆发十多年来，自己就像这清明节的蹴鞠一样被踢来踢去，携带着子女流落得越来越远，又好像他乡的秋千，虽然来回飘荡，却总是心向故乡。春回大地，眼望着空中的旅雁入云，便羡慕它们又将飞回北方的关塞，然而舟中的家人取火，却仍然是要使用这江南的青枫。想象起清明佳节，长安城里的一些楼台殿阁都掩映在如烟的繁花丛里，大唐的壮丽山河也闪耀在这片灿烂夺目的春光锦绣之中。而这一切，他都看不到，春水方生，洞庭潇湘都显得更加辽阔，但满满的白蘋，却照应着满头的白发，打破了青春的美好，愁坏了杜甫这个多病思归的老翁！

　　在潭州，杜甫还游览了著名的岳麓山。这是长沙的地标之一，山上可以俯瞰全城，也有著名的佛教宝刹麓山寺。杜甫的故交、开元后期的文坛领袖李邕曾为之撰写碑文；山脚还有一座道林寺，北宋时期被拆掉改建成了岳麓书院。杜甫登岳麓山，顺便游览二寺，写下了一首长篇的《岳麓山道林二寺行》，以记录自己的游踪，这首诗从题目来看是歌行，从内容来看又颇为对仗，平仄严整，是唐诗中极为少见的七言排律。前面讲过，五言排律写作的难度很大，极能体现一个人的才气和学养，相对而言，长篇七言排律的难度就更大了，全唐都没有留下几首，就是杜甫这样的诗圣写出来也不能说是尽善尽美，主要还是由于这种体裁过于板滞凝重，加之格律的限制，就越发不能自由地写景叙事和议论抒情了。

四、第三首《望岳》

在长沙没有停留太久，杜甫接着沿湘江向南而去，经过凿石浦、津口、空灵岸、花石戍等地，便远远地望见了南岳衡山，也因而写下了人生中的第三首《望岳》。这是一首五言古诗：

南岳配朱鸟，秩礼自百王。

歘吸领地灵，鸿洞半炎方。

邦家用祀典，在德非馨香。

巡守何寂寥，有虞今则亡。

洎吾隘世网，行迈越潇湘。

渴日绝壁出，漾舟清光旁。

祝融五峰尊，峰峰次低昂。

紫盖独不朝，争长嶪相望。

恭闻魏夫人，群仙夹翱翔。

有时五峰气，散风如飞霜。

牵迫限修途，未暇杖崇冈。

归来觊命驾，沐浴休玉堂。

三叹问府主，曷以赞我皇。

牲璧忍衰俗，神其思降祥。

"朱鸟"即朱雀，是中国古代神话传说中镇守南方的神兽，与南岳相配，对它们的祭祀由来已久。然而在唐代，南岳衡山在五岳中是相对落寞的：泰山"五岳之尊"的地位自不必说，合朝上下无不对泰山封禅趋之若鹜；华山与嵩山，一个靠近长安，一个毗邻洛阳，最方便天子驾幸；北岳恒山相对偏远，但也临近唐王朝的龙兴之地太原，依然有机会得到皇帝的眷顾；唯有南岳衡山，独处南国，寂寥久矣。在杜甫看来，大概自舜帝亡于潇湘，就断绝了后代帝王对这里的巡守。如今，杜甫这位伟大而又寂寞的诗人，来到了同样伟大而又寂寞的衡山脚下，渴望能够游走于山崖峻岭中追逐太阳，或泛舟于闪耀着清光的江上，去近距离感受它的伟大。祝融峰是南岳的主峰，极为高耸，山顶似乎直抵天上的昴星，诸峰皆朝于它；唯有紫盖山势转东去，与之争高，不相上下。南岳流传着魏夫人的传说：她名叫华存，是晋司徒魏舒之女，幼好道术，得太极真人授《黄庭经》，得以托剑化形，登仙而去，成为南岳夫人。杜甫看见山头风吹云霞动，便想象这可能是群仙簇拥着魏夫人前来巡查了。杜甫远望南岳，限于前路漫漫，没有时间拄着杖爬上高耸的山岭，盼着归来之时能够登上庙堂，亲致祭祀，愿神灵赞助天子，降福人世，此心赤诚。

　　五岳之中，除了北岳恒山之外，杜甫应该都去过，其中在泰山、华山、南岳衡山先后写下了三首《望岳》，从青春壮志的"会当凌绝顶，一览众山小"，到中年危机的"稍待秋风凉冷后，高寻白帝见真源"，再到垂暮之年的"牵迫限修途，未暇杖崇冈"，面对三座大山，他走出了一生的浮浮沉沉，背负着国家命运的沉重，不经意间登上了一座诗歌的高峰。

第二十九讲

时代挽歌

——有的人死了，却永远活着

一、盛唐的"集体葬礼"

原本想要顺江东下直抵吴越的杜甫，出于身体健康状况和对现实处境的考虑，最终放弃了这一打算，转而从洞庭湖南下，溯湘江而上，准备去往衡州投奔在那里当刺史的老朋友韦之晋。一路上，杜甫卧病舟中，沿江而宿，境况十分凄惨，虽然也在途中观览了岳阳楼、岳麓山、南岳衡山等景观，却始终不能排遣因世道艰难、人生坎坷和旅途困厄而带来的内心苦痛。

然而正当杜甫历尽千辛万苦来到衡州，以为将过上相对安定的生活以终余年之时，一个更悲惨的消息传来，他想要投靠的那位韦之晋刺史去世了。这对杜甫的心灵造成了巨大的冲击，一是历经磨难想要投奔的归宿，骤然化为泡影，漂泊无依的日子仍将继续下去，不知何时是个头；二是又一位故人离去，提示着杜甫这位衰病的白头老人，生命的归期将近了。杜甫的这一念头，其实在夔州时期就已经表现得很强烈了，他写作的《壮游》《昔游》《遣怀》等自传性诗篇就是站在人生的终点，对来时道路的回望，这人之常情之中体现的是生命的厚重。而对于杜甫而言，在生命的厚重之外，作为"盛世同龄人"的他还承担着一份历史的深沉。正因为如此，在杜甫生命中走过的那些人和事，也都是他所经历的时代的缩影，他们在杜甫生命中渐次凋零，也为时代奏响了悲壮的挽歌，而杜甫则义无反顾地充当了为这些挽歌填词的人。

与《壮游》诸篇前后而作的《八哀诗》书写的便是一场盛唐时代的集体葬礼，诗歌以悼念先后去世的八位盛唐名臣为主题，以诗歌为之立传，抒发叹旧怀贤之思，有叙有评，俱见哀情，将"诗史"的特征发挥到了极致。我们知道，中国古代的正史都是纪传体，以人系事是它的基本特征，杜甫这八首诗、八篇传记，无疑相当于是以自己的眼光给盛唐修了一部史书，这本身是一个创举，而我们解读这组作品时，自然也应当以史书的眼光来加以审视。

首先从立传的对象来看，这八位传主的选择十分讲究。杜甫所哀悼的八位名臣分别是：王思礼、李光弼、严武、李琎、李邕、苏源明、郑虔和张九龄。这八位都是盛唐的风云人物，也都是正面人物。其中，王思礼与李光弼是陇右和朔方军的名将，平定安史之乱的功臣，出将入相，扶保朝廷；严武是节度一方的诸侯，镇蜀的重臣，也是杜甫的至交；李琎是皇亲宗室、"饮中八仙"之一，是盛唐风韵的代表；李邕是大学者、大文人、大名士，是开元天宝之际的文坛领袖；苏源明和郑虔都与杜甫交往甚密，前者以谏官终，数陈时政得失，后者则是著名的书法家、画家；张九龄是中国历史上有名的贤良宰辅，也是开元盛世的缔造者之一。总体说来，这八个人基本上涵盖了盛唐政治、文化和社会生活的方方面面，他们所取得的成就足以代表盛唐的时代高度，而他们一个个地离去，也就意味着梦幻盛唐各方面成果的渐次凋零，杜甫实际上借哀悼八人，来为一去不返的开元天宝盛世吊唁。

《八哀诗》也体现了杜甫史识的过人之处。比如组诗最后对张九龄的悼念，张九龄是八人中最早去世的，比最晚去世的严武早了整整二十五年，他卒于开元二十八年（740），甚至还是玄宗统治的前期，大唐的鼎盛时代。而杜甫却将这部"盛唐衰亡史"的起点定在此处，因为正是在张九龄罢相直至去世之后，李林甫、杨国忠相继接任宰相、主政朝廷，安禄山越发拥兵自重、割据一方，民生由殷实转为凋敝，社会矛盾日趋尖锐，大唐真正走上了盛极而衰的历程。对这一点的清楚认识，足以体现杜甫历史眼光的敏锐。

而作为诗歌本身，这组作品在艺术上也十分成熟，发挥了五言古诗长于叙述的特点，对八位人物的形象进行了成功的刻画。比如写王思礼：

> 短小精悍姿，屹然强寇敌。
>
> 贯穿百万众，出入由咫尺。

形神兼具地写出了他的勇武。而写严武：

> 堂上指图画，军中吹玉笙。
>
> 岂无成都酒？ 忧国只细倾。

更是十分传神地表现出了他既勤于国事军务，又颇具生活情趣的儒将风范。哀悼郑虔时，虽整体笔调哀婉深沉，但对于他的绝世之才，依然赞曰："沧洲动玉陛，寡鹤误一响。三绝自御题，四方尤所仰。"

以这般飞腾的语句加以展现，做到了收放自如。鲁迅评价《史记》是"无韵之《离骚》"，如此说来，《八哀诗》不失为一部"有韵之《史记》"了。

我们都知道，史书中除了给臣子作的传，还有为君王作的纪，杜甫写了《八哀诗》怀念盛唐诸臣，而对那位君王又如何能够不有所感怀呢？大历四年（769）八月初五，漂泊在湘江之上的杜甫想到，这一天是唐玄宗的生日，而此时距离玄宗驾崩，已经过去了足足七年。他回想起这位与他的命运牵绊一生的君王，不禁感慨万千，写下了《千秋节有感二首》。千秋节就是玄宗的生日，这在开元、天宝时期乃至安史之乱后的肃宗朝都是全国最大的节庆之一，长安及各地都会举行大规模的庆祝活动，全国放假三天，为玄宗庆生祈福，直到玄宗崩逝，千秋节遂被罢停。这两首诗，其一写今，其二怀旧：

自罢千秋节，频伤八月来。

先朝常宴会，壮观已尘埃。

凤纪编生日，龙池堑劫灰。

湘川新涕泪，秦树远楼台。

宝镜群臣得，金吾万国回。

衢尊不重饮，白首独余哀。

御气云楼敞，含风彩仗高。

仙人张内乐，王母献宫桃。

罗袜红蕖艳，金羁白雪毛。

舞阶衔寿酒，走索背秋毫。

圣主他年贵，边心此日劳。

桂江流向北，满眼送波涛。

　　杜甫在旅食京华期间，曾多次躬逢千秋节的盛景，故而对那些御楼受贺、彩仗迎风、梨园奏乐、舞马衔杯的壮观场面印象深刻。 这些既见证了大唐的风华绝代，也见证了杜甫的鼎盛青春。尽管这青春中有的是玄宗留给他的苦涩，但斯人已逝，他自己也流落潇湘、卧病江楼，且处在天下分崩、干戈不息的大环境中，因此特殊时日缅怀前事，感慨万千，至于伤心落泪，也就不足为怪了。

二、"清诗久零落"

　　既然韦之晋已经死了，杜甫留在衡州就没有了什么意义，于是他掉转船头北上，回到了潭州。这里毕竟是江南的大城市，沟通南北的枢纽，老病不堪远行的他更需要在这里好好规划一下余年。在长沙，杜甫结识了一位新朋友，叫作苏涣，他仰仗杜甫的才名，登舟拜访，并献上自己的诗作请求指点，杜甫听罢，大为称绝，很快就回赠了一首《苏大侍御访江浦赋八韵记异》，诗歌写道：

庞公不浪出，苏氏今有之。

再闻诵新作，突过黄初诗。

乾坤几反覆，扬马宜同时。

今晨清镜中，胜食斋房芝。

余发喜却变，白间生黑丝。

昨夜舟火灭，湘娥帘外悲。

百灵未敢散，风破寒江迟。

诗歌立足于"记异"，写了苏涣的四个过人的异处：一是闭门轻易不出，高蹈绝世，一如东汉末年的庞德公；二是诗歌创作精绝，堪比紧承着建安的黄初诗坛，甚至与扬雄、司马相如的文采在伯仲之间；三是读了他的诗，让人如同吃了灵丹妙药一样，可以焕发生气；四是天地神灵都为之深深感动。向来认为"诗是吾家事"的杜甫，对一个初见的诗人，在诗歌创作方面做出如此高的评价，这是不同寻常的。其实苏涣的诗，我们如今可以见到，主要流传下来的是《变律》诗，他给杜甫看的也是这几首，写的的确有些新意。但杜甫之所以给他如此高的评价，主要还是因为两个原因：一是"变律"出新的创作思路令他耳目一新，也很合杜甫的口味；二恐怕就是杜甫困守孤舟、百无聊赖的生活中，突然有人登门造访，与他论诗，这本身就值得杜甫大大夸奖一番！这位苏涣后来在大历八年（773）南下交、广，煽动循州刺史哥舒晃据南岭造反，之后于大历十年（775）兵败被杀，杜甫无论如何也想不到，自己临终前最后赏识的一个诗人，竟会在他身后走上了一条祸国殃民的不归之路。

时光继续流转，杜甫的小船在湘江之上又漂泊了几个月，缓缓驶入了大历五年（770）的春天，来到了杜甫人生的最后一个年头。正月二十一日这天，杜甫在舟中偶然翻看自己过去的书信，意外看到了上元二年（761）人日，高适寄给他的一首《人日寄杜二拾遗》。那年今日，高适还是蜀州刺史，杜甫也还在成都浣花溪畔的草堂过着田园隐居生活，二人时常往来，赠答诗歌，还不觉得这一两封寻常书信的可贵。转眼间，十年过去了，当杜甫再看到这首诗时，高适已经去世五年了。睹物思人，又想到如今海内知己已经少之又少，杜甫不禁潸然泪下，写下了这首著名的《追酬故高蜀州人日见寄》：

自蒙蜀州人日作，不意清诗久零落。

今晨散帙眼忽开，迸泪幽吟事如昨。

呜呼壮士多慷慨，合沓高名动寥廓。

叹我凄凄求友篇，感时郁郁匡君略。

锦里春光空烂熳，瑶墀侍臣已冥莫。

潇湘水国傍鼋鼍，鄠杜秋天失雕鹗。

诗的前半部分是即事追思自己与高适的情谊，开篇的这个情景非常有画面感：自从在蜀州收到这首赠诗，至今已经十年了，想不到知己已经零落许久，再也听不到高适的清诗新作。今天早晨无意间看到这篇书帙，骤然眼前一亮，忽如昨日重现，口中微吟着饱含深情的文字，便不由得眼泪迸下。杜甫回忆高适是一位慷慨任气的名士，声名震动天地，杜甫与他既有着相同的政治追求，也有着相似的文学主张，方方面面都称得上知己。后来，虽然彼此分别，杜甫依然保有锦里的烂漫春光，高适也入朝封侯拜相；谁能想到，十年过去，杜甫沦落到潇湘水国与鼋鼍为伴，高适则殒命在了长安的秋天，不仅两地遥望，更是阴阳相隔。接着是对高适原作的酬答：

东西南北更谁论，白首扁舟病独存。

遥拱北辰缠寇盗，欲倾东海洗乾坤。

边塞西蕃最充斥，衣冠南渡多崩奔。

鼓瑟至今悲帝子，曳裾何处觅王门。

高适在赠诗中称杜甫"愧尔东西南北人",杜甫引为知音之语,除了高适再也没有人对他作过如此贴切的评论,如今他更是只剩下了白首、疾病与漂泊的扁舟三样东西相伴,有了还不如没有,凄惨之至。遥望北斗的他,愤慨于叛将与夷狄相继为患,吐蕃、西羌充斥边塞,致使中原士大夫南渡奔逃,恨不得翻倒东海来冲洗这乾坤中的一切污秽。可是他并没有这样的能力,只能流落到这湖湘之地,愁听湘灵鼓瑟,无处也无力请缨报国了。诗的最后四句是顺道赠与汉中王李瑀和昭州刺史敬超先这两位朋友的,此时的杜甫把他们看作生命中仅存的两个知己了:

文章曹植波澜阔,服食刘安德业尊。

长笛谁能乱愁思,昭州词翰与招魂。

魏晋之际,向秀与嵇康、吕安交好,嵇、吕二人因不满司马氏专权而被害,向秀后来路过二人旧居,听闻邻人吹奏长笛,便倍加思念故友,写下了《思旧赋》。看来这种即事而发的对故人的思念,古今是相通的。杜甫今日翻检书帙而怀念高适,不也与此相同吗? 那么等到他走后,又有谁能这样怀念他呢? 思来想去,只有那位文采如曹植一般波澜壮阔、德业又像淮南王刘安一样为世人所尊崇的汉中王李瑀和昭州刺史敬超先,能够在彼时依然为笛声所动,引起愁思,而像宋玉为屈原写作《招魂》一样,怀着相似的心情为杜甫哀悼吧。

杜甫这首诗由偶然的事件触发,起于对故友亡人的怀念,转而伤叹知交零落,最终则流露出对自己精力耗尽、大限将临的预感,声泪俱下,读之令人痛断肝肠,尤其是其中的"清诗久零落"一句,不但是对高适的哀悼，更是在送别整个盛唐诗坛。随着王维、李白、高适这些伟大的诗人依次在历史舞台上退去，一个伟大的诗歌高潮也终究在杜甫的生命尽头，发出最后一声余响。

三、落花时节

杜甫人生中的最后一个春天，依然是在潭州度过的，转眼又到了清明前后。去年的清明，他曾在这里写下《清明二首》，兜兜转转了一年多，竟又回到了这个"白蘋仇杀白头翁"的地方，陪伴他的依然只有那叶扁舟，他余生的作品也基本都是在这条小舟上写成的了，也许他已经病到怎么也走不下去的地步了。

我们常把清明前一天叫作寒食，但也有一种说法认为寒食是清明前两天，清明前一天叫做小寒食，杜甫好像就是这样。 他在这天写了一首《小寒食舟中作》，是他人生最后一年创作的一首好诗：

> 佳辰强饮食犹寒，隐几萧条戴鹖冠。
>
> 春水船如天上坐，老年花似雾中看。
>
> 娟娟戏蝶过闲幔，片片轻鸥下急湍。
>
> 云白山青万余里，愁看直北是长安。

清明前后本是踏春的好时节，故而称之为"佳辰"，但此时的杜甫当然无心也无力去欣赏春景，只能戴着破旧的冠帽，靠乌皮几支撑起身躯，强打精神喝上两杯酒，吃上两口冷饭，算是这个节日中仅有的仪式感。春潮涌动，水势上涨，船只轻飘飘地在江中自由浮动，无拘无束，如同漫步天宇，而夹岸的鲜花却在眼中雾蒙蒙地显现。杜甫老了，看东西已经不清楚了。但他仍然能感知春天的活力，戏蝶绕船飞舞，时而飞过布幔来与人亲近，一只只鸥鹭也击打着潮头，奋起翱翔，令杜甫无比羡慕。这样的景色其实本身很美好，云白山青，水天辽阔，只因为它不在长安，所以让人心中忧愁，景色越美，便越显得孤单寂寞了。

还有一首《燕子来舟中作》同样值得一读：

> 湖南为客动经春，燕子衔泥两度新。
> 旧入故园尝识主，如今社日远看人。
> 可怜处处巢居室，何异飘飘托此身。
> 暂语船樯还起去，穿花贴水益沾巾。

杜甫客游湖南，又经历了一个春天，衔泥筑巢的燕子都已经见过了两次，越看越觉得熟悉。唉，这不正是早年间曾飞到故乡家里的那只雨燕吗？当时借住在屋檐之下，想必都已经认识了杜甫这位主人，如今又从远方前来舟中看望，仿佛有一腔衷肠想要倾诉给这位"故交"。这里当然是一种巧妙的想象，他不可能真的认识那只燕子，更不可能真的相隔数十载、相距几千里又与之重逢，只不过是借它表达一种沧桑变化、物是人非的感慨罢了。天地之间，能托付心意的竟只有这只小燕，乍看欣喜的背后，其实隐藏着更深沉的悲哀。"可怜处处巢居室，何异飘飘托此身"，这仿佛是在为燕子感慨，为什么处处漂泊、居无定所，但谁都能看得出来，这又是杜甫的自伤自叹，他的一生不正是这样吗？洛阳、长安、华州、秦州、成都、梓州、夔州、潭州，处处都有他的居室，却终究没有一地可以托付此身。庄周梦蝶、杜甫咏燕，原来这只追随他的燕子正是他自己内心形象的外化啊！它在桅杆上停留，说了一番话，说的什么，杜甫虽没听懂，心中却明白如初，片刻之后，燕子飞走了，临去时穿花贴水，十分不舍，让杜甫也不觉泪下沾巾。这只燕子终于远去了，或许也带走了杜甫最后的精魂。

杜甫人生中的最后一首名篇当数《江南逢李龟年》：

> 岐王宅里寻常见，崔九堂前几度闻。
> 正是江南好风景，落花时节又逢君。

前文提到过，杜甫幼年寄居在洛阳的姑姑家，住在城东的仁风里，岐王李范的宅第在相距不远的尚善坊中，崔九大名叫崔涤，他的家则在更近的遵化里。家世不凡的杜甫时常在这些豪门中出入，正是在这里得以与李龟年结识。李龟年是开元时期有名的御用音乐家，是家喻户晓的歌坛超级巨星，要是放在今天，恐怕比大多数流行歌手不知道高到哪里去了！他的歌喉为盛唐而生，他的歌声陪伴一代又一代盛唐中人度过了最美好的人生岁月，其中就有杜甫。而时隔六十年后，当杜甫在江南的春日里再度与李龟年重逢的时候，当年那个"青春萌发"的孩童和"风华正茂"的歌者，都已经到了人生的"落花时节"，大唐盛世更是到了"落花时节"，这次诗圣与歌王的重逢，似乎也是天意为盛唐气象安排的一场最浪漫的诀别。其实杜甫这首诗反而写得不那么悲怆，毕竟春去仍会再来，花落还会再开，他在人生的末尾留下了一段春天的希望，播下了新的种子，这恐怕也是他对这个时代最后的深情。

盛世之花是否还会再开，不得而知，但杜甫清晰地知道，自己的生命之花一旦凋零，就再也不会绽放了，但好在"零落成泥碾作尘，只有香如故"，他留下的芬芳，氤氲了中国诗坛一千多年，历久弥香。

第三十讲

千古寸心

——担当生前事，何计身后评

一、牛酒之谜

大历五年，杜甫在湘江的小舟上度过了人生最后一个春天，当潇湘水国的百花凋零，杜甫也终于走进了人生的"落花时节"。

这年四月，湖南兵马使臧玠割据潭州作乱，可怜杜甫"五十白头翁，南北逃世难"，又一次踏上了逃难的征途，当然这也是他人生中的最后一次逃难。杜甫先是再度南下到了衡州，而后又溯耒水而上，想要去往郴州，投奔在那里做官的舅舅崔伟。不幸的是，到达耒阳境内的方田驿时，风雨交加、江水暴涨，杜甫的小舟进退不得，也无法靠岸，就这样在江心漂了五天，船上没有粮食，一家人只有忍饥挨饿，艰难度日，以至于杜甫病饿交侵、身心俱悴。

很快，耒阳的县令，姓聂，这位聂县令得知此事——著名诗人杜甫在我管辖的境内遭了灾，还在忍饥挨饿，这怎么得了？！于是，很快就派人前去慰问，送去了亲笔慰问信，还有杜甫喜欢的牛肉和白酒。不管怎么说，这都是一件值得称道的好人好事，可谁知，这位聂县令的一片好心竟在历史上惹了个大麻烦。

作为正史的新、旧《唐书》分别记载杜甫"一夕卒于耒阳"，好事者就纷纷说诗圣杜甫，是因为在江上漂泊太久没吃东西，突然有了牛肉、白酒，不顾一切大吃了一顿，竟然就这么撑死了！在刻新猎奇、追求卖点的小说家眼中，关怀了一辈子民生疾苦的杜甫，总要有一种形而下的、惨兮兮的，甚至不怎么体面的死法，才符合他现实主义诗人的身份，也才更能产生戏剧性的效果。

还有人说这位聂县令并不是真心想招待杜甫，只是怕他饿死在自己的治下坏了耒阳县的名声，于是送去的牛肉和白酒都不新鲜，而当时又正巧是夏季，江上高温闷热，牛肉在送达杜甫小船的过程中早就变质了，以至于本来就病重的杜甫吃了变质有毒的牛肉，一夜就毒发身亡了！这个谎言实在编得很低劣，牛肉是太牢之贡，拿出来招待客人是一种莫大的礼遇，怎么可能反而用来害人呢？可怜聂县令一片尊贤敬士的好心，竟被这些人编排成了间接毒害诗圣的杀人凶手，流毒深远，有冤都无处可诉，实在是可悲可叹。

实际上，杜甫既没有被撑死，也没有被毒死，他在聂县令的款待下大快朵颐之后，不但丝毫无事，还振作起了精神，专程跋涉四十多里，去了趟耒阳县城，当面赋了首诗表达对这位"雪中送炭，饥中送肉"的聂县令的强烈感激之情，这首诗题为《聂耒阳以仆阻水，书致酒肉，疗饥荒江，诗得代怀，兴尽本韵，至县呈聂令，陆路去方田驿四十里，舟行一日，时属江涨，泊于方田》，题目很长，对背景交代得也非常清楚。根本就不存在所谓的"一夕而卒"，至于由此引发的种种传闻，就更是无稽之谈了。总的来说，杜甫"牛酒饫死"的传闻，就是史学家审之不严，小说家又借机生事的一场闹剧。大家知道就好，不必太当回事。

二、情断潇湘

在耒阳经历了这样一番波折和插曲之后，杜甫最终打消了去往郴州的念头：一来江水暴涨，阻断去路，若是再被困于江心，饿上几天，恐怕是吃不消了；二是受不了湖南夏日的溽暑。于是掉转船头，顺流北返了，当时还写了一首《回棹》诗，里面提到"清思汉水上，凉忆岘山巅"，可见目的地当是襄阳，那里是他的祖籍所在，而到了襄阳，离故乡洛阳也就不远了，看得出来，杜甫临终前还是想要落叶归根的啊！

杜甫的小船悠悠北上，过了潭州，下一站将是岳阳，而时间不知不觉已到了大历五年的暮秋，杜甫的病体更加沉重了，以至于终日离不开舟中的病榻。这天，北风吹来，寒意顿生，杜甫卧病之中突然感怀起一生的浮浮沉沉，心中万千思绪一齐涌出，他强行振作起来，写下了长篇五言排律《风疾舟中书怀三十六韵奉呈湖南亲友》：

> 轩辕休制律，虞舜罢弹琴。
>
> 尚错雄鸣管，犹伤半死心。
>
> 圣贤名古邈，羁旅病年侵。
>
> 舟泊常依震，湖平早见参。
>
> 如闻马融笛，若倚仲宣襟。
>
> 故国悲寒望，群云惨岁阴。
>
> 水乡霾白屋，枫岸叠青岑。

郁郁冬炎瘴，濛濛雨滞淫。

鼓迎非祭鬼，弹落似鸮禽。

　　首段渲染了舟行环境的苦恶和杜甫心境的悲凉：传闻黄帝治天下乐律，舜帝弹五弦之琴，皆是天下大治方有的太平之音，当今遭逢乱世，当然都该停罢了。而杜甫没有轻易死心，仍要拿起雄管，奏响时代之音，可直到听出错杂的音响殊非正调，才伤心欲绝——毕竟江河日下的时代悲剧，不是他一己之力可以扭转的。就像那些声名日渐沉寂在历史长河中的古来圣贤一样，病体缠身、时日无多的自己也很快要去与他们为伴了。众多古人中，杜甫率先想到了两位：汉代的马融客中闻笛而思念洛阳，曹魏的王粲登楼迎北风以消长安之思。眼下杜甫的处境像极了他们：遥望寒空，故乡不可见；岁暮天寒，群云更惨浓；岸边的茅屋，在迷茫的雾气中若隐若现；岸上的红叶枫林与连绵青山更是交错丛生；南方的瘴气仍然郁积不消，蒙蒙的细雨又总是下个不停。在这样浑然无尽的江面上漂泊了不知多久，也不知还要多久才能到达襄阳，只有在参星的提示下日复一日，一路向着"震"卦所在的东北方向驶去。偶尔响起的迎神鼓声和击落飞禽的弹弓，提示着这里是人间，有人类的活动。人在弥留之际，最怕的便是少了人气，可是杜甫恰恰就处在这样一个环境之中。第二段写自己一生的蹉跎漂泊：

兴尽才无闷，愁来遽不禁。

生涯相汩没，时物自萧森。

疑惑尊中弩，淹留冠上簪。

牵裾惊魏帝，投阁为刘歆。

狂走终奚适，微才谢所钦。

吾安藜不糁，汝贵玉为琛。

乌几重重缚，鹑衣寸寸针。

哀伤同庾信，述作异陈琳。

十暑岷山葛，三霜楚户砧。

叨陪锦帐座，久放白头吟。

反朴时难遇，忘机陆易沈。

应过数粒食，得近四知金。

一想到生涯的颠沛坎坷和眼下的晚景萧瑟，心中的愁情就难以抑制。也许自己疾病缠身是因为思虑、担忧的事情过多，杯弓蛇影而心力交瘁；也因为朝廷济济多士、不缺人才，所以使自己淹留各地，不得回京。魏文帝时，曾有个叫辛毗的谋士谏言，皇帝不听，他就牵拉皇帝的衣袖，杜甫以此隐喻自己疏救房琯触怒肃宗的经历；而汉末扬雄被逼投阁，也是因为受到牵连，可见杜甫临终终于认识到了自己是因为政治斗争而被罢官。离开朝廷之后，他一生奔走，不知归宿何方，除了乌皮几、百结衣外，身无长物，好在诗才、人才为大家认可，一路有人接济扶持，才不至于过多挨饿受冻。他的哀伤同庾信的一样深沉，漂泊西南、平生萧瑟，倒是能与人为善，不像陈琳一样好作檄文，到处树敌。从岷山到楚水，历经了十来个寒暑的跋涉，从一个天子近侍郎沦落到眼下的孤身白头翁。虽然心存高洁，但毕竟身处的不是一个返璞归真的时代，为了苟活于世，也就只有强颜接受接济与赠与，为的是能够延续"致君尧舜上，再使风俗淳"的希望火种。接着第三段写滞留湖南的境遇，表达对众亲友的感谢：

春草封归恨，源花费独寻。

转蓬忧悄悄，行药病涔涔。

瘗天追潘岳，持危觅邓林。

蹉跎翻学步，感激在知音。

却假苏张舌，高夸周宋镡。

纳流迷浩汗，峻址得欹嵚。

城府开清旭，松筠起碧浔。

披颜争倩倩，逸足竞骎骎。

朗鉴存愚直，皇天实照临。

南国的萋萋春草暂时封住了归乡的愁思，然而梦中的桃花源终究不能够寻觅，只得像转蓬般在潇湘大地上飘零，沿途还须服药行散，丝毫也没能减轻沉重的病情。在人生的最后旅途中，杜甫最小的女儿竟先于他离开了人世，他像潘岳一样埋葬了爱女，转而去追寻夸父散落在人间的手杖，试图找到它以支撑自己度过世道的艰辛，这样幼稚的想法当然只能是邯郸学步，徒增嗤笑。好在湖南的各位亲友扶持，令人十分感激，以苏秦、张仪式的口才极力赞誉，将他比作天子之剑。他们的胸怀就像河流、山岳、城府，让人不禁骑着快马满怀兴奋地投奔。杜甫自认为是个既愚且直的人，相信他的赤诚之心能被亲友们感知，也恳求天地为他们降福。毕竟自己没有机会去报答了，默默地祈福，就是他最后的真诚与感恩。最后一段当然还是不免要叹息世道，杜甫还是放不下这个与他同龄、他倾注了一生心血的"大唐盛世"：

公孙仍特险，侯景未生擒。

书信中原阔，干戈北斗深。

畏人千里井，问俗九州箴。

战血流依旧，军声动至今。

葛洪尸定解，许靖力还任。

家事丹砂诀，无成涕作霖。

公孙述和侯景都是历史上的叛臣，这里杜甫用以表达天下叛乱不止、地方割据的现状，而中原朝廷同样动荡不安。战火兵乱遍及南北，鼓角之声至今不断。在这样的天下漂泊，随处都潜藏着巨大的忧患，只能入乡问禁随俗，处处留心。三国时的许靖为了躲避战祸，远涉交州，这对杜甫来说，已经做不到了；像葛洪一样客死途中，乃至无处安葬，恐怕才是命中注定的归宿。可是葛洪是羽化登仙而去，杜甫空有丹砂口诀，却没有机缘炼之成金，空有报国的雄才和志向，却无用武之地，临终一事无成，泪如雨下。

这是杜甫的绝笔之作，像极了一份为自己草就的行状和祭文，几天后，五十九岁的杜甫病逝于湘江的小舟上，离开了与他相濡以沫的杨氏夫人，离开了他寄予厚望的宗文、宗武，离开了那方创造了诗国高峰的乌皮几，离开了他一生都没有放下的诗国盛唐，自此天地间再没有了诗圣的声音！

杜甫去世后，就长眠在了潇湘大地、洞庭之滨，直到四十三年后的唐宪宗元和八年（813），他的孙子杜嗣业才按照父亲宗武的安排，护送祖父的灵柩回到河南偃师，归葬于杜甫早年为宗族营建的杜氏墓园之中——阔别家乡半个世纪的诗圣终于叶落归根、魂归故土了。

三、生前之名

杜嗣业在护送杜甫灵柩归葬的途中遇到了元和诗坛的"超级巨星"元稹，随即请元稹为杜甫题写墓志。对元稹而言，能够为这样一位伟大的前辈写作墓志，这是一种莫大的荣耀，他也怀着崇敬和郑重的心情，欣然命笔，于是就有了第一讲中我们所引的那段精彩文字：

> 上薄《风》《骚》，下该沈、宋，言夺苏、李，气吞曹、刘，掩颜、谢之孤高，杂徐、庾之流丽，尽得古今之体势，而兼文人之所独专。

这是元稹站在一个后学者的角度对前辈伟大诗人的致敬，评价得贴切、客观、高屋建瓴，又自有其独到的文采，杜甫的文学史地位也因为这篇墓志而被更多的人所认识和接受，不得不说这是两代伟大诗人跨越时空、超越生死的一次互相成就。那么在此之前，杜甫到底在诗坛有着怎样的地位呢？

天宝十二载（753），临近落幕的盛唐诗坛终于悄然迎来了规模最盛的一次大考。一个名叫殷璠的丹阳人，编选了一部影响巨大的唐诗选集——《河岳英灵集》，这相当于一部盛唐诗坛的"流行音乐金榜"，其中选录了开元以来四十年间，二十四位诗人的二百三十四首诗作，并一一进行了点评。我们所熟知的李白、王昌龄、王维、孟浩然、高适、岑参全部在列，甚至很多我们现在所认为的"二流"乃至"三流"诗人也都被选了进去，却独独没有杜甫。在盛唐诗歌的第一张"金曲榜"上，诗圣杜甫竟没有一席之地，这看起来不可思议！

这件事大概可以从三个角度进行比较合理的解释：一是《河岳英灵集》编选的年份，在天宝十二载，这时杜甫的创作高峰的确还没有到来，我们所熟知的《兵车行》《丽人行》这样的名篇，正是天宝十二载前后才写出来的，考虑到当时诗歌发布方式、流传途径相对单一落后，殷璠大概率在编选《河岳英灵集》时是没有看到这些诗作的；二是《河岳英灵集》的选诗标准和倾向，用殷璠自己的话说，是要"声律、风骨兼备""名以副实，才以合道"，认真回顾我们之前的讲解，杜甫在天宝十二载前创作出的能够达到这个标准的作品，也确实不多，而在审美倾向上殷璠主张"翕然尊古"，而杜甫"好奇生新"的创作思路就更是与之南辕北辙了；那么，杜甫在天宝十二载之前就完全没有能够达到入选标准的佳作吗？当然也不是，至少《望岳》和《饮中八仙歌》就是开元天宝之际公认的上品佳作，由此当然也就涉及第三个原因，那就是《河岳英灵集》的性质。我们现在把它看作是盛唐诗坛的"一面镜子"，但毕竟它也是一部私人选本，包含着殷璠的个人好恶，如果他就是不喜欢杜甫的诗，就是不选他，说起来也是正常的事情。

后来，又有一个叫高仲武的人，编选了一部《中兴间气集》，从题目就可以看出，主要是拣选、点评安史之乱后至德到大历年间的诗人诗作，以表现大唐所谓的中兴气象，从编选的目的和规模来看，确有像《河岳英灵集》一样，开一部新时期的"大唐流行音乐榜"的念头。安史之乱后的杜甫，在后代读者心中已然能无可争议地坐上大唐诗坛第一把交椅了，然而这部《中兴间气集》里依然没有选录他的诗歌。原因主要还是与选录的标准有关，高仲武所提出的选录标准依然是"体状风雅，理致清新"，追求"轻逸悠远"之境，说明他还沉浸于安史之乱前的盛世想象当中，而没能正视大乱之后诗坛发生的革命性巨变。对于

《中兴间气集》未收杜甫诗，只能怪杜甫的创作领先了评选标准太多，这是《中兴间气集》的损失，而不是杜甫的遗憾。

两部有关盛唐的重要诗选都没有选录杜诗，是否真的意味着杜甫生前，他的诗不受欢迎、不合时代风潮呢？杜甫生前没有达到诗圣的地位，没有成为天下共尊的文坛领袖，这当然是毋庸置疑的，但如果说他的诗不受时代的欢迎，恐怕也是另一种言过其实。至少有三点足以证明，杜甫的诗在其生前就已经有相当的受众了：一是盛唐一流的诗人，除孟浩然、王昌龄年代较早之外，通通都与杜甫有着诗歌上的交流、往来，被一流的诗歌群体所认可与接受，本来就足以说明杜甫的诗坛地位；二是杜甫晚年，尤其是出峡以后，完全没有其他谋生手段，但靠着他的诗名和创作，沿途都能够得到接济，足以养活一家老小，说明各地官僚、士绅这些基层文化群体，对杜甫的诗歌创作普遍认可与接受；三是杜甫去世后不久，就有一个叫樊晃的人开始为杜甫编文集，且通过他的记录我们得知，在他之前，也就是杜甫尚在世的时候，其早年的作品已经被编成了文集，在江左一带流传了。有文集流传，且不断有新编文集的需求，这说明杜甫生前的确是有相当的诗歌受众的。

四、"李杜文章在，光焰万丈长"

最后我们简单地说说杜甫是如何一步一步被尊为诗圣的。首先，前面提到的两个人，功劳不可磨灭，那就是为杜甫编订文集的樊晃和写作墓志的元稹。樊晃致力于搜求和编订杜甫文集，甚至一度找寻宗文、宗武，来求取杜甫的手稿，虽然生前只编成了六卷本收诗二百九十多首的《杜甫小集》，但绝大多数的经典作品已经收入其中，基本上可以代表杜甫诗歌创作的最高成就，这部小集的问世极大地奠定了杜甫在诗坛的卓越地位。而元稹的墓志，则进一步阐释了杜甫的诗坛功绩和文学史地位，并通过自身的影响力，进一步弘扬了杜甫的诗名。

而在他们之后，真正使得杜甫的诗圣地位得以确立的分别是唐、宋两朝的两位文坛宗师——韩愈和黄庭坚。前者在诗歌中明确指出"李杜文章在，光焰万丈长"，将李白、杜甫并尊为诗坛的两座高峰，且在具体创作实践中以文坛领袖的身份亲身践行杜甫的诗学思想、借鉴他的创作成就，使得学写杜诗成为中唐诗坛的风尚；而后者则以北宋后期诗歌盟主的身份，影响形成了中国诗歌史上第一个有统一诗学思想和创作观念的诗歌流派——江西诗派，并明确标举杜甫为其所宗法的对象，至此杜甫就成了天下学诗、写诗者共同的典范和宗师！

再其后，学习和研究杜诗的后学者络绎不绝，宋代一度形成了"千家注杜"的壮观景象。所有后代杜诗的传本、注本中，有三家清人著作影响最大，分别是仇兆鳌的《杜诗详注》、浦起龙的《读杜心解》和杨伦的《杜诗镜铨》，其注释、资料之全备，见解之深入、独到，使其成为如今学习和研究杜诗绕不开的三座大山。

进入当代以来，研究杜诗的著作、论文更是浩如烟海，杜甫、杜诗研究也进入了更为专深、广博的新局面，所有著作中有两部具有格外突出的学术史意义，一是陈贻焮先生的《杜甫评传》，二是其弟子葛晓音教授的《杜诗艺术与辨体》，这两部著作分别抓住了"知人论世"与"辨体"这两把解开诗学大门所必需的钥匙，是当今学者研究和了解杜诗的重要门径。

好了，到这里，终于到了和大家说再见的时候了，但相信大家对杜诗的阅读永远不会结束，毕竟杜诗是常读常新的。在我看来，这三十回关于杜甫、杜诗的讲解，只是为大家打开了一扇诗歌世界的大门，也许有片刻精彩之处，非我之功，实在是美不胜收的诗国美景透过这扇大门而投射出的璀璨光彩。想要进一步领略杜诗之美，感悟中华民族的诗意精神，还应该走进这扇大门，直面更多的诗歌作品，融入真正的诗歌世界。

后记

在北京大学中文系近十年的读书、求学和研究过程中，有三位老师的三句话给我留下了深刻的印象。

第一句是在"新生第一课"上，张鸣老师告诉我们该如何读书："不要老去读总集和选集，否则你看到的只能是别人想让你看的，要想真正了解一个诗人，就去完整地读他的别集。"

第二句是我入选"中国古典语文学"高端人才培养计划后，恩师杜晓勤老师为我指点读书门径："读诗一定要从最好的读起，就要先读李白、杜甫，这样你就能建立起一个尺度，其他任何一首诗好在哪儿、不好在哪儿，和他们的作品一比就知道！"

第三句是一次研究生培养环节中，葛晓音老师谈到做学问的思路："与文学相关联的领域很多，我们都应当去关注，但思考问题的落脚点最终一定要回到文学和作家、作品本身。"

这三句话至今回味起来，依然十分受用。因而当我从北大中文系毕业，站上对外经济贸易大学的讲台，就给本科生开设了《诗国高峰与盛唐文化》这一课程，结合作者生平，围绕作品本身，分别在春秋两季讲授李白和杜甫的诗歌。一来是想把这样的金句和理念传递给我的学生和受众，二来也是在教学相长中进一步加深对这三句话的理解和体会。

课程的讲稿形成了《李白三十讲》和《杜甫三十讲》二书，恰好陕西人民出版社有意出版，我便也欣然应允，将文稿几经修改后，在出版社同仁的群策群力下，拟定《天阶歧途》《盛世逆旅》二题，即将付梓。

作为一名古代文学的研究者、教育者和传播者，让更多的人通过我的文字和讲述，爱上李白、杜甫，爱上"盛唐文化宇宙"，爱上中国古典诗歌，既是一份使命，也是一种幸福，更是我今后持续耕耘的不竭动力。